U0702053

《旧约》说："上帝创造了人。"

达尔文说："人是从猿猴进化而来。"

猴子说："达尔文欺侮了我，他硬要挤进我的世系。"

莎士比亚："人是一个多么了不起的杰作呀！人的理性多么高贵！人的能力无穷无尽！人的洞察力宛若神明！万物的灵长，宇宙的精华！"

培根："知识就是力量。"

笛卡儿："我思故我在。"

哥白尼："地球在绕着太阳旋转。"

布鲁诺被宗教裁判所烧死在繁花广场，这是第一个科学殉难者

伽利略被迫向宗教法庭屈服，在大声认错之后小声嘟囔："但是地球仍然在转动着。"

那个著名的苹果砸在牛顿的头上，人类明白了为什么要紧贴大地生存

人 的 事 情

人类的声音

和平的丝绸之路

哥伦布到达美洲大陆

印刷术的发明开启了信息时代的大门

焚书和禁书成为消除异端的常用方法

报纸成为"民主圣经"

 人
 的
 事
 情

人类的声音

爱迪生发明电灯，黑暗消失，恐惧减少

钟表规范了人的生活节奏

大学成为每一代人发现自我、追寻自身使命的圣地

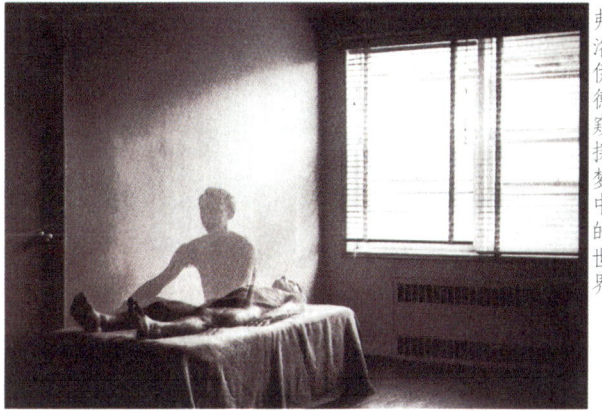
弗洛伊德窥探梦中的世界

左拉因言论获罪，正在等候审判

大批非洲黑奴被运往美洲，人变成赤裸裸的商品

马克思："消灭私有制。"

托马斯·杰弗逊："人人生而平等。"

人 的 事 情

人类的声音

原子弹爆炸，人类不再纯真与安全

鸟儿在油污的海面上浮游，文明走上一条不归路

人类登上月球

拆毁柏林墙

人的事情

多莉羊的诞生，预示着基因科学获得了上帝创造生命的秘方

因特网把地球浓缩为一个村庄

人类因为思想而尊贵

美人鱼的脑袋多次被人窃取。只要人类童心常在，梦想就扼杀不掉

敬　启

　　严凌君先生主编的"青春读书课"系列丛书,立意高远,贴近青少年阅读心理,选文题材广泛,内容丰富。在编辑过程中,我们按照现代出版规范对选文进行了统一处理,对部分选文做了删减,力求提供一套符合现代文字规范的青少年读物,以帮助读者建立对纯洁汉语的认知与体悟。敬请作者、译者见谅。

　　另外,我们已经联系到部分选文的作者和译者,他们同意将作品列入"青春读书课"系列丛书出版,但由于作者面广,仍有部分作者和译者无法取得联系。请作者和译者看到本系列丛书后尽快与我们联系,以便奉寄样书和稿酬。

诚致谢意!

联系人:蒋鸿雁

电话:0755-83460371

Email:984213171@qq.com

海天出版社

青春读书课·珍藏本　第六卷

成长教育系列读本

严凌君　主编／导读

人类的声音

世界文化随笔读本　［上］

海天出版社（中国·深圳）

图书在版编目(CIP)数据

　　青春读书课．人类的声音．上／ 严凌君主编、导
读．—深圳:海天出版社，2018.1 (2019.10重印)
　　ISBN 978-7-5507-2186-9

　　Ⅰ．①青… Ⅱ．①严… Ⅲ．①阅读课－中学－课外读
物　Ⅳ．①G634.333

　　中国版本图书馆CIP数据核字(2017)第269124号

青春读书课．人类的声音．上
QINGCHUNDUSHUKE. RENLEI DE SHENGYIN. SHANG

出 品 人　聂雄前
责任编辑　蒋鸿雁　谢　芳
责任技编　梁立新
责任校对　万妮霞
书籍设计　韩湛宁
插页设计　李晓光

出版发行　海天出版社
地　　址　深圳市彩田南路海天综合大厦 (518033)
网　　址　www.htph.com.cn
订购电话　0755-83460293（批发）　 83460397（邮购）
排版制作　深圳市思成致远创意文化有限公司 Tel：0755-82537697
印　　刷　深圳市华信图文印务有限公司
开　　本　787mm×1092mm　1/16
印　　张　19.75
字　　数　400千
版　　次　2018年1月第1版
印　　次　2019年10月第3次
定　　价　32.00元

海天版图书版权所有，侵权必究。
海天版图书凡有印装质量问题，请随时向承印厂调换。

序

在阅读好书中构建自己的精神家园

（一）

简直不敢相信，这厚厚的七大卷书竟出自一位普通的中学老师一人之手——我编过类似的中学生课外读物：《新语文读本》。我们是动员了十多位朋友，先后折腾了两年，才编出来的，其中的艰苦，我是深有体会的。因此，我懂得这数百万字的分量。

对于一直在关注、思考中学语文教育的我，这套书更有一种特殊的意义。当我发现在许多重要的教育理念、编辑思想上，我，以及我们《新语文读本》的朋友与这套书的编者严凌君确有相通之处，自有一种志同道合的欣慰感，在某种程度上，这是反映了一种共同或类似的教育思潮的；而当我进一步发现，严老师的思考有许多属于他自己的独立创造与开拓，更是感到由衷的喜悦。这正是我要感激严凌君先生以及他的学生的：他们的试验激发与深化了我的思考。

因此，我十分乐意为这套书写序，也借此向严老师，以及所有处在教育第一线的语文老师们，表示我最大的敬意。因为只有他们，才是中国语文教育改革的主力，如果不能保证中学语文老师自由言说的权利，不能充分发挥他们的积极性与创造性，并且落实到他们的具体教学实践中，中国的教育改革，就会如有些老师所担心的那样，仅仅成为一阵喧嚣。有什么样的教师，就有什么样的教育；中学语文教育改革的成败，全系于语文老师的文化、精神素质和主动精神。严凌君老师编写的课外阅读教材和他主持的深圳育才中学"青春读书课"的成功，之所以如此令人振奋，就是因为这是期待已久的第一线老师的个性化的言说，是他们对中国语文教育的思考与追求的独立表达；而且我知道，像严凌君这样已经或准备发出自己的声音，并在努力实践的老师，其绝对量并不小，而且将会越来越多。这正是中国语文教育改革的希望所在，也是这套读本的独特价值所在。

（二）

严老师说，他的读书课和他编的教材，都是他送给学生的"礼物"。听听学生的反应，是不能不为之感动的——"读书课给予我们一个和伟人交流的机会和氛围，再不是和网友胡侃，不是包围在数理化的题海里，不是每天重复过着日子，平庸地思考。它让我知道世界上还有这么一群人，在思考着这么一些问题，发现原来世界并不像自己想象的那么简单，知道原来我们祖先是这样一步一步地走向文明……老师的一句解说让我们恍然大悟，豁然开朗，引起太多太多的思考——我们到底为什么活着？自由的意义是什么？……原来活在这个世界上，不仅需要知识，还需要那么一点精神支柱；我终于懂得，不仅需要知识武装自我，还需要有精神来升华自我。"

这里，涉及一个非常重要的问题：中学教育究竟意味着什么？我们知道，中学阶段，正是人生的起始，是人的个体生命的"童年"。而中学生活与人际关系的相对单纯、无邪、明亮、充满理想，就使得中学更是人生中的梦之乡，它不可重复，留下的却是永恒的神圣记忆：一个人有还是没有这样的神圣记忆，是大不一样的。中学阶段当然需要学习知识，但更需要的是通过知识的学习，构筑一片属于自己的精神家园，即使带有梦幻色彩，却会为终生精神发展垫底，成为照耀人生旅程的精神之光；而且可以时时反顾，是能够返归的生命之根。

严老师正是从构建学生精神家园这一大视野，去思考与设置他的中学阅读教育的作用与方式的。他提出了两个非常有意思的概念："平面的生活"与"立体的生活"即"第二种生活"。所谓"平面的生活"是受具体时空限制的，是偏于肉体的、物质的；而"立体的生活"则是精神的、心灵的生活，是超越时空的。中学生就其平面生活而言，显然是狭窄有限的；但却可以通过书籍这个秘密通道，打破时空的限制，穿梭古今，漫游于人类所创造的精神空间，这不仅极大地扩展了学生的精神生活面，而且也极大地提高了学生精神生活的质量：在和创造人类与民族精神财富的大师、巨人的对话中，重新经历他们在书中所描述的生活，自会达到一种前所未有的精神境界。

由此而形成了一个基本理念："在阅读好书中构建自己的精神家园"。这一理念是贯穿全书的。

严老师的这套读本共分七卷，按我的理解，似乎可以分为三大板块。一至三卷，即《成长的岁月——我的学生时代读本》《心灵的日出——青春心智生活读本》与《世界的影像——文学理想启蒙读本》，某种程度上可以视为"生命读本"，是和学生一起讨论他们从童年到少年、青年的生命成长过程中所遇到的各种精神命题，帮助他们认识自己和自己赖以生存的世界。其中又贯穿着两个教育理念："成长的权利"与"敬畏青年"。严老师满怀激情地这样写道："从出生到大学毕业，一个人要用二十几年来求学，在此期间，他无须对社会有所贡献，他的任务就是学习、成长"，于是就有了"成长之美"与"成长的感觉"，更重要的是，还有"成长的权利"："儿童的权利，就是探索、发现和成长的权利。"而"青春时代不只是为了成年生活做准备，它本身就是一种生活，最多的梦想，最纯的情感，最强的求知欲，最真的人生态度……让我们一边欣赏自己青春的美，一边为自己的未来播种"。应试教育的最大问题正是在于对孩子仰望天空的幻想的权利的剥夺，对好奇、探索、发现、创造的欲望的压抑，用残酷的生存竞争，打磨年轻人生存的锐气，消解他们的理想与青春激情，最终把学生变成一个"成熟"的庸人。严老师的读本所要做的工作，不过是要把"属于孩子的还给孩子"，放手让他们自由而健康地成长。

　　第四卷《古典的中国——日常生活人性读本》，第五卷《白话的中国——20世纪人文读本》，第六卷《人类的声音——世界文化随笔读本》，则可以视为"文化读本"。严老师也自有独特的理解与处理：讲中国古代文化，他强调要引导学生"看中国人如何诗意地栖居在大地上"，"知道中国民族文化的好处，才能高高兴兴地做一个中国人"。他认为，引导青年学生"阅读20世纪白话文本"，"就是认识20世纪的中国，从文字上为百年中国把脉"。这是刚刚过去的历史，与"现在的中国"的现实生活有着血肉联系，与今天的学子是更为休戚相关，也更重要："书籍一定要与人痛痒相关才值得去读。"而讲到外国文化，他这样开宗明义："人所具有的，我都具有。世界，是我们共有的世界；一切的文化都有我的一份；一切的声音，都有我的音量。"他要引导学生建立一种"人类的家园"意识：一切非本民族的文化都不是"他者"，而是"我"的一个部分；"我"也应该对人类文化的创造做出自己的贡献。

　　第七卷《人间的诗意——人生抒情诗读本》，是以"诗歌"为"青春读书课"系列读本作"结"，这里包含着对"诗"与"年轻的生命"的内在联系的深刻理解："几乎在每一个人的人生中，都有一段诗意盎然的岁月，仿佛只有诗歌才能述说满腹的心思、书写对生活最初的感应。每个年轻人天生的就是诗人。"严老师所要做的，正是要恢复诗歌本身，以及中学诗歌教学所应具有的神圣地位。从整套书系的结构上看，这显然是一个提升：将所有的阅读、思考、讨论，都升华为纯净而丰厚的心灵的诗。

这不仅是对生活的诗意的把握，更是对语言的诗意的感悟。"汉语家园"是"精神家园"题中应有之义：母语，是一个人存在的永远的皈依。引导中学生感悟汉语之美，感受正确而自如地用汉语表达自己的快乐，建立与母语的血肉联系，将母语所蕴含的民族文化、民族精神的根扎在心灵的深处，并在此基础上构造起自己的精神家园。这是中学语文教育的根本，也是严老师这套读本的归结点：这里充满着思想之美、文学之美与语言之美，相信孩子们会喜欢它，成年人，我们这些教育工作者，也能从中受到许多启示。

前　言

　　地球，是这茫茫宇宙中一颗年轻的行星；人类，是这行星上一个年轻的物种。从猿猴时代算起，人的生物学历史不过170万年；从有文字记载的历史算起，人类的文明史不过寥寥数千年。

　　然而，人类说话了，万物沉寂。人类的声音凝成文字，文字运载着思想，思想把人类推入加速进化的时光隧道。很快，人类就成为地球上最强大的物种，以致人类也对自己的智慧和力量深感惊奇与恐惧。

　　从没有一个物种如此残害同类，也从未有一个物种如此追求自由、平等和博爱；从没有一个物种如此丑恶和愚昧，也从未有一个物种如此热爱美与创造；从没有一个物种如此野蛮地破坏自然，也从未有一个物种如此辉煌地装点了地球，如此伟大地塑造了自己。

　　人间代谢，众声喧哗。聪明的人类发明丰富的符号，创造多彩的文化，人由自然的生存演进为文化的生存，因而，每一个现代人身上，不仅保留着人种的基因密码，也负载着远祖的文化遗传。人所具有的，我都具有。北京的蝴蝶扇动一下翅膀，澳洲的袋鼠就要感冒。你与我，中与外，民族与世界，各种间隔人们的有形与无形的藩篱都被纷纷推倒，任何人为的封锁都阻隔不了人们的声息相通。世界，是我们共有的世界；一切的文化，都有我的一份；一切的声音，都有我的音量。让我放眼看世界，开心看文化，在人类的精神家园中，中国，作为文明源头的重要一支，理应对世界有更大的贡献。

　　回望人类的足迹，人的心灵在过去都做过些什么呀！那些在探索的漫漫长夜中的璀璨星辰，那些展示人的伟大的灵魂，那些使人高贵的人，他们的光辉无不照耀着今天，照亮了我们。那些日出之光的大发现、大发明，那些月明之色的神奇想象，那些群星之灿的美丽思想，那种连萤火虫也要发射生命之光的自尊倔强，无不感动着我们，遥指着未来。

在本书的编写过程中，我四处翻查作者的生卒年份，忽然觉得，这像是在查找此人的电话号码。号码累累，人已不在，听不见后人的呼叫了。但是，人类精神的基因编码，已经存在于世，物质不灭。我相信，某一天，读者中的某人也会把自己的"编码"连缀其中，代代延续。

现在，年轻的读者，是否轮到我们发言了？

目 录

下编
思想的芳香

人的上升

文字承载着智慧，
思想使人类尊贵，
而心灵让人类伟大。
人类的精神星空
一代代人熠熠生辉。

The voice
人类的声音
of human being

【古希伯来】《旧约全书》

创世记①

    人类需要一个上帝，来为许多未知的事物提供一个方便的解释。其实没有上帝，人类也会像现在这样生活。每个民族的先民都设想过自己的上帝，现在名头最大的是犹太人的上帝，这是西方文化扩张的结果。"上帝"是万能的，"上帝说要有光，就有了光。"上帝创造了世界，又按自己的形象创造了人（男人），又把偷吃智慧之果的人逐出乐园，这个神话被基督教定为人类的"原罪说"。其实，各民族的远祖都喜欢把蒙昧之初的日子想象成"乐园"，而变得复杂了的文明时代，人类不再单纯，自然是"失乐园"了。

    《旧约》，希伯来古文献集，收入公元前13世纪～前2世纪的各种历史文献，是犹太教的经典，被视为上帝与人订立的"契约"。

上帝的创造

    太初，上帝创造宇宙。大地混沌，没有秩序。怒涛澎湃的海洋被黑暗笼罩着。上帝的灵运行在水面上。上帝命令："要有光。"光就出现。上帝看光很好，就把光和暗隔开，称光为"昼"，称暗为"夜"。晚间过去，清晨来临；这是第一天。

    上帝又命令："在汪洋大水中要有穹苍，把水上下分开。"一切就照着他的命令完成。于是上帝创造了穹苍，把水分为上下。他称穹苍为"天空"。晚间过去，清晨来临；这是第二天。

    上帝又命令："天空下面的水要汇集在一处，好使大地出现。"一切就照着他的命令完成。上帝称大地为"陆"，汇集在一起的水为"海"。上帝看陆地和海洋很好。接着，上帝发出命令："陆地要生长各种各类的植物，有产五谷的，也有结果子的。"一切就照着他的命令完成。于是陆地生长了各种各类的植物，有产五谷的，有结果子的。上帝看这些植物很好。晚间过去，清晨来临；这是第三天。

    上帝又命令："天空要有光体来分别昼夜，作为划分年日和节气的记号，并且在天空发光照亮大地。"一切就照着他的命令完成。于是上帝创造了两个大光

---

① 选自《旧约·创世记》。

体：太阳支配白天；月亮管理黑夜。他又造了星星。他把光体安置在天空，好照亮大地，支配昼夜，隔开光和暗。上帝看光体很好。晚间过去，清晨来临；这是第四天。

上帝命令："水里要繁殖各种动物；天空要有各种飞鸟。"于是上帝创造了巨大的海兽，水里的各种动物和天空的各种飞鸟。上帝看这些动物很好。他赐福给这些动物，叫鱼类在海洋繁殖，叫飞鸟在地上增多。晚间过去，清晨来临；这是第五天。

上帝又命令："大地要繁殖各类动物：牲畜、野兽、爬虫。"一切就照着他的命令完成。于是上帝创造了地上所有的动物。上帝看这些动物很好。

接着，上帝说："我们来创造人类；他们要跟我们相似，跟我们相像。让他们管理鱼类、鸟类和一切牲畜、野兽、爬虫等各种动物。"于是上帝创造了人类，使他们跟自己一样。他创造了他们，有男的，有女的，赐福给他们，说："你们要生养许多儿女，使你们的后代遍满全世界，控制大地。我要你们管理鱼类、鸟类和所有的动物。我供给五谷和各种果子作你们的食物。但是所有的动物和鸟类，我给它们青草和蔬菜吃。"一切就照着他的命令完成。上帝看他所创造的一切非常好。晚间过去，清晨来临；这是第六天。

这样，整个宇宙都创造好了。第七天，上帝完成了他创造的工作就歇了工。他赐福给第七天，圣化那一天为特别的日子；因为他在那一天完成了创造，歇工休息。这就是上帝创造宇宙的过程。

伊甸园

主上帝创造宇宙的时候，地上没有草木，没有蔬菜，因为他还没降雨，也没有人耕种；但是常有地下的水涌出来，润泽大地。

后来，主上帝用地上的尘土造人，把生命的气吹进他的鼻孔，他就有了生命。

主上帝在东方开辟伊甸园，把他造的人安置在里面。他使土地生长各种美丽的树木，出产好吃的果子。在那园子中间有一棵赐生命的树，也有一棵能使人辨别善恶的树。伊甸园有一条河，灌溉园子。它流到伊甸园外面，分成四条支流。第一支流叫比逊河，环绕着哈腓拉（那地方出产纯金、稀罕的香料和宝石）。第二支流叫基训河，环绕着古实①。第三支流叫底格里斯河，穿过亚述东部。第四支流叫幼发拉底河。

主上帝把那人安置在伊甸园，叫他耕种，看守园子。他告诉那人："园子里任

---

① 古实，古地名，在今美索不达米亚平原。

何果树的果子你都可以吃,只有那棵能使人辨别善恶的树所结的果子你绝对不可吃;你吃了,当天一定死亡。"

后来,主上帝说:"人单独生活不好,我要为他造一个合适的伴侣,做他的内助。"于是主上帝用地上的尘土造了各种动物和飞鸟,把它们带到那人面前,让他命名;他就给所有的动物取名。他给牲畜、飞鸟和野兽取了名;但是它们当中没有一个适合做他的伴侣,好帮助他。

于是,主上帝使那人沉睡。他睡着的时候,主上帝拿下他的一根肋骨,然后再把肉合起来。主上帝用那根肋骨造了一个女人,把她带到那人面前。那人说:"我终于找到我骨里的骨,我肉中的肉。我要叫她做'女人',因为她从男人出来。"因此,男人要离开自己的父母,跟他的妻子结合,两个人成为一体。

那人跟他的妻子都光着身体,然而他们并不觉得羞耻。

人违背命令

蛇是主上帝所创造的动物当中最狡猾的。蛇问那女人:"上帝真的禁止你们吃园子里任何果树的果子吗?"

那女人回答:"园子里任何树的果子我们都可以吃;只有园子中间那棵树的果子不可吃。上帝禁止我们吃那棵树的果子,甚至禁止我们摸它;如果不听从,我们一定死亡。"

蛇回答:"不见得吧!你们不会死。上帝这样说,因为他知道你们一吃了那果子,就会像神明一样能够辨别善恶。"

那女人看见那棵树的果子好看、好吃,又能得智慧,就很羡慕。她摘下果子,自己吃了,又给她丈夫吃,她丈夫也吃了。他们一吃那果子,眼睛开了,发现自己赤身露体;因此,他们用无花果树的叶子编了裙子来遮盖身体。

那天黄昏,他们听见主上帝在园子里走,就跑到树林中躲起来。但是主上帝呼唤那人:"你在哪里?"

他回答:"我听见你在园子里走,就很害怕,躲了起来;因为我赤身露体。"

上帝问:"谁告诉你,你光着身体呢?你吃了我禁止你吃的果子吗?"

那人回答:"你赐给我、做我伴侣的那女人给我果子,我就吃了。"

主上帝问那女人:"你为什么这样做呢?"

她回答:"那蛇诱骗我,所以我吃了。"

上帝判罪

于是,主上帝对那蛇说:"你要为这件事受惩罚。在所有动物中,只有你受这诅咒：从现在起，你要用肚子爬行，终生吃尘土。你跟那女人要彼此仇视；她的后代跟你的后代要互相敌对。他们要打碎你的头；你要咬伤他们的脚跟。"

主上帝对那女人说："我要增加你怀孕的痛苦，生产的阵痛。虽然这样，你对丈夫仍然有强烈的欲望；他要管辖你。"

主上帝对那男人说："你既然听从妻子的话，吃了我禁止你吃的果子，土地要因你违背命令而受诅咒。你要终生辛劳才能生产足够的粮食。土地要长出荆棘杂草，而你要吃田间的野菜。你得汗流满面才吃得饱。你要工作，直到你死了，归于尘土；因为你是用尘土造的，你要还原归于尘土。"

亚当给他妻子取名夏娃，因为她是人类的母亲。主上帝用兽皮做衣服给亚当和他的妻子穿。

亚当和夏娃被赶出伊甸园

后来，主上帝说："那人已经跟我们一样，有了辨别善恶的知识；他不可又吃生命树的果子而永远活下去。"于是主上帝把他赶出伊甸园，让他去耕种土地——就是那用来造他的原料。主上帝赶走那人以后，在伊甸园东边安排了基路伯，又安置了发出火焰、四面转动的剑，为要防止人接近那棵生命树。

【古希腊】希腊神话

曹乃云 译

普罗米修斯①

在所有神话中,古希腊的神话最具"人性"。人和神有牵扯不清的血缘关系,人是天神的种子,而神常常不如凡人。古希腊人的精神多么健朗,心灵空间何其辽阔,那为人类盗火、为人类受罪的英雄普罗米修斯,不正是每个民族所企盼的、不少民族至今仍供奉的"人文初祖"吗?

天地造成,气象万新。

大海在咆哮。巨浪滚滚,气势磅礴地拍击着两旁海岸,激起了层层浪花。波涛间,鱼儿游乐,自由自在,生活得无限甜蜜。

小鸟在空中飞翔,欢乐地鸣啭歌唱。

陆地上动物成群,生机盎然,到处呈现一派朝气蓬勃的生动景象。

可是世界上缺乏一个供精神和灵魂借住的躯壳。他们应该是未来的大地主宰。

普罗米修斯应运而生,降落到大地上。普罗米修斯是古老的神的族第的后裔,是地球之母与乌拉诺斯的后代,可惜乌拉诺斯后来被宙斯废黜。

普罗米修斯知道大地上孕育着天神的种子,因此就用河水调和黏土,按照天神,亦即世界的主宰模样捏塑成一种形体。他为了让这团泥块具有生命,便借用了动物灵魂中善与恶的两重性格,将它们锁闭在泥团的胸内。从此世界上就有了人。

普罗米修斯在蓝天下的繁华世界上有一位女友,名叫雅典娜,她是智慧女神。雅典娜十分赞赏提坦神伊阿珀托斯的儿子的杰作,于是便朝具备一半灵魂的泥团造物上吹了一口仙气,让泥团获得了灵性。

世界上出现了第一批人。他们生殖繁衍,马上发展成为一大群,布满了东南西北。可是这批人却在很长时间内不知道应该如何运用自己的四肢,不知道怎样使用天赐的灵魂。他们有眼睛,却什么也看不见;他们有耳朵,却什么也听不到。

① 选自德国古斯塔夫·施瓦布整理改编《希腊古典神话》,译林出版社,1996年版。

他们就像梦中幽灵，浑浑噩噩地只知道来回走动，却不能够使用和发挥造物的作用。另外，诸如采石、烧砖、从森林里砍伐木头做成房梁，然后再用砖瓦、石块、木梁建造房屋等等，他们对这样高深的艺术是从来都不敢问津的。他们像蚂蚁一样，钻在没有阳光的土洞里，一切都毫无计划，毫无方向。

普罗米修斯开始了他的劳动和创造。

他教会人们观察天体运行，观察日月升落，星辰闪烁；他发明了数字和文字艺术，又教会人们驾驭牲口，使他们懂得牲口是帮助自己劳动的伙伴，从而学会给骏马套上缰绳，用它拉车或者作为坐骑。他还发明了船和帆，用于航行。他关心人类生活中的一切活动，教会人们如何生活。

从前，人们没有医药知识，不知道使用药物防治疾病。他们不知道使用涂抹油膏来减轻病痛。由于缺医少药，许多人病魔缠身，最后，悲惨地死去。普罗米修斯教会他们调制药剂，用来防治疾病。另外，他又教人们学占卜，给他们解释预兆和梦境，解释鸟的飞翔和祭祀供奉。他引导大家开采地下矿产，让他们发现矿石，寻找铁矿、白银和黄金。他教会人们农艺耕种，让他们生活得轻松舒适。

那时候的天空完全归宙斯和他的儿子们掌管。宙斯废黜了父亲克洛诺斯，推翻了古老的神族世家。普罗米修斯正是出身于这个神的族第。

新任主宰的诸神开始注意刚刚形成的人类世界。诸神要求人类敬重他们，并答应用保护人类作为条件。后来，神和凡人在希腊的墨科涅聚会商议，一致确定了人类的权利和义务。普罗米修斯出席了会议。他作为维护人类的代表参与讨论，希望诸神不要因为答应保护凡人从而提出过分苛刻的条件。作为提坦巨人伊阿珀托斯的儿子，普罗米修斯聪颖过人，决意愚弄一番众神。他以自己造物的名义宰杀了一头大公牛，让天上的神自由选择，看他们到底需要牛的哪些部分。普罗米修斯把祭祀的公牛分成碎块，摆成两堆：其中一堆放着牛肉、内脏和牛的脂肪，他用公牛皮把这一堆覆盖得严严实实，然后把牛胃搁在牛皮上；而另一堆内却全部是骨头，普罗米修斯把牛骨故意浇上煎熬过的牛油。置放牛骨的那一堆看上去又高大又饱满，分外诱人。

宙斯是一位无所不晓的神之祖。他早已看穿了普罗米修斯的诡计，便说："伊阿珀托斯的公子，尊敬的国王，仁慈的朋友，你把祭品分配得多么不公平啊！"

普罗米修斯正想欺骗他，于是便微微地笑了笑，说："尊敬的宙斯，永恒的神之祖，你就按自己的心愿挑选一堆吧！"

宙斯很气愤，故意伸出双手，抓住浇过白色牛油的那一堆。等到看清这堆全是骨头时，宙斯又装作直到现在才发现受骗上当，生气地说："我看到了，伊阿珀托斯的儿子，你还没有忘掉骗人的伎俩！"

宙斯决定为受到欺骗报复普罗米修斯。他拒绝向人类提供最后一件礼物，那就是为了维持生命而必须使用的火。可是伊阿珀托斯的儿子十分机灵，想出了巧妙的办法。普罗米修斯取来一根粗壮的大茴香长茎，扛着它悄悄地走近奔驰而来的太阳火焰车。他把茴香茎秆置放在闪闪发光的火苗上，带着余烬未熄的火花回到地球。不久，地面上架起了人类第一堆准备燃烧的木柴，熊熊的烈火直冲天空。宙斯看到人间热气腾腾、烈火熊熊，十分生气。他计上心来，立刻想出一个新的磨难用来惩罚人类，以便最后夺取他们的火种。

原来火神赫淮斯托斯因为有超人的工艺而闻名遐迩。他给宙斯赶制了一尊美貌少女的石像。而雅典娜也渐渐地对普罗米修斯嫉妒起来，于是给石像披上一件白色闪光的外衣，并在它的脸上蒙了一道面纱。雅典娜给石像戴上花环，还给它挂了一道金项链。赫淮斯托斯为取悦父亲，又用各种动物造型装点项链。给众神服务的使者赫耳墨斯向妩媚的造型传授语言；执掌爱与美的女神阿佛洛狄忒则赐给它种种迷人的魅力。

宙斯利用美的形象制造了一场恶毒的祸端。他把自己的造物称作潘多拉，意思是具备各种人间礼物的女子，那是因为每一个神都给这位姑娘送上一件施祸于人类的礼物。宙斯把年轻的女子潘多拉带到人间。他看到神和凡人在地面上散步休憩，十分自在。大家看到天上降落下一位漂亮女子，齐声称赞。潘多拉来到普罗米修斯的弟弟厄庇墨透斯跟前，给他献上宙斯赠送的礼物。厄庇墨透斯是个心地善良的人。

普罗米修斯曾经警告过弟弟，决不能接受奥林匹斯山上宙斯的任何礼物，而必须迅速把礼物退回去。可是，厄庇墨透斯想不起这番忠告，高兴地接纳了美丽的姑娘。直到后来祸端连绵，他才意识到当时的轻率。因为迄今为止，人类社会的男男女女都遵循厄庇墨透斯的哥哥的教诲，远避祸害，从来没有繁重的劳动，也没有折磨人的疾病。

姑娘双手送上她的礼物。这是一只紧锁的礼盒。她当着厄庇墨透斯的面拉开了盒盖。厄庇墨透斯正想瞧个仔细，看看盒内是什么礼物时，只见盒内升腾起一股祸害人间的黑烟，黑烟犹如乌云迅速布满了天空，其中有疾病、癫狂、灾难、罪恶、嫉妒、奸淫、偷盗、贪婪等等。种种祸害闪电一般地充斥了人间。盒子底部藏着唯一的好礼物，那就是希望。潘多拉听从神之父的建议，趁着希望还没有来到盒口的时候，连忙把盖子重新关上，从此把人们的希望永远锁闭在潘多拉的盒子内。

从此以后，地面、空中和海洋里失去了平静，到处充满了各种各样的灾难。形形色色的疾病，侵害着人们的肌体。疾病无比猖獗却又悄然无声，那是因为宙斯不让它们发出声响，高烧犹如歇斯底里的狂犬病包围了全球，死亡也加速了迅猛的步伐。

接着，宙斯又对普罗米修斯施加报复。他把这名倔强的敌人迅速交给火神赫淮斯托斯以及两名仆人，克拉托斯和农亚，这是两位执行强迫和暴力使命的仆人。他们一起动手，把普罗米修斯押送到中亚细亚斯库提亚荒山野岭，用永远不能开启的铁链把普罗米修斯锁在高加索山岩的峭壁上。赫淮斯托斯并不愿意执行父亲的命令，把这位提坦神的儿子看做自己的亲戚，认为他是曾祖乌拉诺斯的子孙，因此是门第相当的神的后裔。可是执行残酷使命的仆人们却粗鲁地把他骂了一通，因为他说了许多同情普罗米修斯的话。

普罗米修斯被强行吊锁在悬崖峭壁上，他直挺挺的，根本无法入睡，也不能让疲惫的双膝弯曲一下。"不管你发出多少叹息和抱怨，这一切都是无济于事的，"赫淮斯托斯对他说，"宙斯的意志是无情的。这批不久才登上奥林匹斯山的神都是十分狠毒的人。"

折磨这位俘虏的旨意已经天定，大家都认为对他的磨难应该永无止境，至少也必须经历几千年的历史。普罗米修斯大声地叫唤，希望唤起风儿、河流、山川、海洋、大地之母以及洞察一切的太阳的同情，让它们见证自己的苦难。可是，他在思想上却是不屈不挠的。"命运中注定了的事，"他说，"对那些意识到必须承受暴力的人来说，那就应该乐于去承受。"他丝毫没有为宙斯的恐吓所屈服。宙斯再三威逼，要他说出"一场新的婚姻将使宙斯面临灭亡"的预言究竟来源于何处，可是始终没有得到回答。

宙斯不忘诺言，给捆绑着的普罗米修斯派去一只凶猛的鹰。鹰每天飞来啄食普罗米修斯的肝脏。肝区的伤口不断地痊愈，又被鹰不断地啄开。为此，普罗米修斯必须永远忍受痛苦的煎熬。直到将来出来一个人，他心甘情愿地准备为普罗米修斯而献身，才能最终结束对普罗米修斯的折磨。

拯救苦难的普罗米修斯的时辰终于来到了。普罗米修斯被紧紧地锁在山岩上，度过了漫长的悲惨岁月。这一天，大英雄赫拉克勒斯在前往寻找夜神赫斯珀洛斯的四个女儿，即在寻访赫斯珀里得斯的旅途中经过高山危岩。当看到一只鹰在啄食一个可怜人的肝脏时，大英雄连忙放下大棒和狮皮，取出了弓箭，把那只残酷的鹰从苦难的人的肝脏旁边一箭射落。接着，他解开了锁在普罗米修斯身上的铁链，带他离开了山地。为了满足宙斯的条件，赫拉克勒斯把半人半马的肯陶洛斯家族的喀戎留在山边当做替身。喀戎是一位不死的神，情愿放弃自己的永生，为解救普罗米修斯而甘愿牺牲。后来，为了彻底执行宙斯的判决，普罗米修斯必须戴一条铁项圈，项圈上镶嵌一粒高加索山上的石子。这样，宙斯可以自豪地宣称，他的敌人还一直锁铐在高加索的山岩上。至于宙斯费尽心机而百思不得其解的预言，原来就是跟海洋女神忒提斯的那场婚姻。一则神谕指明，忒提斯生下的儿子将会超过父亲。宙斯后来把女神嫁给人间英雄珀琉斯。他们生下了威风凛凛的阿喀琉斯。可惜宙斯当时也难识其中奥妙。

【古希腊】希腊神话

曹乃云 译

各代人生①

　　黄金时代、白银时代、青铜时代、英雄时代、黑铁时代，人类的生活似乎在走下坡路，一代不如一代，真叫人沮丧呀。好在这是神话，让我们聊以自慰的是，任何简化人类社会形态的定义都是有缺陷的。

　　众神创造的第一批人称作黄金的一代。那时候统治天空的是克洛诺斯（即罗马神话中的萨图恩）。大家生活得如同天上的神一样，无忧无虑，没有繁重的劳动和扰人的贫困。大地给他们生长了各种水果，应有尽有；青草肥美鲜嫩，草原无边无际；草地上牛羊成群，活泼欢腾。人们安详地从事劳动，几乎没有年龄的困扰。他们感到应该死亡的时候，便沉浸在温暖而又柔和的长眠之中。

　　随着命运的迁移，黄金的一代人从地球上消失了。他们都成为虔诚的保佑神，来去如烟雾，飘浮在地面的上空。他们是一切善举的施主，维护着法律和正义，惩除一切违法的弊端。

　　后来诸神用白银塑造了第二代人。第二代跟第一代无论在体形或是在思想上都有不同。娇生惯养的男孩生活在父母亲家中，受到母亲的宠爱和无微不至的关怀。可是他们过了100年以后在思想上仍然不成熟。等到男孩步入小伙子行列时，他们的一生只剩下短短的几年了。毫无理智的生活把这批人推入了苦难的深渊。他们无法调节自己激烈的感情，相互间尔虞我诈，肆无忌惮地违法乱纪。他们不再给诸神祭供牺牲。宙斯十分生气。他要在地球上除掉这批人，因为他不愿意看到有人亵渎诸神。当然，这批人也有不少优点。他们荣幸地获得恩准，在离开生命以后让自己灵魂的魔影仍然留在地球上，到处游荡。

　　宙斯创造了第三代人。他们是用青铜的一代。青铜代人跟白银代人又不一样。他们性格粗鲁，行为粗暴，一天到晚就知道拼斗厮杀。每个人都要千方百计地侮辱其他人。他们专门寻吃动物肉类，鄙视并且拒绝采食田野上的各种果实。他们顽固、执拗、思想僵化得犹如花岗岩，人也长得非常高大，不同寻常。青铜代人

---

① 选自德国古斯塔夫·施瓦布整理改编《希腊古典神话》，译林出版社，1996年版。

的武器和住房都是青铜铸成的。那时候世界上还没有铁。他们用青铜农具耕种田地。他们陷入了连绵的战争。可是，不管他们长得多么高大，手段多么残忍，面对黑色的死亡，他们却无可奈何，一点逃遁的办法也没有。他们只得乖乖地离开亮堂堂、光闪闪的太阳世界，钻进阴森可怕的冥府之中。

当这一代人也长眠在大地怀抱的时候，宙斯创造了第四代人。这批人应该住在肥沃的地面上，比上一辈人显得高尚和正义。这是神的英雄的一代，即祖先们称作半人半神的英雄。可是，这批人最后也因为陷入战争和重重矛盾而惨遭灭绝：其中一部分人倒在底比斯的七座城门前，那是为了夺取国王俄狄浦斯的王国；另外一些人为了美女海伦而成群结队地跨上战船，僵卧在特洛伊城周围的田野上。当他们在尘世间结束了战争和苦难以后，宙斯把他们送往极乐海岛，让他们居住和生活在那里。极乐海岛位于世界之极的大洋里，那是风景优美的地方。他们生活得无忧无虑，非常幸福。肥沃的岛国给他们提供了蜂蜜一般的甜蜜水果；一年三茬。

给人们讲述这一优美传说的希腊诗人希西阿无限感叹地说："如果我，唉，如果我跟刚刚诞生的第五代人不共天日的话，如果我能早一点去世，哪怕是迟一点出生，该多么理想啊！因为这一辈人是铁的一代！彻底堕落，彻底败坏，他们充满着痛苦、罪孽；他们满心忧虑和苦恼，日夜不得安宁。诸神源源不断地给他们送上悲惨的新折磨，他们还是自身最大的祸害。父亲反对儿子，儿子加害父亲，客人仇恨款待他的朋友。人间充满着怨仇，即使兄弟之间也不像从前那样坦诚相见，没有友爱。甚至对白发苍苍的老人，人们也缺乏怜悯和敬重。老人们受到许多虐待。这批残酷的人啊，你们怎么想不到神的法庭，你们竟然忘却了老人的养育之恩。强权霸道，拐骗欺诈的人横行天下。他们心里恶毒地盘算着如何去毁灭对方的城市和村庄。正直、善良和公平被人踩在脚底下；拐子、骗子扶摇直上，几乎被抬上了空中楼阁。权利和节制遭受践踏；阴险恶毒的人侮辱善良高尚的人。他们口出狂言，用诽谤和诋毁制造事端。实际上，这是一批非常不幸的人。从前，主管羞耻和神圣畏惧的女神还常常来往人间，可是后来她们住不下去了，悲哀地用白色衣衫裹住自己漂亮的身躯，离开了人间，回到寂寞的神的世界。这时候，人间社会充满着绝望和痛苦，没有任何的拯救和希望。"

【古希伯来】摩西

西奈山训谕①

　　摩西（前13世纪），古代希伯来人领袖，犹太教奠基者。曾率民出埃及，东进巴勒斯坦，为统一希伯来人的信仰，以上帝耶和华的名义，途中传十诫。"摩西十诫"是人类最古老的法律之一，后来基督教传承了这份犹太教义，把它推广为最具影响力的世俗法规。

　　以色列人哪，我今日晓谕你们的律例、典章，你们要听，可以学习，谨守遵行。耶和华我们的神在何烈山②与我们立约。这约不是与我们列祖立的，乃是与我们今日在这里存活之人立的。耶和华在山上，从火中，面对面与你们说话（那时我站在耶和华和你们中间，要将耶和华的话传给你们，因为你们惧怕那火，没有上山），说：我是耶和华你的神，曾将你从埃及地为奴之家领出来。

　　除了我以外，你不可有别的神。

　　不可为自己雕刻偶像，也不可做什么形象仿佛上天、下地和地底下水中的万物。不可跪拜那些像，也不可侍奉他，因为我耶和华你的神是忌邪的神。恨我的，我必追讨他的罪，自父及子，直到三四代；爱我、守我诫命的，我必向他们发慈爱直到千代。

　　不可妄称耶和华你神的名；因为妄称耶和华名的，耶和华必不以他为无罪。

　　当照耶和华你神所吩咐的，守安息日为圣日。六日要劳碌做你一切的工，但第七日是向耶和华你的神当守的安息日。这一日你和你的儿女、仆婢、牛、驴、牲畜，并在你城里寄居的客旅，无论何工都不可做，使你的仆婢可以和你一样安息。你也要纪念你在埃及地做过奴仆，耶和华你神用大能的手和伸出来的膀臂，将你从那里领出来。因此，耶和华你的神吩咐你守安息日。

　　当照耶和华你神所吩咐的孝敬父母，使你得福，并使你的日子在耶和华你神所赐你的地上得以长久。

　　不可杀人。

---

　　① 选自《旧约·申命记》。

　　② 即西奈山。

不可奸淫。

不可偷盗。

不可作假见证陷害人。

不可贪恋人的妻子；也不可贪图人的房屋、田地、仆婢、牛、驴，并他一切所有的。

这些话是耶和华在山上，从火中、云中、幽暗中，大声晓谕你们全会众的，此外并没有添别的话。他就把这话写在两块石板上，交给我了。

那时，火焰烧山，你们听见从黑暗中出来的声音，你们支派中所有的首领和长老都来就近我，说：看哪，耶和华我们神将他的荣光和他的大能显给我们看，我们又听见他的声音从火中出来。今日我们得见神与人说话，人还存活。现在这大火将要烧灭我们，我们何必冒死呢？若再听见耶和华我们神的声音，就必死亡。凡属血气的，曾有何人听见永生神的声音从火中出来，像我们听见还能存活呢？求你近前去，听耶和华我们神所要说的一切话，将他对你说的话都传给我们，我们就听从遵行。

你们对我说的话，耶和华都听见了。耶和华对我说：这百姓的话我听见了；他们所说的都是。唯愿他们存这样的心敬畏我，常遵守我的一切诫命，使他们和他们的子孙永远得福。你去对他们说：你们回帐篷去罢！至于你，可以站在我这里，我要将一切诫命、律例、典章传给你，你要教训他们，使他们在我赐他们为业的地上遵行。所以你们要照耶和华你们神所吩咐的谨守遵行，不可偏离左右。耶和华你们神所吩咐你们行的，你们都要去行，使你们可以存活得福，并使你们的日子在所要承受的地上得以长久。

这是耶和华你们神所吩咐教训你们的诫命、律例、典章，使你们在所要过去得为业的地上遵行，好叫你和你子子孙孙一生敬畏耶和华你的神，谨守他的一切律例、诫命，就是我所吩咐你的，使你的日子得以长久。以色列①啊，你要听，要谨守遵行，使你可以在那流奶与蜜之地得以享福，人数极其增多，正如耶和华你列祖的神所应许你的。

以色列啊，你要听！耶和华我们神是唯一的主。你要尽心、尽性、尽力爱耶和华你的神。我今日所吩咐你的话都要记在心上，也要殷勤教训你的儿女。无论你坐在家里、行在路上、躺下、起来，都要谈论，也要系在手上为记号，戴在额上为经文，又要写在你房屋的门框上并你的城门上。

耶和华你的神，领你进他向你列祖亚伯拉罕、以撒、雅各起誓应许给你的地，那里有城邑，又大又美，非你所建造的；有房屋，装满各样美物，非你所装满的；有凿成的水井，非你所凿成的；还有葡萄园、橄榄园，非你所栽种的；你吃了

---

① 即以色列人，下同。

而且饱足。那时你要谨慎，免得你忘记将你从埃及地为奴之家领出来的耶和华。你要敬畏耶和华你的神，侍奉他，指着他的名起誓。不可随从别神，就是你们四围国民的神，因为在你们中间的耶和华你神，是忌邪的神。唯恐耶和华你神的怒气向你发作，就把你从地上除灭。

你们不可试探耶和华你们的神，像你们在玛撒那样试探他。要留意遵守耶和华你们神所吩咐的诫命、法度、律例。耶和华眼中看为正、看为善的，你都要遵行，使你可以享福，并可以进去得耶和华向你列祖起誓应许的那美地，照耶和华所说的，从你面前撵出你的一切仇敌。

日后，你的儿子问你说：耶和华我们神吩咐你们的这些法度、律例、典章，是什么意思呢？你就告诉你的儿子说，我们在埃及做过法老的奴仆，耶和华用大能的手将我们从埃及领出来，在我们眼前，将重大可怕的神迹奇事，施行在埃及地和法老并他全家的身上，将我们从那里领出来，要领我们进入他向我们列祖起誓应许之地，把这地赐给我们。耶和华又吩咐我们遵行这一切律例，要敬畏耶和华我们的神，使我们常得好处，蒙他保全我们的生命，像今日一样。我们若照耶和华我们的神所吩咐的一切诫命，谨守遵行，这就是我们的义了。

016

【古印度】释迦牟尼

鹿野说法①

释迦牟尼（前565～前486），释迦族的圣人，佛教创始人。原名乔达摩·悉达多，古印度迦毗罗卫国净饭王之子。29岁时偶感人世间生老病死诸般烦恼，主动出家修行，寻求解脱之道。35岁悟道成佛（即"觉悟者"），开始说法传教，普度众生。在世界诸多宗教派别中，佛教以其简易的日常修炼吸引着平民百姓，又以其博大精深吸引着知识阶层。它也是三大宗教中唯一没有发动过宗教战争来传教的。

"鹿野说法"是释迦牟尼第一次传教时对原始佛教基本教义的解释。"四谛"说四种真理，"八正道"指八种正确的修行方法，"十二因缘"解析因果报应的十二种原因。

老死因有生，生缘由一切善恶行为的业结果，决不是什么天神所造，生是没有自体的。生是行为的有业，行为的有业生出取来，好比有柴薪才能起火燃烧。"取"由"爱"生，"爱"由"受"生。痛苦时需要安乐，饥饿时需要饮食，所有这一切就生出爱来，受是爱的原因。受又是从哪里来的呢？它由"触"而生，苦和乐的感受，都是因为有触，才会感觉出来。触由众生的眼、耳、鼻、舌、身、意的"六入"（即六根）而生。"六入"又由"名色"而来，名色好比是芽，六入好比是茎叶，芽可以成为茎叶。名色的根源是"识"，识是生出名色的种子。不过，有时识生名色，有时名色又生识，这好比人有时坐车有时拉车一样。也有名色和识互生，名色是由六根而展开的。"行"在识和名色中间起作用，而行的产生又是由于众生"无明"，也就是生死的根本。

谛就是真理，这四谛可用四个字表示：苦、集、灭、道。

苦就是苦谛，就整个人生而言，会遇到不尽的苦恼。人生即苦，苦波重重。

四谛中的苦谛与集谛属于迷界，也就是众生不觉悟，陷于迷茫之中是受苦的原因。灭谛和道谛是悟界，也是众生摆脱痛苦、生、老、病、死的境界。

---

① 选自董进泉、余建华、沈跃萍主编《影响世界历史进程的演说精粹》，百花洲文艺出版社，1995年版。原文出自《佛祖释迦牟尼》。

苦谛中，人生有八苦。生苦、老苦、病苦、死苦、爱别离苦、求不得苦、怨憎会苦、五阴炽盛苦。这八苦是迷界的果。

有果必有因，那因就是集谛，就是无明，就是痴、嗔、贪的聚集。痴是不明事理，迷惘愚昧；嗔是嗔恚忿恨，嫉妒不平；贪是对名利财色等一切的贪欲。八苦就是痴、嗔、贪的果。

人生就是苦，具体说是八苦，第一是生苦，初受生时，在母胎内，窄隘不净，及出胎时，冷风触身有如刀割，时年渐，种种烦恼业力众苦交集，可见生之苦。第二是老苦，体力不支，牙齿脱落，耳聋眼花，行动不便，遭人不敬，可见老苦。第三是病苦，四大不调，寒热交作，身心受病，精神痛苦，可见病苦。第四是死苦，四大分离，神智飘散，抛下一切，业境现前，可见死苦。第五是爱别离苦，眷属亲朋，名位权力、一切爱乐乖违离散，不能共处，可见爱离别之苦。第六是求不得苦，世间一切荣华富贵，声色之境，心欲而不能得。求之不得亦是苦。第七是怨憎会苦，冤家仇人，或不如意的事，欲远离而反共聚，可见怨憎会苦。第八是五阴炽盛苦，五阴即五蕴，指色、受、想、行、识，此五种烦恼之火炽盛燃烧，前述皆因这五蕴聚集所致。众生不摆脱迷界，就不能超脱，不能脱离苦海。

脱离迷界，才能达到悟界。四谛中的灭谛和道谛就是讲这个的。灭谛就是讲怎样灭除苦恼，永享天乐。它是悟界的果，而道谛是悟界的因。这道就是成佛之道。要想灭除人生的种种苦恼，得到安乐，就必须依照我指示给你们的道路走下去，才能到达清净安乐的涅槃彼岸。如果一个人遵循道谛的八正道去做，能正见、正思维、正语、正业、正命、正精进、正念、正定，就可以取得灭谛的果，能将无明烦恼、集谛业断、我法执除、贪嗔痴尽；也能够生死解脱、众苦云消、得寂灭境、安住涅槃。

道是因，灭是果。这因果是不能分离的。要想离苦得乐，就不出四谛的范围。苦集而迷，道灭而悟。迷而不能悟者就是众生，迷而能悟者便可成佛。你们是不是都愿意离开苦恼，到那没有苦恼，只有快乐，没有黑暗，只有光明的地方去呢？

我相信，谁都是喜欢光明的，没有哪一个人是喜欢黑暗的。但是，在你趋向光明离避黑暗时，必须放下那些你在黑暗中曾经造成的一切罪恶，拨开这些绊脚的业障。所以，你们要虔诚地忏悔。忏悔你过去所做的种种恶业或是种种错事。要痛哭流涕地悔过自新。并且决心做到，从今天起将依照佛的指示，走向光明的彼岸。

你们要知道，走向光明境域的路是很多的。但是歧途、岔道也很多。不小心就会误入歧途。如何才能不入歧途呢？现在我就指给你们八种正确的道路。你们若能依照我所指示的八种正道去走，自然就能很安全地到达目的地的。

所谓八正道，也就是八种真理。如果你能依照这八种真理去实行，那么你就

心灵空间

能永远离开苦恼，没有生老病死。更不会再作召集苦恼的身口恶业，就会永远得到清净安乐的涅槃之道了。

何谓八正道呢？这八正道是指，正见、正思维、正语、正业、正命、正精进、正念、正定。八种离苦得乐的真理。

现在听我依次给你们讲解。

修行的人，首先要有正确的见解，这是最为重要的。就是要对人世间的一切，必须要有正确的认识。不能随顺世俗之见，比如说，世人认为"人死如灯灭"，什么都没有了。还有的认为"人死仍然做人，畜死依然为畜"。这些都叫做世俗之见，都是不正确的。那么什么才是正确的见解呢？用一句话解释就是要深悟因果。换句话说就是"种瓜得瓜，种豆得豆"，这是真理。所以说，行善者得福报，作恶者得苦报，也是真理。能深悟因果的，就能具有正确的见地，这就叫做"正见"。你们都听明白了吗？

一般人所发动的思维，有许多是妄念在起作用。因为这是来自不净的识田。而修行的人，必须用无穷的智慧来发动思维。这种思维不是来自识田，而是由清净的本性中发露出来的，它能够断除一切迷惑的作业，而澄入本来的真性。这就是"正思维"。

人最容易造作恶业的，便是口。所以，我们修行的人要戒欺妄语、恶骂语、用舌头搬弄是非语、各种伤风败俗语……能够做到这一步，也很不容易。但是要修，就必须戒掉这种种口舌是非。虽说做到这一步十分不容易，也要做到，这样做了也是很不够的。更不能以做到这些为满足。还要以爱语、温顺和气的言语、弘法利生的言语，使众生都乐意亲近我们每一位佛教徒，使众生都乐意接受我们佛教理。这就是"正语"。一切正语中，当以讲经谈法为首。因为这才是唯一能令众生出离生死苦海，指引涅槃彼岸的言语。所以叫做正语。

下边再解说正业。何为正业呢？"业"就是一种行为、一种动作。人们的一举一动都是在造"业"。但是这业是有善恶之分的。如身体的动作，往往会造成杀、盗、淫等恶业。又如一个人的口的动作，也会产生妄语、咒骂、诬陷等恶业。还有意识的活动也会不断地造成贪、欲、淫乱等恶业。所有这些全都是恶业。一个修行者，必须做到身不造杀、盗、淫，口不出欺妄语，意不起贪、欲、淫乱。不但要做到禁作这些恶业，而且还要利用身口等，去做许多利益众生的事。使众生出离轮回，同登彼岸，那便是正业。

以上是对正业的解说，下边对正命作解说。何谓正命呢？不去做那些迷惑众生的职业，去获取生活，这就叫"正命"。如果是在家修行的人，也不能做伤害众生的职业，或是迷惑众生的职业。如屠户、渔夫、鸨母、开赌场、贩盐、造酒等都是伤害众生或是迷惑众生的职业，都不是"正命"。

出家修行的人，更不可经营五种不如法事而生活。你们一定要牢牢记住才是，现在就听我一一对你们解说出来。

这一就是不可诈现异相。这二就是不可自说功德。这三就是不可占相吉凶。这四就是不可高声现威。这五就是不可说得供养。否则，就不是正命。以上所指出的五种都是邪命。

对通向涅槃不生不死的道，勤加修行者，叫正精进。

一般人有一种很坏的习气，就是懈怠。也可以说这是一种通病。不进则退，这是修行的人最忌讳的。这也是最难行的事。我们若要出离生死，就必须勤加修行，才能同证涅槃。那么修行者要怎样精进，才能通向涅槃呢？说来也是很简单的。只要严持戒律，即精进以持戒为第一，丝毫不得懈怠。念佛或是禅定，不断修习，朗读经论，增长智慧。这样便戒定慧具足，当然就不难趋登涅槃之道了。以上所讲各点，就是正精进之要。

请往下听，再为你们解说"正念"。什么是正念呢？一般众生的念头，距离成佛之道，可以说是太遥远了。修行者能专念证心，这便是正念。

我们知道，念从心起，心不离道。所以说道即是心，修行者只要做到心正，那么就能作道正念。所谓正念是指专念证心的正法。更处处合乎六度高行的助法。念佛当然是正念的一种。能时时提起正念养成习惯，临危便不会失却正念。这是最好的修行方法。

以上讲了七种真理，现在为你们解说第八种真理"正定"。正定是一种出世间的禅定。因为禅定里有世间与出世间的区分。世间的禅定是有漏的。所谓漏意思是指不能圆满成功。所以，修道以世间禅定者，至多也不过生无色界天，仍在六道轮回之中。出世间禅定便是无漏。无漏才能跳出轮回、证涅槃乐，世间禅，非正定，出世间禅才是正定。

芸芸众生皆万世轮回，处于不尽的因果报应之中。有因必有果，有果必有因。因因果果，果果因因，无因不成果，无果不有因。因果报应十二因缘。这十二因缘又分为过去因、现在果、现在因、未来果。这十二因缘是无明、行、识、名色、六入、触、受、爱、取、有、生、老死。其中无明和行是过去因；识、名色、六入、触、受是现在果；爱、取、有是现在因；生、老死是未来果。

无明为第一因缘，是过去烦恼的总称，指见、思二惑而言。众生生死相续、苦海重波而流转不息者，莫不以贪欲为本，或贪财色或贪名利或贪种种快乐，稍有不遂，即起嗔念，嗔起横心，往往不畏因果，恣意妄为无恶不作，对世间、出世间真理全无了解。故称无明。

行为第二因缘，是造作之意，依过去的无明烦恼，口则恶口、两舌、妄言、绮语，身则作出杀、盗、淫等行为，凡事违背天理，即或偶起善念，但瞬即消失，由此众业山积，因以成行。

识为第三因缘，由于累积造业，而将精微广大之妙真如心成业识，遇缘则托胎，以完成生命体。

名色为第四因缘，入胎之后，六根未生，但有受、想、行、识之名（精神）与红白凝滑之色（物质），此即谓名色。

六入为第五因缘，十月期满，形成出胎，此时已具眼、耳、鼻、舌、身、意。故名六入（或六根）。

触为第六因缘，出胎后，尚未分别苦乐，仅对外界环境生接触而生认识。

受为第七因缘，出胎后自幼至十二三岁，对美恶中庸等一切诸境皆能分别，因而生起苦受、乐受、不苦不乐之感受。故名受。

爱为第八因缘，自十四五岁至十八九岁，对衣、食、住、行等产生爱着。如饥思食，渴思饮，倦思眠。遇乐则思合，遇苦则思离。故名爱。

取为第九因缘，二十岁之青年，精神健旺，血色刚强，凡事皆能随力所及而尽力进取。

有为第十因缘，尽一生所作之事，或善或恶，或有益无益，一一皆有来生之果报，故名有。

生为第十一因缘，即有来生之果报，时至缘热，又于六趣（六道）及四生（即胎生、卵生、湿生、化生）中受生，完成未来之生命。

老死为第十二因缘，既然有生，则老、病、死、苦不能幸免。前生之惑业，招今生之果报。今生之惑业，又招来生之果报，来生又招来生，如此生生世世，业果酬还，无有了时。

【中国】孔子

华平 译

大同和小康①

孔子（前551~前479），中国读书人的"万世师表"，儒家学派奠基人。"大同与小康"记录的是孔子与弟子子游的一次谈话，感慨"天下为公"的"大同"社会的逝去，提出了在"天下为家"的"小康"社会中"礼"治的重要。中国式的乌托邦和现实政治衔接得天衣无缝，异常动人，表明了孔子这位现实主义者的梦想家的一面。"大道之行也，天下为公。"如此铿锵高远的言辞，令其后无数代中国政治家迷恋不已。

在最完美、最理想政治实行的时候，天下为大家公共所有。人们推选贤能的人、有才干的人为大家办事，讲求信用，提倡人与人之间和睦团结。因而在社会上，每个人不仅爱自己的父母，疼自己的子女，而且能推广自己的爱心，让每一个老年人都能有养老送终的条件，让每一个壮年人都能贡献其才力，让每一个孩童都能得到抚育成长，以至于每一个鳏夫、寡妇、孤儿、孤老、残疾者、病人都能获得照顾、扶养。男人都有其正当的职业，女人也各有自己的家庭。人们爱惜财物，但不必深藏在自己的口袋里；用尽力气干活，但不一定只是为了自己。由此，阴谋诡计不会产生，偷盗抢劫、为匪作乱的事也不可能发生，所以人们夜间把门掩上而不用插上门闩。这就是所谓的大同社会。

而今这种完美理想的社会已成过去，天下成为一家一姓的私人所有。社会上每个人都只是爱自己的父母，疼自己的子女，聚财劳作都只是为了自己的利益。天子诸侯把世代袭位作为固定的礼制，建城墙、设城河来作防御。把礼义作为治国准则，以此来确定君臣的等级名分，笃厚父子的恩情，亲和兄弟的友爱，调和夫妻的感情；来建立国家制度，制定闾里规章，把有勇有谋的人当作贤人，立功做事只是为了自己。这样阴谋因此而生，战乱也由此兴起。夏禹、商汤、周文王、周武王、周成王和周公，就是以此治理天下而成为杰出人物。这六位君王没有一位不是谨

---

① 选自董进泉、余建华、沈跃萍主编《影响世界历史进程的演说精粹》，百花洲文艺出版社，1995年版。附录原文选自任平《礼记直解》，浙江文艺出版社，2000年版。

守遵行礼义的。用礼来表彰做对的事，成全讲信用的事，揭露有过错的事。以仁为法则，提倡谦让，以昭示人们生活行为的准则规范。如果有人违背礼制，就要罢免其职位，老百姓也把这种人视为祸害。这可称为小康社会。

礼原本是先圣明君运用自然法则，来规范人们行为常态的。人类失去这些法则无以生存，只有适应这些法则才能继续生活下去。《诗经》中说："你们看那小小的老鼠，尚且还有老鼠的形态，人怎么能够没有人的礼貌呢？否则，人为什么还活着？"因此，礼的兴起，要根据天意的变化，符合自然法则；效法土地山川的形态，符合因地制宜的原则；必须配合鬼神的尊严，符合其虔诚心理的要求；具体表现在丧、祭、乡、冠、昏、朝、聘等各种礼仪。圣人就是以此来教导人们，使天下太平正常，国家得到理想的治理。

附原文：

礼记·礼运第九（节选）

　　郑玄《礼记目录》云：名曰"礼运"者，以其记五帝三王相交易阴阳旋转之道。本篇重点谈礼的发展演变和运用。全篇作壁上观托孔子之口说出，认为根据阴阳五行的原理周而复始地运转是天地间一切事物的变化规律，故本篇之作不会早于战国晚期。篇中首先提出有关"大同"社会的理想，继而说明礼制是"大道既隐"后的产物，又论述礼的产生、发展，圣王制礼的根据、原则，礼的运行规律，礼的作用等，最后描述以礼制达到的"大顺"境界，与其篇首所述"小康"社会相呼应。

昔者仲尼与参与于蜡zhà祭名，每年十二月求索并会聚各种鬼神而合祭之，故称宾指做饮酒礼上的宾，事指祭礼毕，出游游览于观楼观之上，喟然而叹。仲尼之叹，盖叹鲁也。言偃言偃，即子游在侧曰："君子何叹？"

孔子曰："大道大道，指五帝时期治理天下之道之行也，与三代三代，指夏商周之英指下节所提到的禹、汤、文、武、成王、周公一流的人物，也都是儒家理想中的圣人，丘未之逮赶上，碰上也，而有志记载焉。大道之行也，天下为公。选贤与举能，讲信修睦，故人不独亲其亲，不独子抚养其子孩子，使老有所终，壮有所用，幼有所长，矜寡孤独废疾者，皆有所养。男有分职业，女有归这里指嫁；货恶嫌恶其弃于地也，不必藏于己；力，恶其不出于身不出于身，指偷懒不出力也，不必为己。是故谋阴谋诡计闭受扼制而不兴，盗窃乱贼而不作，故外_{外出}户而不闭_{闭门}，是谓大同。

"今大道既隐，天下为家，各亲其亲，各子其子，货_{货物}力_{人力}为己，大人_{大人，指国君}世及_{世及，即指世袭}以为_{以为，把……作为}礼，城郭沟池以为固，礼义以为纪_{纲纪}，以正君臣，以笃_{加深}父子，以睦兄弟，以和夫妇，以设_{建立}制度，以立_{这里指划分}田里，以贤_{把……看做有才能的人}勇知_{通"智"，有识之士}以功_{建立功劳}为己，故谋_{阴谋}用_{因是作}产生，而兵由此起。禹、汤、文、武、成王、周公，由此_{指用礼义治国}其选_{英选，即上节所谓"三代之英"}也。此六君子者，未有不谨于礼者也。以著_{彰明}其义，以考_{成就}其信_{信用}，著_{明察}有过，刑_{则，法则}仁讲让，示民有常_{常法}。如有不由此_{由此，指遵循礼义}者，在执者_{在执者，指君主去离开，指被废黜}，众以为殃。是谓小康。"

言偃复问曰："如此乎，礼之急_{急需}也？"孔子曰："夫礼，先王以承天之道，以_{用来}治人之情_{情欲}，故失之者死，得之者生。《诗》曰：'相看<sub>鼠有体，人而无礼，人而无礼，胡不遄_快死！'是故夫礼，必本_{取源}于天，殽_{仿效}于地_{地理}，列_{此指取法}于鬼神，达_{通用}，贯彻于丧、祭、射、御、冠、昏_{指婚礼}、朝、聘。故圣人以礼示之，故天下国家可得而正_{治理好}也。"

耶稣

登山训众①

耶稣（1世纪），基督教创始人，基督徒所信奉的救世主（即"基督"）。据《新约》（基督教经典，与《旧约》合称《圣经》）记载：玛丽亚童贞受孕，诞下圣子耶稣（这和中国古代帝王的出生传说类似）。耶稣30岁出道传教，在加利利的一座山上第一次发布教谕，阐明新教与犹太教的区别：以忍耐柔顺、博爱众生取代疾恶如仇、以牙还牙的传统信条。训言深入浅出，比喻精妙。"你们是世上的盐"，"你们是世上的光"，这样号角般的语言容易激发出普通民众的崇高使命感。而"要爱你的敌人"这样利刃般的语言，试图一举割断以暴易暴恶性循环的历史，至今仍是叩击人心的警钟。最初的基督教属于下层民众的宗教，宣讲的多是弱者的生存哲学，而柔弱胜刚强，被屡屡证明是一条更坚韧的人类真理。

虚心的人有福了，因为天国是他们的。哀恸的人有福了，因为他们必得安慰。温柔的人有福了，因为他们必承受土地。饥渴慕义的人有福了，因为他们必得饱足。怜恤人的人有福了，因为他们必蒙怜恤。清心的人有福了，因为他们必得见神。使人和睦的人有福了，因为他们必称为神的儿子。为义受逼迫的人有福了，因为天国是他们的。人若因我辱骂你们，逼迫你们，捏造各样坏话毁谤你们，你们就有福了。应当欢喜快乐，因为你们在天上的赏赐是大的。在你们以前的先知，人也是这样逼迫他们。

你们是世上的盐。盐若失了味，怎能叫它再咸呢？以后无用，不过丢在外面，被人践踏了。你们是世上的光。城造在山上，是不能隐藏的。人点灯，不放在斗底下，是放在灯台上，就照亮一家的人，你们的光也当这样照在人前，叫他们看见你们的好行为，便将荣耀归给你们在天上的父。

莫想我来要废掉律法和先知；我来不是要废掉，乃是要成全。我实在告诉你们，就是到天地都废去了，律法的一点一画也不能废去，都要成全。所以，无论何人废掉这诫命中最小的一条，又教训人这样做，他在天国要称为最小的；但无论

① 选自《新约·马太福音》。

何人遵行这诫命，又教训人遵行，他在天国要称为大的。我告诉你们：你们的义若不胜于文士和法利赛人的义，断不能进天国。

你们听见有吩咐古人的话，说："不可杀人。"又说："凡杀人的，难免受审判。"只是我告诉你们：凡向弟兄动怒的，难免受审判；凡骂弟兄是拉加的，难免公会的审断；凡骂弟兄是魔利的，难免地狱的火。所以，你在祭坛上献礼物的时候，若想起弟兄向你怀怨，就把礼物留在坛前，先去同弟兄和好，然后来献礼物。你同告你的对头还在路上，就赶紧与他和息，恐怕他把你送给审判官，审判官交付衙役，你就下在监里了。我实在告诉你，若有一文钱没有还清，你断不能从那里出来。

你们听见有话说："不可奸淫。"只是我告诉你们：凡看见妇女就动淫念的，这人心里已经与她犯奸淫了。若是你的右眼叫你跌倒，就剜出来丢掉，宁可失去百体中的一体，不叫全身下入地狱。又有话说："人若休妻，就当给她休书。"只是我告诉你们：凡休妻的，若不是为淫乱的缘故，就是叫她做淫妇了。人若娶这被休的妇人，也是犯奸淫了。

你们又听见有吩咐古人的话，说："不可背誓，所起的誓，总要向主谨守。"只是我告诉你们：什么誓都不可起。不可指着天起誓，因为天是神的座位；不可指着地起誓，因为地是他的脚凳；也不可指着耶路撒冷起誓，因为耶路撒冷是大君的京城；又不可指着你的头起誓，因为你不能使一根头发变黑变白了。你们的话，是，就说是；不是，就说不是；若再多说，就是出于那恶者。

你们听见有话说："以眼还眼，以牙还牙。"只是我告诉你们：不要与恶人作对。有人打你的右脸，连左脸也转过来由他打；有人想要告你，要拿你的里衣，连外衣也由他拿去；有人强逼你走一里路，你就同他走二里；有求你的，就给他；有向你借贷的，不可推辞。

你们听见有话说："当爱你的邻舍，恨你的仇敌。"只是我告诉你们：要爱你们的仇敌，为那逼迫你们的祷告。这样，就可以做你们天父的儿子。因为他叫日头照好人，也照歹人；降雨给义人，也给不义的人。你们若单爱那爱你们的人，有什么赏赐呢？就是税吏不也是这样行吗？你们若单请你弟兄的安，比人有什么长处呢？就是外邦人不也是这样行吗？所以你们要完全，像你们的天父完全一样。

你们要小心，不可将善事行在人的面前，故意叫他们看见；若是这样，就不能得你们天父的赏赐了。所以，你施舍的时候，不可在你前面吹号，像那假冒为善的人在会堂里和街道上所行的，故意要得人的荣耀。我实在告诉你们：他们已经得了他们的赏赐。你施舍的时候，不要叫左手知道右手所作的；要叫你施舍的事行在暗中，你父在暗中察看，必然报答你。

你们祷告的时候，不可像那假冒为善的人，爱站在会堂里和十字路口上祷告，故意叫人看见。我实在告诉你们，他们已经得了他们的赏赐。你祷告的时候，要进你的内屋，关上门，祷告你在暗中的父。你父在暗中察看，必然报答你。你们祷告，不可像外邦人，用许多重复话，他们以为话多了必蒙垂听。你们不可效法他们，因为你们没有祈求以先，你们所需用的，你们的父早已知道了。

所以，你们祷告要这样说：我们在天上的父，愿人都尊你的名为圣。愿你的国降临。愿你的旨意行在地上，如同行在天上。我们日用的饮食，今日赐给我们。免我们的债，如同我们免了人的债。不叫我们遇见试探，救我们脱离凶恶。因为国度、权柄、荣耀，全是你的，直到永远。阿门。你们饶恕人的过犯，你们的天父也必饶恕你们的过犯；你们不饶恕人的过犯，你们的天父也必不饶恕你们的过犯。

你们禁食的时候，不可像那假冒为善的人，脸上带着愁容，因为他们把脸弄得难看，故意叫人看出他们是禁食。我实在告诉你们：他们已经得了他们的赏赐。你禁食的时候，要梳头洗脸，不叫人看出你禁食来，只叫你暗中的父看见。你父在暗中察看，必然报答你。

不要为自己积攒财宝在地上，地上有虫子咬，能锈坏，也有贼挖窟窿来偷；只要积攒财宝在天上，天上没有虫子咬，不能锈坏，也没有贼挖窟窿来偷。因为你的财宝在那里，你的心也在那里。

眼睛就是身上的灯。你的眼睛若明亮，全身就光明；你的眼睛若昏花，全身就黑暗。你里头的光若黑暗了，那黑暗是何等大呢！

一个人不能侍奉两个主。不是恶这个爱那个，就是重这个轻那个。你们不能又侍奉神，又侍奉玛门（意为"财利"）。

所以我告诉你们：不要为生命忧虑吃什么，喝什么，为身体忧虑穿什么。生命不胜于饮食吗？身体不胜于衣裳吗？你们看那天上的飞鸟，也不种，也不收，也不积蓄在仓里，你们的天父尚且养活它。你们不比飞鸟贵重得多吗？你们哪一个能用思虑使寿数多加一刻呢？何必为衣裳忧虑呢？你想：野地里的百合花怎么长起来；它也不劳苦，也不纺线；然而我告诉你们：就是所罗门极荣华的时候，他所穿戴的还不如这花一朵呢！你们这小信的人哪！野地里的草今天还在，明天就丢在炉里，神还给它这样的妆饰，何况你们呢！所以，不要忧虑说："吃什么？喝什么？穿什么？"这都是外邦人所求的。你们需用的这一切东西，你们的天父是知道的。你们要先求他的国和他的义，这些东西都要加给你们了。所以，不要为明天忧虑，因为明天自有明天的忧虑；一天的难处一天当就够了。

你们不要论断人，免得你们被论断。因为你们怎样论断人，也必怎样被论断；你们用什么量器量给人，也必用什么量器量给你们。为什么看见你弟兄眼中有刺，却不想自己眼中有梁木呢？你自己眼中有梁木，怎能对你弟兄说："容我去掉你眼中的刺"呢？你这假冒为善的人！先去掉自己眼中的梁木，然后才能看得清楚，去掉你弟兄眼中的刺。

不要把圣物给狗，也不要把你们的珍珠丢在猪前，恐怕它践踏了珍珠，转过来咬你们。

你们祈求，就给你们；寻找，就寻见；叩门，就给你们开门。因为凡祈求的，就得着；寻找的，就寻见；叩门的，就给他开门。你们中间谁有儿子求饼，反给他石头呢？求鱼，反给他蛇呢？你们虽然不好，尚且知道拿好东西给儿女，何况你们在天上的父，岂不更把好东西给求他的人吗？所以，无论何事，你们愿意人怎样待你们，你们也要怎样待人，因为这就是律法和先知的道理。

你们要进窄门。因为引到灭亡，那门是宽的，路是大的，进去的人也多；引到永生，那门是窄的，路是小的，找着的人也少。

你们要防备假先知，他们到你们这里来，外面披着羊皮，里面却是残暴的狼。凭着他们的果子，就可以认出他们来。荆棘上岂能摘葡萄呢？蒺藜里岂能摘无花果呢？这样，凡好树都结好果子；唯独坏树结坏果子。好树不能结坏果子，坏树不能结好果子。凡不结好果子的树，就砍下来丢在火里。所以，凭着他们的果子，就可以认出他们来。凡称呼我"主啊，主啊"的人，不能都进天国，唯独遵行我天父旨意的人，才能进去。当那日，必有许多人对我说："主啊，主啊，我们不是奉你的名传道，奉你的名赶鬼，奉你的名行许多异能吗？"我就明明地告诉他们说："我从来不认识你们，你们这些作恶的人，离开我去吧！"

所以，凡听见我这话就去行的，好比一个聪明人，把房子盖在磐石上。雨淋、水冲、风吹，撞着那房子，房子总不倒塌，因为根基立在磐石上。凡听见我这话不去行的，好比一个无知的人，把房子盖在沙土上。雨淋、水冲、风吹，撞着那房子，房子就倒塌了，并且倒塌得很大。

穆罕默德

辞朝演说①

穆罕默德（约570～632），伊斯兰教创始人。阿拉伯半岛麦加城一个商人的遗腹子，少时经商，40岁悟道，宣称自己是安拉（真主）的使者、"最后的先知"，开创伊斯兰教。信仰和武力双管齐下，631年统一阿拉伯半岛，次年率众在麦加举行第一次穆斯林朝觐，以安拉的名义宣布："今天，我已选择伊斯兰做你们的宗教。"不久后，穆罕默德逝世。这位征战一生的"先知"，在他的这篇"辞朝（告别朝觐）演说"中宣布："愚昧时期的血债一律不予清算。"酷爱《史记·刺客列传》的中国当代回族作家张承志，在读到张治中将军的一句《古兰经》译文时激动不已，认为它传达了伊斯兰教的真义——和平的宗教。这句经文是："真主的仆人在路上小心翼翼地走着，蒙昧的人呼喊他们，他们回头答曰：'和平'。"

万赞统归安拉，我们赞颂安拉，向安拉祈求宽恕，向安拉忏悔。因意念之差，行为之恶，我们祈求安拉的荫护和佑助。安拉引上正道之人，谁也无力使其失足迷途；安拉使之迷惘的人，谁也无法使其醒悟归信。我见证：除安拉外，别无他主，安拉是独一无偶的。我见证：穆罕默德是安拉的仆人和使者。安拉的仆人们哪，我劝诲你们虔诚敬主，我劝诲你们笃信养主，我要从善事上开始我的演说。

众人哪！你们听着，我不知道今年过后，能不能和你们在此相聚，站立礼拜。众人哪，直到你们回到安拉御前为止，你们相互残杀伤命、相互侵占财产，均在严禁之例，犹如在本月本日本地严禁的事一样。我已传谕给你们了，安拉啊，请你作证。

代别人保管物品的人们，要将它归还原主。蒙昧时代的高利贷一律作废，我首先宣布废除我叔父阿拔斯·本·穆台黎卜的全部债权。愚昧时期的血债一律不予清算，我首先宣布勾销阿米尔·本·勒比尔·本·哈里斯的血债。除克尔白和渗渗泉的看管照例之外，愚昧时期的习俗一律废止。有意杀人者偿命，棒打或石击致

---

① 选自董进泉、余建华、沈跃萍主编《影响世界历史进程的演说精粹》，百花洲文艺出版社，1995年版。原注选自《穆罕默德传》。

伤命者若非故意,可赔偿一百峰骆驼抵命,超过此限,过分索取赔偿纯属愚民之举。

众人哪!魔鬼欲在你们土地上称主为神的念头消失了,但它仍想在你们认为的小事上使你们屈服。

众人啊!采用闰期制是为了迷惑异教徒,加深其邪恶行径。为了适应于安拉所定的禁月,他们在一年视它为非禁月,在另一年又视它为禁月。从安拉造化天地之时起,年月循序轮转,一成不变。《古兰经》指出,自从安拉创天立地,一年就分为十二个月,其中四个月为禁月,祖勒格尔代、祖勒赫介和穆哈兰三个月紧紧相连,夹在主马迪阿赫尔月和舍尔邦月之间的勒哲卜月独居中间。我已传谕你们了,安拉啊,请你作证。

众人啊!对你们的妻子,你们有你们应尽的义务,你们的妻子对你们也有她们应尽的义务。你们的妻子不得让外人躺在你们的卧榻上,未经你们的许可,她们不得把你们不喜欢的人带进你们的居室,她们不得与人通奸,若犯了奸情,安拉则允许你们把她们拘在家中,严加管束,不与之同床,也可轻微鞭挞。如她们悔罪,不再犯奸,驯服于你们,你们当充分供给她们各自喜好的食品和衣物。你们的妻子的欲望,是她们自己实现不了的,你们依照安拉之命迎娶她们,经过婚仪,你们可以同她们交合了。对待妇女,你们当畏惧安拉,你们要奉行善待女人的劝谕。我已传谕你们了,安拉啊,请你作证。

众人哪!穆民[①]都是弟兄,若非本人同意而霸占自己弟兄的财产,对于任何人都是非法的。我已传谕你们了,安拉啊,请你作证。

在我之后,你们且勿叛教,勿成为互相残杀的异教徒。我把安拉的真经——《古兰经》留给你们,牢记《古兰经》,你们就不会误入歧途。我已传谕你们了,安拉啊,请你作证。

众人哪!你们的养主是独一的。你们均出自一个人祖——阿丹,阿丹造化于泥土。虔诚的敬主者[②],在安拉的心目中才是最可尊敬的。不管是阿拉伯人还是非阿拉伯人,凡虔诚者均为善。我已传谕你们了,安拉啊,请你作证。

上述种种,望今天在场者向不在场者转告晓谕。

众人啊!安拉为每一个继承者确定了继承财产的份额。继承者自定份额是不允许的。继承之财产超过三分之一也是不允许的。子女归属丈夫,而不是归属淫乱者。枉说他人是自己的父亲和主人者将受到安拉、天仙和众人的诅咒,他的施舍和作证不被纳受。祈安拉赐予你们以平安和恩典。

---

① 即信仰伊斯兰教的穆斯林。

② 指奉安拉之所命,忌安拉之所禁者。

【美国】托马斯·杰弗逊

林本椿等 译

独立宣言①

　　1776年7月4日，美国大陆会议通过了这份《独立宣言》，它首次用如此简练有力的语言定义了普通人的尊严和权利："我们认为下述真理是不言而喻的：人人生而平等，造物主赋予他们若干不可让与的权利，其中包括生存权、自由权和追求幸福的权利。为了保障这些权利，人类才在他们中间建立政府，而政府的正当权力，则是经被统治者同意所授予的。"当时发布宣言是"吁请世界的裁判"，把北美从英国独立出来；但它所体现的上述原则至今在全世界为人传诵。

　　宣言的起草人托马斯·杰弗逊（1743～1826），律师出身，历任弗吉尼亚州州长、美国驻法大使、美国总统（1801～1809）。他自拟《墓志铭》："这里埋着托马斯·杰弗逊，《美国独立宣言》的作者，弗吉尼亚宗教自由法规的制定者和弗吉尼亚大学之父。"

1776年7月4日，美利坚合众国十三州议会一致通过的宣言。

　　在人类事务发展的过程中，当一个民族必须解除同另一个民族的联系，并按照自然法则和上帝的旨意，以独立平等的身份立于世界列国之林时，出于对人类舆论的尊重，必须把驱使他们独立的原因予以宣布。

　　我们认为下述真理是不言而喻的：人人生而平等，造物主赋予他们若干不可让与的权利，其中包括生存权、自由权和追求幸福的权利。为了保障这些权利，人类才在他们中间建立政府，而政府的正当权力，则是经被统治者同意所授予的。任何形式的政府一旦对这些目标的实现起破坏作用时，人民便有权予以更换或废除，以建立一个新的政府。新政府所依据的原则和组织其权力的方式，务使人民认为唯有这样才最有可能使他们获得安全和幸福。若真要审慎地来说，成立多年的政府是不应当由于无关紧要的和一时的原因而予以更换的。过去的一切经验都

---

　　① 选自美国戴安娜·拉维奇编《美国读本——感动过一个国家的文字》，三联书店，1995年版。

说明，任何苦难，只要尚能忍受，人类还是情愿忍受，也不想为申冤而废除他们久已习惯了的政府形式。然而，当始终追求同一目标的一系列滥用职权和强取豪夺的行为表明政府企图把人民置于专制暴政之下时，人民就有权，也有义务，去推翻这样的政府，并为其未来的安全提供新的保障。这就是这些殖民地过去忍受苦难的经过，也是他们现在不得不改变政府制度的原因。当今大不列颠王国的历史，就是屡屡伤害和掠夺这些殖民地的历史，其直接目标就是要在各州之上建立一个独裁暴政。为了证明上述句句属实，现将事实公之于世，让公正的世人作出评判。

他拒绝批准对公众利益最有益、最必需的法律。

他禁止他的殖民总督批准刻不容缓、极端重要的法律，要不就先行搁置这些法律直至征得他的同意，而这些法律被搁置以后，他又完全置之不理。

他拒绝批准便利广大地区人民的其他法律，除非这些地区的人民情愿放弃自己在立法机构中的代表权，而代表权对人民是无比珍贵的，只有暴君才畏惧它。

他把各州的立法委员会召集到一个异乎寻常、极不舒适而又远离它们的档案库的地方去开会，其目的无非是使他们疲惫不堪，被迫就范。

他一再解散各州的众议院，因为后者坚决反对他侵犯人民的权利。

他在解散众议院之后，又长期拒绝另选他人，于是这项不可剥夺的立法权便归由普通人民来行使，致使在这期间各州仍处于外敌入侵和内部骚乱的种种危险之中。

他力图阻止各州增加人口，为此目的，他阻挠外国人入籍法的通过，拒绝批准其他鼓励移民的法律，并提高分配新土地的条件。

他拒绝批准建立司法权力的法律，以阻挠司法的执行。

他迫使法官为了保住任期、薪金的数额和支付而置于他个人意志的支配之下。

他滥设新官署，委派大批官员到这里骚扰我们的人民，吞噬他们的财物。

他在和平时期，未经我们立法机构同意，就在我们中间维持其常备军。

他施加影响，使军队独立于文官政权之外，并凌驾于文官政权之上。

他同他人勾结，把我们置于一种既不符合我们的法规，也未经我们法律承认的管辖之下，而且还批准他们炮制的各种伪法案，以便任其在我们中间驻扎大批武装部队；不论这些人对我们各州居民犯下何等严重的谋杀罪，他可用假审判来庇护他们，让他们逍遥法外；他可以切断我们同世界各地的贸易；未经我们同意便向我们强行征税；在许多案件中剥夺我们享有陪审制的权益；以莫须有的罪名把我们押送海外受审；他在一个邻省废除了英国法律的自由制度，在那里建立专制政府，扩大其疆界，使其立即成为一个样板和合适的工具，以便向这里各殖民地推行同样的专制统治；他取消我们的许多特许状，废除我们最珍贵的法律并从根本上改变我们各州政府的形式；他中止我们立法机构行使权力，宣称他们自己拥有在任何情况下为我们制定法律的权力。

他放弃设在这里的政府，宣称我们已不属他保护之列，并向我们发动战争。

他在我们的海域大肆掠夺，蹂躏我们的沿海地区，烧毁我们的城镇，残害我们人民的生命。

他此时正在运送大批外国雇佣兵，来从事其制造死亡、荒凉和暴政的勾当，其残忍与卑劣从一开始就连最野蛮的时代也难以相比，他已完全不配当一个文明国家的元首。

他强迫我们在公海被他们俘虏的同胞拿起武器反对自己的国家，使他们成为残杀自己亲友的刽子手，或使他们死于自己亲友的手下。

他在我们中间煽动内乱，并竭力挑唆残酷无情的印第安蛮子来对付我们边疆的居民。而众所周知，印第安人作战的准则是不分男女老幼，是非曲直，格杀勿论。

在遭受这些压迫的每一阶段，我们都曾以最谦卑的言辞吁请予以纠正。而我们一次又一次的请愿，却只是被报以一次又一次的伤害。

一个君主，其品格被他的每一个只有暴君才干得出的行为所暴露时，就不配君临自由的人民。

我们并不是没有想到我们英国的弟兄。他们的立法机关想把无理的管辖权扩展到我们这里来，我们时常把这个企图通知他们。我们也曾把我们移民来这里和在这里定居的情况告诉他们，我们曾恳求他们天生的正义感和雅量，念在同种同宗的分上，弃绝这些掠夺行为，因为这些掠夺行为难免会使我们之间的关系和来往中断。可他们对这种正义和同宗的呼声也同样充耳不闻。因此，我们不得不宣布脱离他们，以对待世界上其他民族的态度对待他们：同我交战者，就是敌人；同我和好者，即为朋友。

因此，我们这些在大陆会议上集会的美利坚合众国的代表们，以各殖民地善良人民的名义，并经他们授权，向世界最高裁判者申诉，说明我们的严正意向，同时郑重宣布：

我们这些联合起来的殖民地现在是，而且按公理也应该是，独立自由的国家；

我们取消对英国王室效忠的全部义务，我们与大不列颠王国之间的一切政治联系从此全部断绝，而且必须断绝；

作为一个独立自由的国家，我们完全有权宣战、缔和、结盟、通商和采取独立国家有权采取的一切行动。

我们坚定地信赖神明上帝的保佑，同时以我们的生命、财产和神圣的名誉彼此宣誓来支持这一宣言。

【法国】国民议会
潘汉典 译

人权宣言①

> 1789年7月26日，法国国民议会公布了这份《人权宣言》。这篇举世闻名的法国资产阶级革命文献，宣告了封建制度的末日，被称为"旧制度的死亡证明书"。它对"人权"的具体内涵做了较全面的明晰阐述，为各国宪法的制定提供了良好的借鉴。

组成国民议会的法兰西人民的代表们，考虑到对人权的无知、忘却或者蔑视，是公众不幸和政府腐败的唯一原因，现在决定在一项庄严的宣言中阐明自然的、不可让与的、神圣的人权，以便这个宣言，经常地向社会团体的所有成员提出来，使他们持续不断地记着他们的权利和他们的义务；以便立法权的行为和行政权的行为，由于在每一时刻都能够同每一政治制度的目的相对照，从而更加受到尊重；以便公民们的要求，今后建立在简明的、不可争辩的原则之上，永远有助于维护宪法和全体人民的幸福。

为此，国民议会在上帝（L'Etre supr eme）面前和庇护下，承认并且宣告下述人和公民的权利：

一、人们生来并且始终是自由的，在权利上是平等的；社会的差别只可以基于共同的利益。

二、一切政治结合的目的都在于保存自然的、不可消灭的人权；这些权利是自由、财产权、安全和反抗压迫。

三、全部主权的源泉根本上存在于国民②之中：任何团体或者任何个人都不得行使不是明确地来自国民的权力。

四、自由包括从事一切不损害他人的行为的权利。因此，行使各人的自然权利只有以保证社会的其他成员享有同样的权利为其界限。这些界限只能够由法律确定。

① 选自洪永宏、严昌编《世界经典文献》，北京燕山出版社，1997年版。

② "国民"原文是La nation，指全体人民。——译者注

五、法律只有权禁止有害于社会的行动。凡未经法律禁止的一切行动，都不受阻碍，并且任何人都不得被迫从事未经法律命令的行动。

六、法律是公共意志（La volonté générale）的表现；所有公民都有权亲自或者通过其代表参与制定法律；法律对一切人，无论是进行保护或者惩罚，都应当是一样的。一切公民在法律的眼中一律平等，都可以平等地按照其能力，并且除他们的品德与才能的差别外没有其他差别，担任一切高官、公共职位或者职务。

七、除非在法律规定的情况下并且依照法律已经规定的程序之外，任何人都不受控告、逮捕或者拘留。凡要求、发布、执行或者使人执行专横命令的人，都应当受惩罚；但是根据法律被传唤或者被扣押的一切公民，都应当立即服从，如其反抗即属有罪。

八、法律只应当制定严格地、明显地必需的刑罚，而且除非根据在违法行为之前制定、公布并且合法地适用的法律，任何人都不受处罚。

九、任何人在被宣判有罪之前都推定为无罪，即使断定必须逮捕时，不是为了确保其人身所必需的一切严酷行为，都应当受到法律严厉禁止。

十、任何人都不应当因为其意见，甚至宗教上的意见而遭受干扰，但所发表的意见以不扰乱法律所规定的公共秩序为限。

十一、自由交流思想和意见是最珍贵的人权之一；因此，所有公民，除了在法律规定的情况下对滥用自由应负责任外，都可以自由地发表言论、写作和出版。

十二、保障人和公民的权利，需要有一种军警力量（une force publique）：因此，此种力量是为着全体的好处而不是为着其受托人私人的利益而建立的。

十三、为了维持军警力量和行政费用，公共捐税是必不可少的，此项捐税应当在全体公民当中按照他们的能力，平等地分摊。

十四、公民有权亲自或者通过其代表调查公共捐税的必要性、自由地对此表示同意、监视其用途，并且决定税额、征税基数、征收及期间。

十五、社会有权要求其管理部门的一切公务员报告工作。

十六、任何社会，如果在其中不能使权利获得保障或者不能确立权力分立，即无宪法可言。

十七、财产权是不可侵犯的、神圣的权利，因此，除非由于合法证明的公共需要明显地要求的时候，并且在公正的、预付赔偿的条件下，任何人的财产权都不受剥夺。

【德国】马克思 恩格斯

共产党宣言①

　　1848年，马克思（1818~1883）和恩格斯（1820~1895）为共产主义者同盟起草了这份纲领。《共产党宣言》用犀利的语言解剖资本主义社会的阶级关系，深刻揭示出资产阶级把一切关系变成了"纯粹的金钱关系"，一切职业都变成了"雇佣劳动"，人被异化为"商品"。宣言提出了"消灭所有制"的美好愿望，并且强调"只有用暴力"这种革命手段，"推翻资产阶级的统治，由无产阶级夺取政权"，社会才得以进步。关于这一点，还有待社会主义国家继续探索。

　　20世纪全球约一半人口因为这份宣言而改变了生存环境，它带来的憧憬和问题都同样巨大。

　　一个幽灵，共产主义的幽灵，在欧洲徘徊。旧欧洲的一切势力，教皇和沙皇、梅特涅和基佐、法国的激进党人和德国的警察，都为驱除这个幽灵而结成了神圣同盟。

　　有哪一个反对党不被它的当政的敌人骂为共产党呢？又有哪一个反对党不拿共产主义这个罪名去回敬更进步的反对党人和自己的反动敌人呢？

　　从这一事实中可以得出两个结论：

　　共产主义已经被欧洲的一切势力公认为一种势力；

　　现在是共产党人向全世界公开说明自己的观点、自己的目的、自己的意图并且拿党自己的宣言来对抗关于共产主义幽灵的神话的时候了。

　　到目前为止的一切社会的历史都是阶级斗争的历史。

　　自由民和奴隶、贵族和平民、领主和农奴、行会师傅和帮工，一句话，压迫者和被压迫者，始终处于相互对立的地位，进行不断的、有时隐蔽有时公开的斗争，而每一次斗争的结局都是整个社会受到革命改造或者斗争的各阶级同归于尽。

---

　　① 选自洪永宏、严昌编《世界经典文献》，北京燕山出版社，1997年版。与人民出版社出版的《共产党宣言》1997年版单行本，译文略有不同。本文有删节。

但是，我们的时代，资产阶级时代，却有一个特点：它使阶级对立简单化了。整个社会日益分裂为两大敌对的阵营，分裂为两大相互直接对立的阶级：资产阶级和无产阶级。

资产阶级在历史上曾经起过非常革命的作用。

资产阶级在它已经取得了统治的地方把一切封建的、宗法的和田园诗般的关系都破坏了。它无情地斩断了把人们束缚于天然尊长的形形色色的封建羁绊，它使人和人之间除了赤裸裸的利害关系，除了冷酷无情的"现金交易"，就再也没有任何别的联系了。它把宗教的虔诚、骑士的热忱、小市民的伤感这些情感的神圣激发，淹没在利己主义打算的冰水之中。它把人的尊严变成了交换价值，用一种没有良心的贸易自由代替了无数特许的和自力挣得的自由。总而言之，它用公开的、无耻的、直接的、露骨的剥削代替了由宗教幻想和政治幻想掩盖着的剥削。

资产阶级抹去了一切向来受人尊崇和令人敬畏的职业的灵光。它把医生、律师、教士、诗人和学者变成了它出钱招雇的雇佣劳动者。

资产阶级撕下了罩在家庭关系上的温情脉脉的面纱，把这种关系变成了纯粹的金钱关系。

资产阶级，由于一切生产工具的迅速改进，由于交通的极其便利，把一切民族甚至最野蛮的民族都卷到文明中来了。它的商品的低廉价格，是它用来摧毁一切万里长城、征服野蛮人最顽强的仇外心理的重炮。它迫使一切民族——如果它们不想灭亡的话——采用资产阶级的生产方式；它迫使它们在自己那里推行所谓文明制度，即变成资产者。一句话，它按照自己的面貌为自己创造出一个世界。

资产阶级使乡村屈服于城市的统治。它创立了巨大的城市，使城市人口比农村人口大大增加起来，因而使很大一部分居民脱离了乡村生活的愚昧状态。正像它使乡村从属于城市一样，它使未开化和半开化的国家从属于文明的国家，使农民的民族从属于资产阶级的民族，使东方从属于西方。

资产阶级即资本愈发展，无产阶级即现代工人阶级也在同一程度上跟着发展；现代的工人只有当他们找到工作的时候才能生存，而且只有当他们的劳动增值资本的时候才能找到工作。这些不得不把自己零星出卖的工人，像其他任何货物一样，也是一种商品，所以他们同样地受到竞争方面的一切变化的影响，受到市场方面的一切波动的影响。

共产党人的最近目的是和其他一切无产阶级政党的最近目的一样的：使无产阶级形成阶级，推翻资产阶级的统治，由无产阶级夺取政权。

共产主义的特征并不是要废除一般的所有制,而是要废除资产阶级的所有制。

但是,现代的资产阶级私有制是建筑在阶级对立上面、建筑在一些人对另一些人的剥削上面的生产和产品占有的最后而又最完备的表现。

从这个意义上说,共产党人可以用一句话把自己的理论概括起来:消灭私有制。

代替那存在着阶级和阶级对立的资产阶级旧社会的,将是这样一个联合体,在那里,每个人的自由发展是一切人的自由发展的条件。

共产党人不屑于隐瞒自己的观点和意图。他们公开宣布:他们的目的只有用暴力推翻全部现存的社会制度才能达到。让统治阶级在共产主义革命面前发抖吧。无产者在这个革命中失去的只是锁链。他们获得的将是整个世界。

全世界无产者,联合起来!

【联合国】

联合国宪章①

经典文献

　　　　1945年4月26日，51个国家的代表在美国旧金山签署了《联合国宪章》。同年10月24日，联合国依据宪章正式成立，51个宪章签字国为创始国成员。联合国的成立无疑是向人类大同的美丽梦想迈出了现实的一步，虽然联合国并不是"理想国"，但它毕竟是第一个全人类对话的平台。宪章的宗旨和原则已成为协调各国关系的基本国际准则。

　　我联合国人民

　　同兹决心

　　欲免后世再遭今代人类两度身历惨不堪言之战祸，

　　重申基本人权、人格尊严与价值，以及男女与大小各国平等权利之信念。

　　创造适当环境，坚持维护正义，尊重由条约与国际法其他渊源而起之义务，久而弗懈。

　　促成大自由中之社会进步及较善之民生，

　　并为达此目的

　　力行容恕，彼此以善邻之道，和睦相处。

　　集中力量，以维持国际和平及安全，

　　接受原则，确立方法，以保证非为公共利益，不得使用武力，运用国际机构，以促成全球人民经济及社会之进展，

　　用是发愤立志，务当同心协力，以竟厥功。

　　由我各本国政府，经齐集金山市之代表各将所奉全权证书，互相校阅，均属妥善，议定本联合国宪章，并设立国际组织，定名联合国。

---

　　① 选自徐学初、卢利林、鄢庆丰编《世纪档案——影响20世纪世界历史进程的100篇文献》，中国文史出版社，1996年版。本文节选了开篇部分。

第一章　宗旨及原则

第一条

联合国之宗旨为：

一、维持国际和平及安全；并为此目的：采取有效集体办法，以防止且消除对于和平之威胁，制止侵略行为或其他和平之破坏；并以和平方法且依正义及国际法之原则，调整或解决足以破坏和平之国际争端或情势。

二、发展各国间以尊重人民平等权利及自决原则为根据之友好关系，并采取其他适当办法，以增强普遍和平。

三、促成国际合作，以解决各国间属于经济、社会、文化及人类福利性质之国际问题，且不分种族、性别、语言或宗教，增进并激励对于全体人类之人权及基本自由之尊重。

四、构成一协调各国行动之中心，以达成上述共同目的。

第二条

为求实现第一条所述各宗旨起见，本组织及其会员国应遵行下列原则：

一、本组织系基于各会员国主权平等之原则。

二、各会员国应一秉善意，履行其依本宪章所担负之义务，以保证全体会员国由加入本组织而发生之权益。

三、各会员国应以和平方法解决其国际争端，避免危及国际和平、安全及正义。

四、各会员国在其国际关系上不得使用威胁或武力，或以与联合国宗旨不符之任何其他方法，侵害任何会员国或国家之领土完整或政治独立。

五、各会员国对于联合国依本宪章规定而采取之行动，应尽力予以协助，联合国对于任何国家正在采取防止或执行行动时，各会员国对该国不得给予协助。

六、本组织在维持国际和平及安全之必要范围内，应保证非联合国会员国遵行上述原则。

七、本宪章不得认为授权联合国干涉在本质上属于任何国家国内管辖之事件，且并不要求会员国将该项事件依本宪章提请解决；但此项原则不妨碍第七章内执行办法之适用。

【联合国】

世界人权宣言①

经典文献

040

　　1948年12月10日，联合国大会通过了《世界人权宣言》。从此联合国的工作重心由过去仅强调国际法对国家的关心扩大到对个人的关心，它在历史上第一次担负起保护和争取实现人权的责任，为人类生存标示了人权底线，这也是各国政府施政的压力线。宣言是联合国一切人权工作的理论基础，"作为所有人民和所有国家努力实现的共同标准"。

序　言

　　鉴于对人类家庭所有成员的固有尊严及其平等的和不移的权利的承认，乃是世界自由、正义与和平的基础。

　　鉴于对人权的无视和侮蔑已发展为野蛮暴行，这些暴行玷污了人类的良心，而一个人人享有言论和信仰自由并免予恐惧和匮乏的世界的来临，已被宣布为普通人民的最高愿望，

　　鉴于为使人类不致迫不得已铤而走险对暴政和压迫进行反叛，有必要使人权受法治的保护，

　　鉴于有必要促进各国间友好关系的发展，

　　鉴于各联合国家的人民已在联合国宪章中重申他们对基本人权、人格尊严和价值以及男女平等权利的信念，并决心促成较大自由中的社会进步和生活水平的改善，

　　鉴于各会员国业已誓愿同联合国合作以促进对人权和基本自由的普遍尊重和遵行，

　　鉴于对这些权利和自由的普遍了解对于这个誓愿的充分实现具有很大的重要性，

　　因此现在，

---

　　① 选自徐学初、卢利林、鄢庆丰编《世纪档案——影响20世纪世界历史进程的100篇文献》，中国文史出版社，1996年版。

大会，

发布这一世界人权宣言，作为所有人民和所有国家努力实现的共同标准，以期每一个人和社会机构经常铭念本宣言，努力通过教诲和教育促进对权利和自由的尊重，并通过国家的和国际的渐进措施，使这些权利和自由在各会员国本身人民及在其管辖下领土的人民中得到普遍和有效的承认和遵行。

第一条

人人生而自由，在尊严和权利上一律平等。他们赋有理性和良心，并应以兄弟关系的精神相对待。

第二条

人人有资格享受本宣言所载的一切权利和自由，不分种族、肤色、性别、语言、宗教、政治或其他见解、国籍或社会出身、财产、出生或其他身份等任何区别。

并且不得因一人所属的国家或领土的政治的、行政的或者国际的地位之不同而有所区别，无论该领土是独立领土、托管领土、非自治领土或者处于其他任何主权受限制的情况之下。

第三条

人人有权享有生命、自由和人身安全。

第四条

任何人不得使为奴隶或奴役：一切形式的奴隶制度和奴隶买卖，均应予以禁止。

第五条

任何人不得加以酷刑，或施以残忍的、不人道的或侮辱性的待遇或刑罚。

第六条

人人在任何地方有权被承认在法律前的人格。

第七条

法律之前人人平等，并有权享受法律的平等保护，不受任何歧视。人人有权享受平等保护，以免受违反本宣言的任何歧视行为以及煽动这种歧视的任何行为之害。

第八条

任何人当宪法或法律所赋予他的基本权利遭受侵害时，有权由合格的国家法庭对这种侵害行为作有效的补救。

第九条

任何人不得加以任意逮捕、拘禁或放逐。

041

第十条

人人完全平等地有权由一个独立而无偏倚的法庭进行公正的和公开的审讯，以确定他的权利和义务并判定对他提出的任何刑事指控。

第十一条

（一）凡受刑事控告者，在未经获得辩护上所需的一切保证的公开审判而依法证实有罪以前，有权被视为无罪。

（二）任何人的任何行为或不行为，在其发生时依国家法或国际法均不构成刑事罪者，不得被判为犯有刑事罪。刑罚不得重于犯罪时适用的法律规定。

第十二条

任何人的私生活、家庭、住宅和通信不得任意干涉，他的荣誉和名誉不得加以攻击。人人有权享受法律保护，以免受这种干涉或攻击。

第十三条

（一）人人在各国境内有权自由迁徙和居住。

（二）人人有权离开任何国家，包括其本国在内，并有权返回他的国家。

第十四条

（一）人人有权在其他国家寻求和享受庇护以避免迫害。

（二）在真正由于非政治性的罪行或违背联合国的宗旨和原则的行为而被起诉的情况下，不得援用此种权利。

第十五条

（一）人人有权享有国籍。

（二）任何人的国籍不得任意剥夺，亦不得否认其改变国籍的权利。

第十六条

（一）成年男女，不受种族、国籍或宗教的任何限制，有权婚嫁和成立家庭。他们在婚姻方面，在结婚期间和在解除婚约时，应有平等的权利。

（二）只有经男女双方的自由的和完全的同意，才能缔婚。

（三）家庭是天然的和基本的社会单元，并应受社会和国家的保护。

第十七条

（一）人人得有单独的财产所有权以及同他人合有的所有权。

（二）任何人的财产不得任意剥夺。

第十八条

人人有思想、良心和宗教自由的权利；此项权利包括改变他的宗教或信仰的自由，以及单独或集体、公开或秘密地以教义、实践、礼拜和戒律表示他的宗教或信仰的自由。

第十九条

人人有权享有主张和发表意见的自由；此项权利包括持有主张而不受干涉的自由，以及通过任何媒介和不论国界寻求、接受和传递消息和思想的自由。

第二十条

（一）人人有权享有和平集会和结社的自由。

（二）任何人不得迫使隶属于某一团体。

第二十一条

（一）人人有直接或通过自由选择的代表参与治理本国的权利。

（二）人人有平等机会参加本国公务的权利。

（三）人民的意志是政府权力的基础；这一意志应以定期的和真正的选举予以表现，而选举应依据普遍和平等的投票权，并以不记名投票或相当的自由投票程序进行。

第二十二条

每个人，作为社会的一员，有权享受社会保障，并有权享受他的个人尊严和人格的自由发展所必需的经济、社会和文化方面各种权利的实现，这种实现是通过国家努力和国际合作并依照各国的组织和资源情况。

第二十三条

（一）人人有权工作、自由选择职业、享受公正和合适的工作条件并享受免于失业的保障。

（二）人人有同工同酬的权利，不受任何歧视。

（三）每一个工作的人，有权享受公正和合适的报酬，保证使他本人和家属有一个符合人的尊严的生活条件，必要时并辅以其他方式的社会保障。

（四）人人有为维护其利益而组织和参加工会的权利。

第二十四条

人人有享受休息和闲暇的权利，包括工作时间有合理限制和定期给薪休假的权利。

第二十五条

（一）人人有权享受为维持他本人和家属的健康和福利所需的生活水准，包括食物、衣着、住房、医疗和必要的社会服务；在遭到失业、疾病、残疾、守寡、衰老或在其他不能控制的情况下丧失谋生能力时，有权享受保障。

（二）母亲和儿童有权享受特别照顾和协助。一切儿童，无论婚生或非婚生，都应享受同样的社会保护。

第二十六条

（一）人人都有受教育的权利，教育应当免费，至少在初级和基本阶段应如此。初级教育应属义务性质。技术和职业教育应普遍设立。高等教育应根据成绩而对一切人平等开放。

（二）教育的目的在于充分发展人的个性并加强对人权和基本自由的尊重。教育应促进各国、各种族或各宗教集团间的了解、容忍和友谊，并应促进联合国维护和平的各项活动。

（三）父母对其子女所应受的教育的种类，有优先选择的权利。

第二十七条

（一）人人有权自由参加社会的文化生活，享受艺术，并分享科学进步及其产生的福利。

（二）人人对由于他所创作的任何科学、文学或美术作品而产生的精神的和物质的利益，有享受保护的权利。

第二十八条

人人有权要求一种社会的和国际的秩序，在这种秩序中，本宣言所载的权利和自由能获得充分实现。

第二十九条

（一）人人对社会负有义务，因为只有在社会中他的个性才可能得到自由和充分的发展。

（二）人人在行使他的权利和自由时，只受法律所确定的限制，确定此种限制的唯一目的在于保证对旁人的权利和自由给予应有的承认和尊重，并在一个民主的社会中适应道德、公共秩序和普遍福利的正当需要。

（三）这些权利和自由的行使，在任何情形下均不得违背联合国的宗旨和原则。

第三十条

本宣言的任何条文，不得解释为默许任何国家、集团或个人有权进行任何旨在破坏本宣言所载的任何权利和自由的活动或行为。

【世界宗教议会】

何光沪 译

走向全球伦理宣言①

1993年,世界宗教议会在芝加哥召开大会,来自世界各地几乎每一种宗教的6500人摒弃教义分歧,本着宗教的核心价值——对人的关怀,聚集在同一个起点——"为转变人心而努力",签拟了这份《走向全球伦理宣言》。宣言从伦理角度肯定和深化了从权利层面宣告的《世界人权宣言》,试图通过转变人心来建立新的(或者说是古老的、传统的、人本的)伦理,以达到建立新的全球秩序的目的。这是又一个人类大同的美丽梦想,由专事人类精神生活的宗教界发布,庶几有拯救人心的功效?宣言的文字有着理性也包裹不住的激情,读者诸君是拭目以待,还是起身而行呢?

导 言

世界正处于苦难之中。这苦难是如此普遍、如此紧迫,因此我们不得不历数其表现形式,以便明白这种痛苦的深度。

和平正远离我们而去……这个星球正在遭受毁灭……邻人们正生活在恐惧之中……女人同男人正在彼此隔膜……孩子们正在死去!

这是极其可憎的!

我们谴责对地球生态系统的滥用。

我们谴责贫穷,它使生命的潜能遭到窒息;我们谴责饥饿,它使人类的身体受到削弱;我们谴责贫富悬殊,它正用毁灭威胁着千万个家庭。

我们谴责各国的社会不公;我们谴责对正义的忽视,它正把一些公民推向边缘;我们谴责混乱无序的状态,它正在控制我们的社会;我们谴责暴力,它正使孩子们死于非命。我们特别要谴责借用宗教名义的侵略和仇恨。

然而,这种苦难是不需要的。

我们不需要它。因为一种伦理的基础已经存在。这种伦理为一种更好的个人

---

① 选自德国孔汉思、库舍尔编《全球伦理——世界宗教议会宣言》,四川人民出版社,1997年版。

和全球秩序提供了可能，并将引导社会摆脱混乱。

我们都是尊奉世界诸宗教之训导和实践的男女信徒。

我们肯定，在各种宗教的教导之中有一套共同的核心价值，这些价值构成了一种全球伦理的基础。

我们肯定，这真理已经众所周知，但是还要在内心里、在行动中加以实行。

我们肯定，对于一切生活领域，对于家庭、社会、种族、国家和各种宗教，存在着一种不可少的、无条件的标准。对于人的行为，已经有一些古老的准则，它们可见于世界诸宗教的教导之中，它们是一种可以延续的世界秩序的条件。

我们宣布：

我们是相互依存的。我们每一个人都依赖于整体的福利，所以，我们珍视生物共同体，珍视人、动物和植物，珍视对地球、空气、水和土壤的保护。

我们对于自己所做的一切，都负有个人的责任。我们所有的抉择、行动和无所行动，都会产生种种结果。

我们希望别人怎样对待我们，我们就必须怎样对待别人。我们承诺敬重生命与尊严，敬重独特性与多样性，以使每一个人都得到符合人性的对待，毫无例外。我们必须耐心和宽容。我们必须能够宽恕，从过去吸取教益，但绝不让自己受制于仇恨的记忆。我们必须彼此敞开心怀，为着世界共同体的事业而埋葬我们的种种狭隘分歧，实行一种团结一致和相互关联的文化。

我们把人类看做自己的家庭。我们必须努力做到既仁慈而又慷慨。我们不应该只为自己而活，而应该也为别人服务，永远不忘记儿童、老人、穷人、受难者、残疾人、难民和孤独者。不应该把任何一个人作为二等公民来看待或对待，不应该以任何方式去利用任何一个人以谋私利。男人与女人之间应该有平等的伙伴关系。我们应该避免任何一种性方面的不道德行为。我们应该抛弃一切形式的控制或虐待。

我们决心致力于一种非暴力、主敬、正义与和平的文化。我们要放弃以暴力作为解决分歧的手段，绝不压迫、伤害、折磨或杀害其他人。

我们必须努力争取一种公正的社会和经济秩序，在其中，每一个人都有同等的机会去充分实现其作为人的潜能。我们应该公平对待一切人，避免偏见与仇恨，在说话和行动中充满真诚和同情。我们不应偷窃。我们应该摆脱对权力、特权、金钱和消费的欲求之控制，去创造一个正义与和平的世界。除非个人的意识首先得到改变，否则，世界就不可能变得更好。我们发誓，要通过修炼自己的心灵、冥想、祈祷或积极的思维，来增进我们的意识。如果不冒风险、不作牺牲的准备，我们就不会有根本的改变。因此，我们决心遵守这种全球伦理，致力于相互理解，投身于有益社会、培养和平、善待自然的生活方式。

我们呼吁所有一切人，不论是信教的还是不信教的，都来同我们一起行动！

全球伦理的原则

我们都是执守世界各宗教的规则与实践的教徒。我们确认，在各种宗教之间已经有一种共同之处，它可以成为一种全球伦理的基础——这是关于一些有约束力的**价值观**、不可或缺的**标准**以及根本的**道德态度**的一种最低限度的**基本共识**。

一、没有新的全球伦理，便没有新的全球秩序

因此，我们地球上不同宗教与不同地区的男女信众，要向所有信教和不信教的人民发出自己的声音。我们希望表达以下这些我们共同持有的信念：

●对于一种更好的全球秩序，我们全都负有某种责任。

●为着人的权利、自由、公正、和平以及地球的保护，我们的参与是绝对必需的。

●在反对一切形式的非人性并为更大的人道而工作一方面，我们的宗教和文化传统虽然不同，但绝不应妨碍我们的共同参与。

●一切具有伦理信念的人们，不论其信念的基础是不是宗教，都能够认可这种全球伦理所表达的原则。

人类需要这样一种观点，即**各族人民要和平共存**，种族和伦理集团要联合，各宗教要分担关怀地球的责任。这种观点所依赖的，是一些希望、目标、理念和标准。

我们确信，地球上的人类大家庭有一种基本的一致性。我们想起了1948年联合国的《世界人权宣言》。它从权利这一层面正式宣告的东西，我们在此希望从伦理角度来加以肯定和深化。这些东西是：人的固有尊严之充分实现、一切人本质上不可让渡的自由与平等、所有人类都必需的团结一致和相互依存。

基于我们切身的体验和我们星球的沉重历史，我们知道：

●只依靠法律、常规和惯例，无法创造或强加一种更好的全球秩序；

●和平与公正的实现，以及对地球的保护，依赖于人们采取公正行动的见识和意愿；

●促进各项权利和自由的行动，要求有义务和职责的意识，因此必须既打动人们的头脑，也打动人们的心灵；

●没有道德的权利不可能持久，而且**没有一种全球伦理，便没有更好的全球秩序**。

我们所说的全球伦理，并不是指一种全球的意识形态，也不是指超越一切现存宗教的一种单一的统一的宗教，更不是指用一种宗教来支配所有别的宗教。我

们所说的全球伦理，指的是对一些有约束性的价值观、一些不可取消的标准和人格态度的一种基本共识。没有这样一种在伦理上的基本共识，社会或迟或早都会受到混乱或独裁的威胁，而个人或迟或早也会感到绝望。

二、基本要求：每一个人都应该得到人道的对待

我们知道，宗教并不能解决世界上的环境、经济、政治和社会问题。然而，宗教可以提供单靠经济计划、政治纲领或法律条款不能得到的东西：即内在取向的改变，整个心态的改变，**人的心灵的改变**，以及从一种错误的途径向一种新的生命方向的转变。人类迫切需要社会的和生态的变革，但是人类对**灵性更新**的需要也同样迫切。作为宗教的或灵性上的人群，我们立志献身于这项任务。宗教的灵性力量可以提供一种基本的信赖感，一种意义的根基，终极的标准和精神的家园。当然，宗教要得到信任，就必须消弭出自宗教本身的冲突，消除相互之间的傲慢、猜疑、偏见甚至敌对的现象，从而表明对信仰不同的人们的各种传统、圣地、节期和仪式的尊重。

现在同以前一样，在世界各地，男人和妇女们正受到不人道的对待。人们的机会和自由正在遭到剥夺；人权正在遭到践踏；人的尊严正遭到蔑视。但是强力并不造成权利！面对所有的人类，我们的宗教和伦理信念要求：**每一个人都应当得到人道的对待**！

这意味着：每一个人，不论其年龄、性别、种族、肤色、生理或心理能力、语言、宗教、政治观点、民族或社会背景如何，都拥有**不可让渡的和不可侵犯的尊严**。因此每一个个人以及每一个国家都有义务尊重这种尊严并保护这种尊严。人类永远应当是权利的主体，应当是目的，绝不是手段，绝不是经济中的、政治中的、传播媒介和研究机构中的以及工业集团中的商业化和工业化对象。谁也不能超越于"善恶之上"——任何个人、社会等级、有影响的利益集团、任何卡特尔、警察机构、军队和国家，都不能超越于善恶之上。恰恰相反，由于拥有理性和良心，每一个人都有义务以真正符合人性的方式行事，都有**义务行善避恶**！

这份全球伦理宣言的目的，是要澄清这一切的含义。在其中，我们希望让人注意到那些不可取消的和无条件的伦理规范。它们不应当成为人的锁链，但是它们可以帮助并支持人们去发现和再次认识生命的方向和意义。

数千年以来，人类的许多宗教和伦理传统都具有并一直维系着这样一条原则：**己所不欲，勿施于人**！或者换用肯定的措词，即**你希望人怎样对待你，你也要怎样待人**！这应当在所有的生活领域中成为不可取消的和无条件的规则，不论是对家庭、社团、种族、国家和宗教，都是如此。

应该抛弃一切形式的自我中心主义，抛弃一切形式的自私自利，不论是个人的还是集体的，还是以等级思想、种族主义、民族主义或性别歧视等形式表现

出来的自我中心主义。我们谴责所有这些东西,是因为它们妨碍人具有真正的人性。自我决定和自我实现,只有在不脱离人的自我责任和全球责任,就是说,不脱离对人类同伴的责任和对我们居住的地球的责任的时候,才是完全合理的。

这项原则包含着我们人类必须坚持的一些十分具体的标准。由此产生了可见于世界上大多数宗教的四项宽泛而古老的人类行为准则。

三、四项不可取消的规则

1. 坚持一种非暴力与尊重生命的文化

(a)在人类伟大而古老的宗教与伦理传统中,我们可以看到这样一条规则:**不要杀人!** 或者换用肯定的措辞,即**要尊重生命!** 让我们重新思考一下这条古老规则的推论:一切人都拥有生命、安全和人格自由发展的权利,只要不伤害别人的同等权利。任何人都没有权利在肉体上或精神上折磨、伤害、更不用说杀害任何其他的人。任何人,任何国家,任何种族,任何宗教,都没有权利仇恨、歧视、"清洗"、驱逐、更不用说消灭行为方式或信念与自己不同的"异己的"少数派。

(b)当然,在有人的地方就会有冲突。然而,这些冲突应当在公正的体制内以非暴力的方式来解决。对个人来说是如此,对国家来说也是如此。军备是一条错误的道路;而裁军是时代的命令。人们不能再受骗了;如果没有全球和平,就不会有人类幸存!

(c)年轻人在家里和在学校里必须受到这样的教育,即暴力不能成为解决与他人分歧的手段。只有这样,才可能创立一种非暴力的文化。

(d)在这个宇宙中,**我们所有的人都紧密相连**,我们所有的人都互相依赖。我们当中的每一个人都依赖于我们全体的福利。因此,决不应该鼓励人类对自然和宇宙的操纵。与此相反,我们应该养成与自然和宇宙和谐相处的生活。

(e)依照我们伟大的宗教和伦理传统的精神,要做真正的人,就意味着在私人生活和公共生活中,我们应当关心别人,应当准备帮助别人。

2. 坚持一种团结的文化和一种公正的经济秩序

在世界各地,我们仍然看到无穷无尽的饥饿、欠缺与匮乏。应该对这些悲剧负责的,不仅仅是个人,而尤其是一些不公正的体制和结构。成千上万的人没有工作;成千上万的人由于低工资而受剥削,被驱赶到社会的边缘,他们在未来的机会正遭到摧毁。在很多地方,穷人与富人之间、有权者与无权者之间的鸿沟十分巨大。我们生活在这样一个世界上,在这里,无节制的资本主义以及集权式的国家社会主义,已经掏空和摧毁了许多伦理和精神价值。一种物质主义的心态正在培养着无限度的利益的贪欲,正在滋生着无止境的掠夺与攫取。这些需求对社会资源的要求越来越多,却不要求个人作出更多的贡献。这种腐败的癌症一般的社会罪恶,不论在发达国家还是在发展中国家,都在滋长。

（a）在人类伟大而古老的宗教与伦理传统中，我们可以看到这样一条规则：**不要偷盗!** 或者换用肯定的措辞，即**要诚实公平!** 让我们重新思考一下这条古老规则的推论：任何人都没有权利以任何方式抢夺或剥夺他人或公众的任何东西。进一步说，任何人都没有权利毫不顾及社会和地球的需要而使用自己的财产。

（b）在被极端的贫穷笼罩的地方，孤立无援和绝望的情绪就会蔓延，盗窃就会由于为了求生而一再发生。在有人无情地积累权力和财富的地方，在处于劣势和边缘地位的人群中，嫉妒、愤怒和仇恨以及反叛的情绪就不可避免会高涨。这就导致了暴力与反暴力的恶的循环。人们不能再受骗了：如果没有全球的公正，就没有全球的和平!

（c）年轻人在家里和在学校里必须受到这样的教育：财富即使是有限的，也同时带来了责任，财富的使用应该同时服务于共同的福利。只有这样，一种**公正的经济秩序**才有可能建立起来。

（d）要改善这个星球上亿万人民，尤其是妇女和儿童赤贫的苦境，就必须更为公正地建构世界经济。个人的善行和单个的援助计划虽然不可缺少，但却是很不够的。建立公正的经济体制需要所有国家的参与和国际组织的权威。

（e）依照我们伟大的宗教和伦理传统的精神，要做真正的人，就意味着：

我们在利用经济和政治力量时，必须**服务于人类**，而不是滥用于争取控制权的无情战斗。我们必须培养一种对于受难者的同情精神，并且特别关注儿童、老人、穷人、残疾人、难民和孤独者；

我们必须培养**相互的尊重和关照**，以求达到合理的利益之平衡，而不应仅仅考虑无限的力量和难免的争斗；

我们必须珍惜**节制与谦和的意识**，以此取代对于金钱、特权和消费的不息的贪婪! 在贪婪中，人类丧失了自己的"灵魂"、自由、宁静和内心的和平，从而丧失了使其成为人的那些东西。

3. 坚持一种宽容的文化和一种诚信的生活

所有各地区与各宗教的不可胜数的男男女女，都在努力使自己的生活成为诚实而有信的生活。尽管如此，在世界各地，我们仍然看到无穷的谎言和欺诈，愚弄和虚伪，意识形态的宣传和煽动：

● 政客和商人们在使用谎言作为成功的手段。

● 大众传媒在散布意识形态的宣传而不是准确的报道，虚假的而不是准确的信息，玩世不恭的商业趣味而不是对真相的忠实。

● 科学家和研究者们在屈从于道德上成问题的意识形态或政治计划，或屈从于经济上的利益集团，或者在为违反基本伦理价值的研究辩护。

●各宗教的代表们在把其他宗教贬斥得毫无价值,在散布狂热和不宽容而不是尊重和理解。

(a)在人类伟大而古老的宗教与伦理传统中,我们可以看到这样一条规则:**不要撒谎!**或者换用肯定的措辞,即**言行应该诚实!**让我们重新思考一下这条古老规则的推论:没有任何人,没有任何机构,没有任何国家,没有任何教会和宗教团体,有权对别人说谎。

(b)这一点是正确的,尤其是对于:

●那些在大众传媒工作的人,我们对之赋予了为真实而报道的自由,并因此而给予了捍卫真实的职责。他们并不能超越于道德之上,相反却有义务尊重人的尊严、人的权利和基本的价值观。他们对客观性、公正性和保持人类尊严负有责任。他们没有权利侵入个人隐私领域,操纵公众舆论或歪曲事实真相。

●那些艺术家、作家和科学家,我们对之赋予了艺术上的和学术上的自由。他们不能超脱于一般的伦理标准,并且应该服务于真理。

●那些国家领导人、政治家和政党,我们对之让出了自己的自由。当他们在自己的人民面前说谎,当他们扭曲真理,当他们在国内和国际事务中贪污受贿或残酷无情之时,他们就背叛了人民的信任,理应丧失自己的职位,失掉自己的选民。反之,公众舆论应该支持那些敢于在任何时候对人民说出真相的政治家。

●最后,那些宗教代表人物。当他们煽起对不同信仰者的偏见、仇恨和敌意,或者甚至挑起宗教战争或为宗教战争辩护之时,他们就理当受到人类的谴责,失掉自己的信众。人们再不要受骗了,没有诚信与人性,就没有全球的公正!

(c)年轻人在家里和在学校里必须受到这样的教育:**要诚信地思考、说话和行动**。他们有权得到信息和教育,从而能够作出将构成他们生活的那些决定。

(d)依照我们伟大的宗教和伦理传统的精神,要做真正的人,就意味着:

●我们决不能把自由混同于任性胡为,或把多元主义混同于对真相漠不关心。

●我们应该在所有的关系中培养诚信的态度,而不要虚伪、掩饰和机会主义。

●我们应该不断地追求真理和不受腐蚀的真诚,而不要传布意识形态的或党派性的片面真理。

●我们应该勇敢地为真理服务，我们应该保持表里一致、真实可信，而不要屈服于对生活的机会主义的迁就。

4. 坚持一种男女之间的权利平等与伙伴关系的文化

（a）在人类伟大而古老的宗教与伦理传统中，我们可以看到这样一条规则：**不要奸淫！**或者换用肯定的措辞，即**要彼此尊重、相亲相爱！**让我们重新思考一下这条古老规则的推论：任何人都没有权利把别人贬低为纯粹的性对象，使之陷入或保持在性方面的依附地位中。

（b）我们谴责性剥削和性歧视，这是一种最坏的对人类的贬低。在有人宣传——即使是以宗教信念的名义宣传——一个性别支配另一个性别的任何地方，我们都有责任进行抵抗；在性剥削受到容忍的任何地方，在培育娼妓或虐待儿童的任何地方，我们都有责任进行抵抗。人们再不要受骗了：没有伙伴式的共同生活，就没有真正的人性！

（c）年轻人在家里和在学校里必须受到这样的教育：性并不是一种否定的、毁灭的或剥削的力量，而是一种创造的和肯定的力量。只有当男女伙伴承担起关心对方幸福的责任之时，性关系才能有效地发挥肯定生命的团体塑造者的作用。

（d）男女之间关系的特征不应当是监护或剥削的行为，而应当是爱情、伙伴关系和相互信赖。人的实现并不等于性的快乐。性关系应当表达和加强由平等的伙伴所实行的爱的关系。

某些宗教传统具有自愿放弃性之充分运用的理念。这种自愿放弃也可以是一种身份的表达与有意义的实现。

（e）尽管有不同的文化和宗教形式，社会的婚姻制度的特征依然是爱情、忠诚与持久。它的目标在于为丈夫、妻子和儿女提供安全并保证其相互的支持。它应当保障家庭所有成员的权利。

四、意识之转变

最后，我们向这个行星上所有的居民发出呼吁：除非转变个人的意识，否则世界不可能变得更好。我们立誓为个人和集体意识中的这种转变而努力，为通过反思、冥想、祈祷或积极思考来唤醒我们的灵性力量而努力，**为转变人心而努力**。团结起来，我们就能移山填海！没有承担风险的意愿，没有作出牺牲的准备，我们的境况就不会有根本的改变！因此，我们要献身于一种共同的全球伦理，更好的相互理解，以及有益于社会的、有助于和平的、对地球友好的生活方式。

我们呼吁所有的人，不论是男是女，不论信教还是不信教的人们，同我们一起努力。

【古希腊】伯里克利

谢德风 译

论雅典之所以伟大①

伯里克利（约前495~前429），古希腊政治家、军事家。他统治雅典的时期是古希腊的"黄金时代"。公元前431年，雅典和斯巴达之间爆发了伯罗奔尼撒战争，这是在这年冬天的阵亡将士国葬典礼上发表的演说。演说开宗明义地阐述了古希腊民主制度的伟大，精要地指明了雅典人的生存状况，并自信地表示："我们所遗留下来的帝国的标志和纪念物是巨大的。不但现在，而且后世也会对我们表示赞叹。"的确，古希腊民主制度成为西方民主制度的源头，对人类生活影响深远。

我要说，我们的政治制度不是从我们邻人的制度中模仿得来的②。我们的制度是别人的模范③，而不是我们模仿任何其他的人的。我们的制度之所以被称为民主政治，是因为政权在全体公民手中④，而不是在少数人手中，解决私人争执的时候，每个人在法律上都是平等的；让一个人担任公职优先于他人的时候，所考虑的不是某一个特殊阶级的成员，而是他们的真正才能。任何人，只要他能够对国家有所贡献，绝对不会因为贫穷而在政治上湮没无闻。正因为我们的政治生活是自由而公开的，我们彼此间的日常生活也是这样。当我们隔壁邻人为所欲为的时候，我们不至于因此而生气；我们也不会因此而给他以难看的颜色，以伤他的情感，尽管这种颜色对他没有实际的损害。在我们私人生活中，我们是自由的和宽容的；但是在公家的事务中，我们遵守法律。这是因为这种法律使我们心悦诚服。

对于那些我们放在当权地位的人，我们服从；我们服从法律本身，特别是那些保护被压迫者的法律，那些虽未写成文字，但是违反了就算是公认的耻辱的法律。

---

① 选自董进泉、余建华、沈跃萍主编《影响世界历史进程的演说精粹》，百花洲文艺出版社，1995年版。

② 暗指斯巴达人。

③ 指公元前454年罗马派人来研究梭伦的法律。

④ 实际上"全体公民"是指奴隶主和自由民，不包括奴隶。

现在还有一点。当我们的工作完毕的时候，我们可以享受各种娱乐，以提高我们的精神。整个一年之中，有各种定期赛会和祭祀；在我们的家庭中，我们有华丽而风雅的设备，每天怡娱心目，使我们忘记了我们的忧虑。我们的城邦这样伟大，它使全世界各地一切好的东西都充分地带给我们，使我们享受外国的东西，正好像是我们本地的出产品①一样。

在我们对于军事安全的态度方面，我们和我们的敌人间也有很大的差别。下面就是一些例子：我们的城市，对全世界的人都是开放的；我们没有定期的放逐，以防止人们窥视或者发现我们那些在军事上对敌人有利的秘密。这是因为我们所依赖的不是阴谋诡计，而是自己的勇敢和忠诚。在我们的教育制度上，也有很大的差别。从孩提时代起，斯巴达人即受到最艰苦的训练，使之变得勇敢；在我们的生活中没有一切这些限制，但是我们和他们一样，可以随时勇敢地对付同样的危险，这一点由下面的事实可以得到证明：当斯巴达人侵入我们的领土时，他们总不是单独自己来的，而是带着他们的同盟者和他们一起来的；但是当我们进攻的时候，这项工作是由我们自己来做；虽然我们是在异乡作战，而他们是为保护自己的家乡而战，但是我们常常打败了他们。事实上，我们的敌人从来没有遇着过我们的全部军力，因为我们不得不分散我们的注意力于我们的海军和在陆地上我们派遣军队去完成的许多任务。但是如果敌人和我们一个支队作战而胜利了的时候，他们就自吹，说他们打败了我们的全军；如果他们战败了，他们就自称我们是以全军的力量把他们打败的。我们是自愿地以轻松的情绪来应付危险的，而不是以艰苦的训练。我们的勇敢是从我们的生活方式中自然产生的，而不是国家法律强迫的；我认为这些是我们的优点，我们不花费时间来训练自己忍受那些尚未到来的痛苦；但是当我们真的遇到痛苦的时候，我们表现出我们自己正和那些经常受到严格训练的人一样勇敢。我认为这是我们的城邦值得崇拜的一点。当然还有其他的优点。

我们爱好美丽的东西，但是没有因此而至于奢侈；我们爱好智慧，但是没有因此而至于柔弱。我们把财富当作可以适当利用的东西，而没有把它当作可以自己夸耀的东西。至于贫穷，谁也不必以承认自己的贫穷为耻；真正的耻辱是不择手段以避免贫穷。在我们这里，每一个人所关心的，不仅是他自己的事务，而且也关心国家的事务；就是那些最忙于他们自己的事务的人，对于一般政治也是很熟悉的——这是我们的特点；一个不关心政治的人，我们不说他是一个只注意自己事务的人，而说他根本没有事务。我们雅典人自己决定我们的政策，或者把决议提交适当的讨论；因为我们认为言论和行动间是没有矛盾的；最坏的是没有适当地讨论其后果，就冒失开始行动。这一点又是我们和其他人民不同的地方。我们

---

① 包括自然产品、精神产品。

能够冒险；同时又能够对于这个冒险，事先深思熟虑。他人的勇敢，由于无知；当他们停下来思考的时候，他们就开始疑惧了。但是真的算得勇敢的人是那个最了解人生的幸福和灾患，然后勇往直前、担当起将来会发生的事故的人。

再者，在关于一般友谊的问题上，我们和其他大多数人的也成一个显明的对比。我们结交朋友的方法是给他人以好处，而不是从他人方面得到好处。这就使我们的友谊更为可靠，因为我们要继续对他们表示好感，使受惠于我们的人永远感激我们；但是受我们一些恩惠的人，在感情上缺少同样的热忱；因为他们知道，在他们报答我们的时候，就好像是偿还一笔债务一样，而不是自动地给予恩惠。在这方面，我们是独特的。当我们真的给予他人以恩惠时，我们不是因为估计我们的得失才这样做的，乃是由于我们的慷慨，这样做而无后悔的。因此，如果把一切都联合起来考虑的话，我可断言，我们的城市是全希腊的学校；我可断言，我们每个公民，在许多生活方面，能够独立自主；并且在表现独立自主的时候，能够特别地表现温文尔雅和多才多艺。为着说明这并不是在这个典礼上的空自吹嘘，而是真正的具体事实，你们只要考虑一下：正因为我在上面所说的优良品质，我们的城邦才获得它现有的势力。我们所知道的国家中，只有雅典在遇到考验的时候，证明是比一般人所想象的更为伟大。在雅典的情况下，也只有在雅典的情况下，入侵的敌人不以战败为耻辱；受它统治的属民不因统治者不够格而抱怨。真的，我们所遗留下来的帝国的标志和纪念物是巨大的，不但现代，而且后世也会对我们表示赞叹。我们不需要一个荷马的歌颂，也不需要任何他人的歌颂，因为他们的歌颂只能使我们娱乐于一时，而他们对于事实的估计不足以代表真实的情况。因为我们的冒险精神冲进了每个海洋和每个陆地；我们到处对我们的朋友施以恩德，对我们的敌人给予痛苦①；关于这些事情，我们遗留了永久的纪念于后世。

---

① 这是指雅典人的殖民地而言，按照当地居民的态度，有些殖民地居民受到虐待，有些殖民地的居民受到恩惠。

【美国】洛根
林本椿等 译

洛根首领的哀辞①

历史文本

1774年，住在俄亥俄河流域的印第安人与白人之间发生了一系列流血冲突。洛根是曾以"白人的朋友"闻名的明戈印第安人首领，他的家人被杀光，从而率众反抗，最后，像所有印第安人一样，毫无例外地以失败告终。但是他拒绝和其他首领一起去向获胜的白人哀求，而是给白人总督寄去了这篇演讲。这样，无论是在自己的族人还是白人之中，他都没有了朋友，"谁去那儿为洛根哀悼？——没有一人。"杰弗逊称这篇演讲是"这个国土上土人的天才，尤其是他们的雄辩之才"的证据。在后人眼里，这篇演讲无疑是为北美殖民统治下的印第安人消亡的历史存证。

我恳请任何一个白人说说，他是否曾饿着肚子走进洛根家的小屋，而洛根没有给他肉吃；他是否曾在又冷又没衣服穿时来到洛根家，而洛根没有给他衣服穿。在最近这次漫长而血腥的战争中，洛根一直呆在自己的小屋里，一直是一位宣传和平的人。我对白人的爱就是这样的，以至我的同胞经过我家时都指着说："洛根是白人的朋友。"如果不是一个人伤害了我们，我甚至想过和你们住在一起。去年春天，克雷萨普上校无缘无故地残酷杀害了洛根的所有亲人，甚至连我的女人和孩子也不放过。在现在活着的人中，没有一个人的血管里流着我的血。这个事实呼唤我去报复。我寻求报复；我杀死了许多人；我已经复仇够了；为了国家，我很高兴看到和平的曙光。但不要以为我的高兴是出于害怕。洛根从不惧怕。他不会为了保全自己的生命而突然作一百八十度的转身的。谁去那儿为洛根哀悼？——没有一个人。

---

① 选自戴安娜·拉维奇编《美国读本——感动过一个国家的文字》，三联书店，1995年版。

【美国】林肯

林本椿等 译

葛底斯堡演说①

1863年，北军在葛底斯堡打败南军，标志着美国内战的关键转折点。林肯（1809~1865）在阵亡将士墓落成典礼的仪式上发表了这篇演说，演讲风格诚实、朴素、雄辩，演讲词被认为是美国文学中最漂亮、最富有诗意的文章之一。这样的句子不是以文风的简练动人，而是有一种内在的底气："我们要使这个民有、民治、民享的政府不致从地球上消失。"

87年以前，我们的祖先在这块大陆上创立了一个孕育于自由的新国家。他们主张人人生而平等，并为此而献身。

现在我们正进行一场伟大的内战，这是一场检验这一国家或者任何一个像我们这样孕育于自由并信守其主张的国家是否能长久存在的战争。我们聚集在这场战争中的一个伟大战场上，将这个战场上的一块土地奉献给那些在此地为了这个国家的生存而牺牲了自己生命的人，作为他们的最终安息之所。我们这样做是完全适当和正确的。

可是，从更广的意义上说，我们并不能奉献这块土地——我们不能使之神圣——我们也不能使之光荣。因为那些在此地奋战过的勇士们，不论是还活着的或是已死去的，已经使这块土地神圣了，远非我们微薄的力量所能予以增减的。世人将不大会注意，更不会长久记住我们在这里所说的话，然而，他们将永远不会忘记这些勇士们在这里所做的事。相反地，我们活着的人，应该献身于勇士们未竟的工作，那些曾在此地战斗过的人们已经把这项工作英勇地向前推进了。我们应该献身于留在我们面前的伟大任务——由于他们的光荣牺牲，我们会更加献身于他们为之奉献了最后一切的事业——我们要下定决心使那些死去的人不致白白牺牲——我们要使这个国家在上帝的庇佑下，获得自由的新生——我们要使这个民有、民治、民享的政府不致从地球上消失。

---

① 选自戴安娜·拉维奇编《美国读本——感动过一个国家的文字》，三联书店，1995年版。

【英国】丘吉尔

石幼珊 译

热血、辛劳、汗水、眼泪①

第二次世界大战的爆发，把丘吉尔（1874～1965）推到历史前台。1940年5月13日，出任英国首相的丘吉尔在国会发表了这篇演讲，把以往执行"绥靖政策"的英国推向反法西斯主义的前沿，"对德作战，直至最后胜利"。丘吉尔作为一位坚定、清醒、有远见的政治家的献身精神和勇敢正视严峻现实的强悍意志，在激情四射的演讲中袒露无遗："我所能奉献的，只有热血、辛劳、汗水与眼泪。"丘吉尔与林肯被认为是世界历史上演讲语言最简洁的少数几个领导人物，丘吉尔还以其二战回忆录获得1953年诺贝尔文学奖。

星期五晚我奉国王陛下之命组织新内阁。

国会与国民显然希望这内阁在最广泛的基础上组成，包括所有党派在内。

迄今我已完成此项任务中的最重要部分。一个5人战时内阁已经组成，其中包括工党、反对党和自由党，代表了国家的统一。

……

现在我提请议院作出决议，认可已采取的各项步骤，记录在案，并宣布对新政府的信任。决议全文如下：

"本议院欢迎新政府成立。新政府代表了全国团结一致、坚定不移的信心：对德作战，直至最后胜利。"

组织如此复杂并具有如此规模的内阁，本身就是一项严肃的任务。但我们目前正处于有史以来规模最大战役的最初阶段，我们正在其他许多地方，例如挪威与荷兰，采取行动，我们在地中海也要有所准备。空战正在继续进行，我们在国内需要做许多准备工作。

在此非常时期，我相信议院将原谅我今天发言简短，我还希望我的朋友、同事或受到这次政治改组影响的前任同事们，能体谅省去一般情况下必需的仪节。

---

① 选自姚春树主编《外国杂文大观》，百花文艺出版社，1994年版。

　　我已告诉过组成新政府的各位大臣,在此再告诉诸位议员:我所能奉献的,只有热血、辛劳、汗水与眼泪。我们还要经受极其严峻的考验,我们面临着漫长而艰苦卓绝的斗争。

　　要问我们的政策是什么? 我的回答是:在海、陆、空作战,尽我们所能、以上帝赐予我们的一切力量作战。我们的敌人是人类犯罪史上空前暴虐凶残的暴君,我们要和敌人决一死战,这就是我们的政策。

　　要问我们的目的是什么? 我可以用两个字回答,那就是:胜利。不惜一切代价夺取胜利,不顾一切流血恐怖夺取胜利。不论道路多么漫长,多么崎岖,一定要夺取胜利! 因为没有胜利就不能生存。

　　希望大家认识到这一点:没有胜利,英帝国将不能生存,英帝国所代表的一切将不再存在,推动人类历史不断前进的动力将不再存在。

　　我满怀希望地接受我的任务,我确信人们不会听任我们的事业遭到失败。

　　此时此刻,我认为我有权要求所有人的支持,我要说:"让我们团结一致,共赴国难吧。"

【美国】罗斯福

石幼珊 译

论四大自由①

    富兰克林·罗斯福(1882~1945)，美国任期最长的一位总统(1933~1945)，年轻时因患小儿麻痹症导致下肢残跛，他的精神却比一般人要健朗。1941年1月6日，罗斯福在致美国国会的咨文中，提出人类四大"基本自由"的纲领，来对抗法西斯的"企图用炸弹炸出来的所谓'新秩序'的暴政"，把原本袖手旁观的美国推向二战的主战场，促成国际反法西斯同盟的建立。罗斯福认为，言论自由、宗教自由、免于匮乏的自由、免于恐惧的自由，这"四大自由"不是幻想，"这是我们所追求的世界必须具有的基础"。他相信，"这种世界可以在这个时代，由我们这一代人得到"。他的信心来自何处？他何以有恃无恐？"我们的国家已经将她的命运交托给千百万自由的男女公民，由他们的双手、头脑和心灵来决定。"自由的公民，这就是他的倚仗。遗憾的是，四大"基本自由"，在许多国家，至今仍不过是"四大基本梦想"。

    我们努力保证未来的岁月能够安定，我们期待着将来有一个建立在人类四项基本自由基础之上的世界。

    第一是在世界的一切地方，一切人都有言论与表达意见的自由。

    第二是在世界的一切地方，一切人都有以自己的方式崇拜上帝的自由。

    第三是免于匮乏的自由。从世界范围的意义上说就是在经济上达到谅解，保证世界的一切地方，每一个国家的居民都能过上健康与和平的生活。

    第四是免于恐惧的自由。从世界范围的意义上说，就是进行世界性的彻底裁军，使世界上的一切地方，没有一个国家有能力向任何邻国发起侵略行动。

    这不是对遥远未来的黄金时代的幻想。这是我们所追求的世界必须具有的基础。这种世界可以在这个时代，由我们这一代人得到。我们追求的世界，与独裁者企图用炸弹炸出来的所谓"新秩序"的暴政正好相对立。

---

① 选自薛智、芳莹编《二十世纪巨人随笔·政治家卷·神圣的回忆与忏悔》，光明日报出版社，1995年版。

　　我们以道德秩序这个伟大的观念来反对那种新秩序。一个好的社会，能够毫无恐惧地面对企图主宰世界以及在别国发动革命的各种计划。

　　自有美国历史以来，我们就从事于改革——从事不间断的和平革命。我们持久地进行革命，默默地使革命不断适应外间变化的情况。我们的革命没有集中营，也没有万人冢[①]。我们要建立的世界秩序是自由国家之间的合作，是在一个友好文明的社会中共同工作。

　　我们的国家已经将她的命运交托给千百万自由的男女公民，由他们的双手、头脑和心灵来决定；我们的国家已经将她对自由的信念置于上帝的指引之下。自由就是人权在所有地方高于一切。我们支持一切为了得到并保持这些权利而奋斗的人们，我们的力量来自我们的目标一致。

　　这种崇高的观念舍胜利而外无其他结局。

---

　　① 第二次世界大战中，法西斯国家军队屠杀人民后将尸体抛入沟内，洒上生石灰水，成为万人冢。

【印度】甘地

论不合作①

甘地（1869～1948），印度民族独立运动领袖，被人民尊称为"圣雄"。他把托尔斯泰的"勿抗恶"，梭罗的"不合作"等个人思想演变成一项声势浩大的政治运动——非暴力不合作运动。用非暴力的抵抗，不合作的方式，把印度从英国殖民统治下解放出来，这是世间少有的大智大勇。他面对的是双重压力：世界上最强大的英国殖民政府和自己同胞的误解，曾3次被捕，15次绝食，最后被印度教极端分子暗杀。

甘地认为，"当政府不但不保护你，反而剥夺你的尊严时，不合作就是你的天职"。而"非暴力"不是弱者的武器，"非暴力这种武器属于最强者。我相信，一个最坚强的战士才敢于手无寸铁，赤裸着胸膛面对敌人而死。""非暴力是最大限度的谦让"，是以最弱者的姿态做着最强者的事业，是柔弱胜刚强的极致。因为甘地，"不合作"已成为人世间将弱者锻造为强者的典范之路。

有人告诉我，不合作违反宪法。我敢否认这是违反宪法的。相反，我确信，不合作是正义的，是一条宗教原则，是每一个人的天赋权利，它完全符合宪法。一位不列颠帝国的狂热推崇者曾说过，在不列颠的宪法里，甚至连一场成功的叛乱也是全然合法的。他还列举了一些令我无法否认的历史事件以证明自己的观点。只要叛乱就其通常的含意是指用暴力手段夺取公正，我认为无论成败都是不合法的。相反，我反复向我的同胞言明，暴力行为不管能给欧洲带来什么，绝不适合印度。

我的兄弟和朋友肖卡特·阿里相信暴力方法。如果他要行使自己的权利，抽出利剑去反击不列颠帝国，我知道他有男子汉的勇气，他能够看清应该向不列颠帝国宣战。然而，作为一个名副其实的勇士，他认识到暴力手段不适合于印度，于是他站到我一边，接受了我的微薄援助并保证：只要与我一起，只要相信这个

---

① 选自徐学初、卢利林、鄢庆丰编《世纪档案——影响20世纪世界历史进程的100篇文献》，中国文史出版社，1996年版。

道理，他就永远不会有对任何一个英国人，甚至对地球上任何人施行暴力的念头。此时此刻我要告诉你们，他言必信，行必果，始终虔诚地信守诺言。在此我能作证，他不折不扣地执行了这个非暴力的不合作计划，同时，我要求印度接受这一计划。我告诉你们，在我们这个英属印度的战士行列中，没有哪个人胜过肖卡特·阿里。当剑出鞘的一刻来临，如果确实来临的话，你们会发现他会抽出利剑，而我就会隐退到印度斯坦的丛林深处。一旦印度接受利剑的信条，我将结束作为印度人的生命。因为我相信印度肩负着独特的使命，因为我相信几百年的历史教训已经告诉印度先辈们，人类的公正不是建立在暴力的基础上，真正的公正是建立在自我牺牲、道义和无私奉献的基础上。我对此忠贞不渝，将一如既往地坚持这一信念。为此，我告诉你们，我的朋友在相信暴力的同时，也相信非暴力是弱者的一种武器，而我却相信非暴力这种武器属于最强者。我相信，一个最坚强的战士才敢于手无寸铁，赤裸着胸膛面对敌人而死。这就是不合作的非暴力的关键所在。因而，我敢向睿智的同胞们说，只要坚持非暴力的不合作主义，这种不合作主义就没有什么违反宪法之处。

请问，我对不列颠政府说"我拒绝为你服务"，难道这违反宪法？难道我们受人尊敬的主席先生恭敬地辞去所有政府授予的官衔也违反宪法？难道家长从公立学校或政府资助的学校领回自己的孩子违反宪法？难道一个律师说"只要法律非但没有提高反而降低我的地位，我就不再拥护法律"违反宪法？难道一个文职人员或法官指出"我拒绝为一个强奸民意的政府服务"也违反宪法？再请问，如果一位警察或一位士兵，当他知道自己是被征为效忠于迫害自己同胞的政府时，提出辞呈也违反宪法？如果我到克里希纳河畔对一位农民说："假如政府不是用你的税款来提高你的地位，相反地在削弱你的地位，你交税是不明智的。"难道这也违反宪法？我确信并敢于指出，这没有违反宪法，根本没有！况且，我一生就是这样干的，并没有人提出过疑义。在盖拉，我曾在70万农民中间工作过，他们停止了交税，整个印度都支持我。没有谁认为这是违反宪法的。在我提出的一整套不合作计划中，无一是违反宪法的。但是，我敢说，在这个违反宪法的政府中间，在这个已经庄严地制定了宪法的国度里确有严重的违宪行为——使印度成为一个懦弱的民族，只得在地上爬行，让印度人民忍受强加于她的侮辱才是严重的违反宪法；让7000万印度穆斯林屈从于对他们的宗教施行不道德的暴力才是不折不扣的违反宪法；让整个印度麻木不仁地同一个践踏旁遮普尊严的非正义的政府合作才是真正的违反宪法。同胞们，只要你们还有一点尊严，只要你们承认自己是世代相传的高尚传统的后裔和维护者，你们不支持不合作立场就是违反宪法，同这样一个变得如此非正义的政府合作就是违反宪法。我不是一个反英主义者，不是一个反不列颠主义者，更不是一个反政府主义者。但是，我反对虚伪，反对欺骗，反对不公。这个政府支持非正义一天，就会视我为敌一天——把我视为死敌。在阿姆利则的国会上——我对你们开诚布公——我曾跪在你们中的一些人面前，恳求你们同这个政府合作。我曾信心满怀地希望那些通常被认为是英明的不列颠部长们会安抚穆斯林的感情，他们会在旁遮普暴行事件中完全主持公道。因此我当时说，让我们与他们重归于好吧，握住伸向我们的友谊之手吧，因为我认为这是通过皇家宣言给我们传递友谊。正因为如此，我当时才保证给予合作。但是今天，这种信念已烟消云散，这要归咎于不列颠部长先生们的所作所为。现在我请求，不要在立法委员会内设置无为的障碍，而要采取真正的、名副其实的不合作立场，这样就会使这个世界上最强大的政府瘫痪。这就是我今天的立场。

只有当政府保护你们自尊心的时候，合作才是你们唯一的职责。同样，当政府不但不保护你，反而剥夺你的尊严时，不合作就是你的天职。这就是不合作之真谛。

【美国】马丁·路德·金

我有一个梦想①

历史文本

　　马丁·路德·金（1929～1968），基督教牧师，美国黑人民权运动领袖，1964年诺贝尔和平奖得主。1968年，在组织"贫民进军"途中，被白人种族主义分子枪杀。

　　1963年3月28日，20万黑人在华盛顿举行"为工作和自由进军"大会，马丁·路德·金在集会上发表了这篇扣人心弦的演讲。林肯签署《解放黑奴宣言》已经100年了，美国种族隔离的状况依然存在，黑人依旧没有自由和平等。"我有一个梦想"，这是美国梦的一部分。演讲呼吁使用非暴力手段争取黑人的权利，运用大量的排比段，气势不凡，义正词严；被誉为"充满林肯和甘地精神的象征和圣经的韵律"之作。

　　100年前，一位伟大的美国人签署了解放黑奴宣言，今天我们就是在他的雕像前集会。这一庄严宣言犹如灯塔的光芒，给千百万在那摧残生命的不义之火中受煎熬的黑奴带来了希望。它的到来犹如欢乐的黎明，结束了束缚黑人的漫漫长夜。

　　然而100年后的今天，我们必须正视黑人还没有得到自由这一悲惨的事实。100年后的今天，在种族隔离的镣铐和种族歧视的枷锁下，黑人的生活备受压榨。100年后的今天，黑人仍生活在物质充裕的海洋中一个穷困的孤岛上。100年后的今天，黑人仍然蜷缩在美国社会的角落里，并且意识到自己是故土家园中的流亡者。今天我们在这里集会，就是要把这种骇人听闻的情况公之于众。

　　就某种意义而言，今天我们是为了要求兑现诺言而汇集到我们国家的首都来的。我们共和国的缔造者草拟宪法和独立宣言的气壮山河的词句时，曾向每一个美国人许下了诺言，他们承诺给予所有的人以生存、自由和追求幸福的不可剥夺的权利。

　　就有色公民而论，美国显然没有实践她的诺言。美国没有履行这项神圣的义务，只是给黑人开了一张空头支票，支票上盖着"资金不足"的戳子后便退了回

---

① 选自钱满素编选《世界散文随笔精品文库·美国卷·我有一个梦想》，中国社会科学出版社，1993年版。

来。但是我们不相信正义的银行已经破产，我们不相信，在这个国家巨大的机会之库里已没有足够的储备。因此今天我们要求将支票兑现——这张支票将给予我们宝贵的自由和正义的保障。

我们来到这个圣地也是为了提醒美国，现在是非常急迫的时刻。现在决非侈谈冷静下来或服用渐进主义的镇静剂的时候。现在是实现民主的诺言的时候。现在是从种族隔离的荒凉阴暗的深谷攀登种族平等的光明大道的时候，现在是向上帝所有的儿女开放机会之门的时候，现在是把我们的国家从种族不平等的流沙中拯救出来，置于兄弟情谊的磐石上的时候。

如果美国忽视时间的迫切性和低估黑人的决心，那么，这对美国来说，将是致命伤。自由和平等的爽朗秋天如不到来，黑人义愤填膺的酷暑就不会过去。1963年并不意味着斗争的结束，而是开始。有人希望，黑人只要撒撒气就会满足；如果国家安之若素，毫无反应，这些人必会大失所望的。黑人得不到公民的权利，美国就不可能有安宁或平静，正义的光明的一天不到来，叛乱的旋风就将继续动摇这个国家的基础。

但是对于等候在正义之宫门口的心急如焚的人们，有些话我是必须说的。在争取合法地位的过程中，我们不要采取错误的做法。我们不要为了满足对自由的渴望而抱着敌对和仇恨之杯痛饮。我们斗争时必须永远举止得体，纪律严明。我们不能容许我们的具有崭新内容的抗议蜕变为暴力行动。我们要不断地升华到以精神力量对付物质力量的崇高境界中去。

现在黑人社会充满着了不起的新的战斗精神，但是我们却不能因此而不信任所有的白人。因为我们的许多白人兄弟已经认识到，他们的命运与我们的命运是紧密相连的，他们今天参加游行集会就是明证；他们的自由与我们的自由是息息相关的。我们不能单独行动。

当我们行动时，我们必须保证向前进，我们不能倒退。现在有人问热心民权运动的人，"你们什么时候才能满足？"

只要黑人仍然遭受警察难以形容的野蛮迫害，我们就绝不会满足。

只要我们在外奔波而疲乏的身躯不能在公路旁的汽车旅馆和城里的旅馆找到住宿之所，我们就绝不会满足。

只要黑人的基本活动范围只是从少数民族聚居的小贫民区转移到大贫民区，我们就绝不会满足。

只要密西西比仍然有一个黑人不能参加选举，只要纽约有一个黑人认为他投票无济于事，我们就绝不会满足。

不！我们现在并不满足，我们将来也不满足，除非正义和公正犹如江海之波涛，汹涌澎湃，滚滚而来。

我并非没有注意到,参加今天集会的人中,有些受尽苦难和折磨,有些刚刚走出窄小的牢房,有些由于寻求自由,曾在居住地惨遭疯狂迫害的打击,并在警察暴行的旋风中摇摇欲坠。你们是人为痛苦的长期受难者。坚持下去吧,要坚决相信,忍受不应得的痛苦是一种赎罪。

让我们回到密西西比去,回到亚拉巴马去,回到南卡罗来纳去,回到佐治亚去,回到路易斯安那去,回到我们北方城市中的贫民区和少数民族居住区去,要心中有数,这种状况是能够也必将改变的。我们不要陷入绝望而不可自拔。

朋友们,今天我对你们说,在此时此刻,我们虽然遭受种种困难和挫折,我仍然有一个梦想,这个梦想是深深扎根于美国的梦想中的。

我梦想有一天,这个国家会站立起来,真正实现其信条的真谛:"我们认为这些真理是不言而喻的,人人生而平等。"

我梦想有一天,在佐治亚的红山上,昔日奴隶的儿子将能够和昔日奴隶主的儿子坐在一起,共叙兄弟情谊。

我梦想有一天,甚至连密西西比州这个正义匿迹,压迫成风,如同沙漠般的地方,也将变成自由和正义的绿洲。

我梦想有一天,我的4个孩子将在一个不是以他们的肤色,而是以他们的品格优劣来评价他们的国度里生活。

我今天有一个梦想。

我梦想有一天,亚拉巴马州能够有所转变,尽管该州州长现在仍然满口异议,反对联邦法令,但有朝一日,那里的黑人男孩和女孩将能与白人男孩和女孩情同骨肉,携手并进。

我今天有一个梦想。

我梦想有一天,幽谷上升,高山下降;坎坷曲折之路成坦途,圣光披露,满照人间。

这就是我们的希望。我怀着这种信念回到南方。有了这个信念,我们将能从绝望之岭劈出一块希望之石。有了这个信念,我们将能把这个国家刺耳的争吵声,改变成为一支洋溢手足之情的优美交响曲。

有了这个信念,我们将能一起工作,一起祈祷,一起斗争,一起坐牢,一起维护自由;因为我们知道,终有一天,我们是会自由的。

在自由到来的那一天,上帝的所有儿女们将以新的含义高唱这支歌:"我的祖国,美丽的自由之乡,我为您歌唱。您是父辈逝去的地方,您是最初移民的骄傲,让自由之声响彻每个山冈。"

如果美国要成为一个伟大的国家,这个梦想必须实现。让自由之声从新罕布什尔州的巍峨峰巅响起来!让自由之声从纽约州的崇山峻岭响起来!让自由之声从宾夕法尼亚州阿勒格尼山的顶峰响起来!

让自由之声从科罗拉多州冰雪覆盖的落基山响起来!让自由之声从加利福尼亚州蜿蜒的群峰响起来!不仅如此,还要让自由之声从佐治亚州的石岭响起来!让自由之声从田纳西州的瞭望山响起来!

让自由之声从密西西比的每一座丘陵响起来!让自由之声从每一片山坡响起来。

当我们让自由之声响起来,让自由之声从每一个大小村庄、每一个州和每一个城市响起来时,我们将能够加速这一天的到来。那时,上帝的所有儿女,黑人和白人,犹太教徒和非犹太教徒,耶稣教徒和天主教徒,都将手携手,合唱一首古老的黑人灵歌:"终于自由啦!终于自由啦!感谢全能的上帝,我们终于自由啦!"

【法国】萨特

存在主义是一种人道主义①

　　萨特（1905~1980），法国存在主义哲学家、作家。从小酷爱书本，迷信文字的力量，把从事文字工作的人想象成拯救人类不致堕落为野兽的圣徒，以至产生这样的幻觉：每当一觉醒来，看到大街上人们在安然无恙地行走，他便立即想到，那是因为有一位圣徒在书房里写了整整一个通宵，因而人类获得了一天的"缓刑"。萨特把写作当成自己生存的理由："我生来就是写作的。""我的生活是从书开始的，它无疑也将以书结束。"他著述颇丰，大部头的《存在与虚无》是存在主义哲学名著，但估计读完全书的人不多，人们一般从他的文学作品中吸收他的哲学观念。他认为值得向后代推荐的自己的著作是：《境况种种》《圣徒谢奈》《辩证理性批判》《魔鬼与上帝》《恶心》。萨特的"存在主义"哲学对二战后的人类生活观念有重大影响，通俗地说，存在主义强调人生就是一系列的"自我选择"，"人要对自己是怎样的人负责"。1964年瑞典文学院授予他诺贝尔文学奖，但他拒绝受奖，理由是："谢绝一切来自官方的荣誉。"

　　"存在主义"这一名词目前被人们随便用来指许多事物，但多数使用它的人对其真正含义很少了解。存在主义有两种：基督教存在主义和无神论存在主义，它们的共同特点只是认为存在先于本质。我们以往总认为，人们在制作某物品时首先在脑中形成对它的概念，因而事物的本质，也就是使它的制作和定义成为可能的许多公式和质地的总和，先于它的存在。但同样我们可以把这说成是制作先于存在。当我们说上帝的存在先于一切事物时，我们在大部分时间里是把上帝作为一位超凡的工匠，它按照自己的思想创造了人和世间万物。尽管18世纪的无神论否定了上帝，但本质先于存在的思想并没有受到冲击。这种思想对人来说就是：人具有一种人性；这种"人性"亦即人的概念，是人身上都有的；它意味着每一个人都是这种普遍概念的特殊例子。

---

　　① 选自徐学初、卢利林、鄢庆丰编《世纪档案——影响20世纪世界历史进程的100篇文献》，中国文史出版社，1996年版。

无神论的存在主义宣称上帝并不存在，而是有一个东西先于其本质就已经存在，这个东西就是人，或者按照海德格尔的说法，人的实在。我们说存在先于本质的意思是说首先有人，人碰上自己，在世界上涌现出来——然后才给自己下定义，因为人在一开头是什么都说不上的，没有上帝提供一个人的概念。人就是人，是他从不存在到存在之后愿意成为的那样。人除了自己认为的那样以外，什么都不是。这就是存在主义的第一原则。而且这也就是人们称它作"主观主义"之所在。

如果存在真是先于本质的话，人就要对自己是怎样的人负责。所以存在主义的第一个后果是使人人明白自己的本来面目，并且把自己存在责任完全由自己担负起来。同时，我们的"主观主义"一方面指个人的自由，另一方面也指人越不出人的主观性。这就意味着人在为自己作出选择时也在为所有的人作出选择，所以我们在说人对自己负责时并不仅仅是指他对自己的个性负责，而是要对所有的人负责，我们的责任牵涉到整个人类。

这就使我们能够理解诸如痛苦、听任、绝望一类名词。我们很可以知道我们有每一个个人的选择，有每一个个人关于人的概念，但我们永远也找不到任何可以证明我有资格，根据我自己的选择，把我关于人的概念硬行加给人类的证据，因而人总是痛苦的，诚然有许多人并不表现这种内疚，但是我们肯定他们只是掩盖或逃避这种痛苦。显然我们这里所谈的痛苦是不会导致无所作为的。它是一种很单纯的痛苦，是所有这些承担过责任的人全都熟悉的那种痛苦。

如果存在确是先于本质，人就永远不能参照一个已知的或特定的人性来解释自己的行动。决定论是没有的，上帝并不存在。没有谁能够提供价值或命令，使我们的行为合法化。人是自由的，人就是自由，如果认为上帝知道人的未来是什么，那就连未来都谈不上了。人是人的未来，他孤零零地一个人用他的行动创造他的未来。人只能把自己所有的倚靠限制在自己意志的范围之内，或者在我们的行为行得通的许多可能性之内。人只是他企图成为的那样，他只是在实现自己意图上方才存在。所以他除掉自己的行动总和外，什么都不是；除掉他的生命外，什么都不是。一个人不多不少就是他的一系列行径；他是构成这些行径的总和、组织和一套关系。

存在主义的核心思想是自由承担责任的绝对性质；通过自由承担责任，任何人在体现一种人类类型时，也体现了自己——这样的承担责任，不论对什么人，也不管任何时代，始终是可理解的——以及因这种绝对承担责任产生的对文化模式的相对性影响。

人始终处在自身之外；人靠把自己投出并消失在自身之外而使人存在；另一方面，人是靠追求超越的目的才得以存在。既然人是这样超越自己的，而且只在超越自己这方面掌握客体，他本身就是他的超越中心。这种构成人的超越性（不是像上帝是超越的那样理解，而是作为超越自己理解）和主观性（指人不是关闭在自身以内而是永远处在人的宇宙里）的关系——这就是存在主义的人道主义。我们提醒人们，除了他自己外就别无立法者；由于听任他怎样做，他就必须为自己作出规定；由于我们指出人不能反求诸己，而必须始终在自身之外寻找一个解放（自己）的目标或体现某种特殊理想的目标，人才能真正体现自己的人。

存在主义丝毫不是让人们陷于绝望，而是指出：人类需要的是重新找到自己，通过我思认识自己的存在和作为自己存在证明的别人的存在，并理解除了自己的行动而外什么都不能解救自己。在这个意义上，存在主义是乐观的，它是一个行动的学说。

【法国】顾拜旦

詹汝琮等 译

体育颂①

历史文本

顾拜旦（1863~1937），法国教育家，现代奥林匹克运动的创始人，被誉为现代奥林匹克之父。在他的呼吁下，1894年成立国际奥委会，1896年在雅典举办第一届现代奥运会。1912年写作的《体育颂》，对体育做了动人心弦的赞颂。他一生致力于弘扬现代奥林匹克精神，使20世纪的人类在政治、军事、经济的残酷竞争之外，敞开了一个和平竞争的巨大空间，在这个空间里有胜利者，却没有失败者，因为"参与比取胜更重要"。身体强健的目的不是用于战争，而是发展人类自身。由古希腊人开创的奥林匹克运动，自此注入了现代精神，成为全人类的狂欢节。

072

啊，体育，天神的欢娱，生命的动力！你猝然降临在灰蒙蒙的林间空地，受难者激动不已。你像是容光焕发的使者，向暮年人微笑致意。你像高山之巅出现的晨曦，照亮了昏暗的大地。

啊，体育，你就是美丽！你塑造的人体，变得高尚还是卑鄙，要看它是被可耻的欲望引向堕落还是由健康的力量悉心培育。没有匀称协调，便谈不上什么美丽。你的作用无与伦比，可使二者和谐统一，可使人体运动富有节律；动作变得优美，柔中含有刚毅。

啊，体育，你就是正义！你体现了在社会生活中追求不到的公平合理。任何人要想超过速度一分一秒，逾越高度一分一厘，取得成功的关键，只能是体力与精神融为一体。

啊，体育，你就是勇气！肌肉用力的全部含意是敢于搏击。若不为此，敏捷强健有何用？肌肉发达有何益？我们所说的勇气，不是冒险家押上全部赌注似的蛮干，而是经过慎重的深思熟虑！

啊，体育，你就是荣誉！荣誉的赢得要公正无私，反之便毫无意义。有人要弄见不得人的诡计，以此达到欺骗同伴的目的。他内心深处却受着耻辱的折磨。有

---

① 选自《五环》2000年第12期。

朝一日被人识破，就会落得名声扫地。

　　啊，体育，你就是乐趣！想起你，内心充满欢喜，血液循环加剧，思路更加开阔，条理愈加清晰。你可使忧伤的人散心解闷，你可使快乐的人生活更加甜蜜。

　　啊，体育，你就是培育人类的沃土。你通过最直接的途径，增强民族体质，矫正畸形躯体；防病患于未然，使运动员得到启迪：希望后代长得茁壮有力，继往开来，夺取桂冠的荣誉。

　　啊，体育，你就是进步！为了人类的日新月异，身体和精神的改善要同时抓起，你规定良好的生活习惯，要求人们对过度行为引起警惕。告诫人们遵守规则，发挥人类最大的能力而又无损健康的肌体。

　　啊，体育，你就是和平！你在各民族间建立愉快的联系。它在有节制、有组织、有技艺的体力较量中产生，使全世界的青年会互相尊重和学习，使不同民族特质成为高尚而和平竞赛的动力。

【美国】奥尔德林

我们在月球上散步了①

历史文本

灿烂的星空，给地球人洒下多少辉煌的梦想？自古以来，对星空的向往，凝结成多少神话、传说和宗教？1969年7月20日，美国"阿波罗11号"宇宙飞船第一次登上月球，月球的宁静海上踏出人类的第一个脚印。宇航员阿姆斯特朗面对亘古沉睡的月球大声宣布："对一个人来说是一小步，对人类来说是一次巨大的跃进！"

当时的美国总统尼克松通过电视向宇航员致意："因为你们的成就，天空也变成人类世界的一部分。而且当你们从宁静海对我们说话时，我们感到要加倍努力，使地球上也获得和平与宁静。"另一位宇航员奥尔德林登月归来后在国会发表了这篇演讲："我们在月球上散步了。"世界上没有几个人能说出如此沉着自豪的话，然而，人类的航天时代的确是开始了。

074

尊敬的女士们、先生们：

今天，我怀着身为美国人的高度自豪感和身为人类的谦恭心情，向你们说一句从前任何人都无权说的话："我们在月球上散步了。"但是，在静海基地留下的脚印，不仅是属于"阿波罗11号"的全体宇航员，而是由全国数以万计的人所共同留下的，他们是政府、工业界和大学的人员，是这些年来在我们之间为"水星号""双子座号"和"阿波罗号"辛勤劳动的工作小组和全体宇航员。

那些脚印是美国人民和你们的，你们是美国人民的代表，你们接受并支持了那不可避免的登月计划的挑战。同时，既然我们是为全人类的和平而踏上月球，那些脚印也是属于全世界人民的。对于所有在悠悠转动的地球上仰望夜空的人，月亮都匀洒银光，绝不厚此薄彼。因此，我们希望，太空探索的成果也将由大家平等分享，从而给整个人类带来和谐的影响。

科学考察意味着对未知世界的探索，人们根本无法预知全部结果。查尔斯·林白说过："科研成果不是最终目的，而是一条通向奥秘而又消失在奥秘中的道路。"

---

① 选自朱长超编《世界著名科学家演说精粹》，百花洲文艺出版社，1994年版。

当我们向全世界敞开门窗，让外界了解我们的成就和失败时，当我们同世界各国分享我们的发现时，我们在太空方面取得的成就，已成为我国生活方式的象征。"土星号"运载火箭、宇宙飞船的"哥伦比亚"与"鹰"等机舱，以及座舱外活动装置都已向尼尔、迈克和我证实：我国能够生产质量最高和最可靠的设备。这给予我们所有人以希望和鼓舞，以便解决地球上某些更为困难的问题。"阿波罗号"所给予我们的启示是，只要有足够坚硬的意志去干，国家的目标是能够实现的。

踏上月球的第一步，也是踏上太阳系各行星和最终走向太空其他星球的一步。"对一个人来说是一小步"，这句话阐述的是事实，而"对人类来说是一次巨大的跃进"。

我们国家在"阿波罗"计划上的做法，可以用来解决国内问题，我们在未来太空探测计划中所做的工作，将决定我们的跃进究竟有多大，谢谢大家。

【德国】马克思

自 白①

马克思（1818～1883），德国哲学家，共产主义创始人。作为巨人，他为人类留下了一个激动人心的解放之梦；作为凡人，他在回答女儿燕妮和劳拉提供的一份问卷调查中显示出自己的个性，这就是"自白"的珍贵之处。

1. 您认为一般人最宝贵的品德？——"纯朴"。
2. 您认为男人最好的品德？——"刚强"。
3. 您认为女人最值得珍重的品德？——"柔弱"。
4. 您的特点？——"目标始终如一"。
5. 您对幸福的理解？——"斗争"。
6. 您对不幸的理解？——"屈服"。
7. 您能原谅的缺点？——"轻信"。
8. 您最厌恶的缺点？——"逢迎"。
9. 您讨厌的人？——"马丁·塔波尔②"。
10. 您喜欢做的事？——"啃书本"。
11. 您喜爱的诗人？——"莎士比亚、埃斯库罗斯、歌德"。
12. 您喜爱的散文家？——"狄德罗"。
13. 您喜爱的英雄？——"斯巴达克、开普勒③"。
14. 您喜爱的女英雄？——"甘泪卿④"。
15. 您喜爱的花？——"月桂"。
16. 您喜爱的颜色？——"红色"。

---

① 选自姚春树主编《外国杂文大观》，百花文艺出版社，1994年版。

② 马丁·塔波尔（1810～1889），英国诗人，曾经风靡一时，他那本充满了空洞乏味、庸俗不堪的诗文集《谚语哲学》印数高达上百万册，超出马克思的《资本论》千倍之多。这是"头等市侩"、小市民的化身。马克思多次讽刺过他。

③ 开普勒（1571～1630），德国天文学家，发现行星沿椭圆轨道运行，提出行星运动三定律。

④ 甘泪卿，歌德的悲剧《浮士德》中的女主人公，一个温柔多情的姑娘。

17.您喜爱的名字？——"劳拉①、燕妮②"。

18.您喜爱的菜？——"鱼"。

19.您喜爱的格言？——"人所具有的我都具有③"。

20.您喜爱的座右铭？——"怀疑一切"。

---

① 劳拉，马克思次女，1845年流亡布鲁塞尔时所生。拉法格夫人。

② 燕妮，马克思长女，1844年出生，有"法国姑娘"之称。龙格夫人。

③ 原为"我是人，人的一切特性我都具有"。拉丁格言。

【美国】爱因斯坦

许良英 译

我的世界观①

爱因斯坦（1879～1955），美籍犹太裔物理学家，他的"相对论"刷新了人类的时空观念，1921年获诺贝尔物理学奖。由于在科学上诸多巨大贡献，他被认为是人类历史上最有创造才能的人；由于对现实社会的敏锐观察和直言不讳，他被誉为"20世纪的良心"。

《我的世界观》是一篇烛照内心的文字，爱因斯坦一边说明自己的人生勇气来自于生活的美、善、真，"人是为别人活着的"；一边又惊人地坦言："我实在是一个'孤独的旅客'，我未曾全心全意地属于我的国家，我的家庭，我的朋友，甚至我最接近的亲人；在所有这些关系面前，我总是感到有一定距离并且需要保持孤独。"一个高远的灵魂总是与世扞格，从不如鱼得水，因为只有他明白什么是更好的。

巨人之声

一

我们这些总有一死的人的命运是多么奇特呀！我们每个人在这个世界上都只作一个短暂的逗留；目的何在，却无所知，尽管有时自以为对此若有所感。但是，不必深思，只要从日常生活就可以明白：人是为别人而生存的——首先是为那样一些人，他们的喜悦和健康关系着我们自己的全部幸福；然后是为许多我们所不认识的人，他们的命运通过同情的纽带同我们密切结合在一起。我每天上百次地提醒自己：我的精神生活和物质生活都依靠着别人（包括生者和死者）的劳动，我必须尽力以同样的分量来报偿我所领受了的和至今还在领受着的东西。我强烈地向往着俭朴的生活，并且时常为发觉自己占用了同胞的过多劳动而难以忍受。我认为阶级的区分是不合理的，它最后所凭借的是以暴力为根据。我也相信，简单淳朴的生活，无论在身体上还是在精神上，对每个人都是有益的。

我完全不相信人类会有那种在哲学意义上的自由。每一个人的行为，不仅受

---

① 选自许良英译《爱因斯坦文集》第三卷，商务印书馆，1979年版。

着外界的强迫，而且还要适应内心的必然。叔本华说："人虽然能够做他所想做的，但不能要他所想要的。"这句话从我青年时代起，就对我是一个真正的启示；在我自己和别人生活面临困难的时候，它总是使我们得到安慰，并且永远是宽容的源泉。这种体会可以宽大为怀地减轻那种容易使人气馁的责任感，也可以防止我们过于严肃地对待自己和别人；它还导致一种特别给幽默以应有地位的人生观。

要追究一个人自己或一切生物生存的意义或目的，从客观的观点看来，我总觉得是愚蠢可笑的。可是每个人都有一定的理想，这种理想决定着他的努力和判断的方向。就在这个意义上，我从来不把安逸和享乐看做是生活目的本身——这种伦理基础，我叫它猪栏的理想。照亮我的道路，并且不断地给我新的勇气去愉快地正视生活的理想，是善、美和真。要是没有志同道合者之间的亲切感情，要是不全神贯注于客观世界——那个在艺术和科学工作领域里永远达不到的对象，那么在我看来，生活就会是空虚的。人们所努力追求的庸俗的目标——财产、虚荣、奢侈的生活——我总觉得都是可鄙的。

我对社会正义和社会责任的强烈感觉，同我显然的对别人和社会直接接触的淡漠，两者总是形成古怪的对照。我实在是一个"孤独的旅客"，我未曾全心全意地属于我的国家，我的家庭，我的朋友，甚至我最接近的亲人；在所有这些关系面前，我总是感觉到有一定距离并且需要保持孤独——而这种感受正与年俱增。人们会清楚地发觉，同别人的相互了解和协调一致是有限度的，但这不足惋惜。这样的人无疑有点失去他的天真无邪和无忧无虑的心境；但另一方面，他却能够在很大程度上不为别人的意见、习惯和判断所左右，并且能够不受诱惑要去把他的内心平衡建立在这样一些不可靠的基础之上。

我的政治理想是民主主义。让每一个人都作为个人而受到尊重，而不让任何人成为崇拜的偶像。我自己受到了人们过分的赞扬和尊敬，这不是由于我自己的过错，也不是由于我自己的功劳，而实在是一种命运的嘲弄。其原因大概在于人们有一种愿望，想理解我以自己的微薄绵力通过不断的斗争所获得的少数几个观念，而这种愿望有很多人却未能实现。我完全明白，一个组织要实现它的目的，就必须有一个人去思考，去指挥，并且全面担负起责任来。但是被领导的人不应当受到强迫，他们必须有可能来选择自己的领袖。在我看来，强迫的专制制度很快就会腐化堕落。因为暴力所招引来的，总是一些品德低劣的人，而且我相信，天才的暴君总是由无赖来继承，这是一条千古不易的规律。就是这个缘故，我总是强烈地反对今天我们在意大利和俄国所见到的那种制度。像欧洲今天所存在的情况，使得民主形势受到了怀疑，这不能归咎于民主原则本身，而是由于政府的不稳定和选举制度中与个人无关的特征。我相信美国在这方面已经找到了正确的道路。他们选出了一个任期足够长的总统，他有充分的权力来真正履行他的职责。另一方面，在德国的政治制度中，我所重视的是，它为救济患病或贫困的人作出了比较广泛的规定。在人生的丰富多彩的表演中，我觉得真正可贵的，不是政治上的国家，而是有创造性的、有感情的个人，是人格；只有个人才能创造出高尚的和卓越的东西，而群众本身在思想上总是迟钝的，在感觉上也总是迟钝的。

讲到这里，我想起了群众生活中最坏的一种表现，那就是使我厌恶的军事制度。一个人能够洋洋得意地随着军乐队在四列纵队里行进，单凭这一点就足以使我对他轻视。他所以长了一个大脑，只是出于误会；单单一根脊髓就可满足他的全部需要了。文明国家的这种罪恶的渊薮，应当尽快加以消灭。由命令而产生的勇敢行为，毫无意义的暴行，以及在爱国主义名义下一切可恶的胡闹，所有这些都使我深恶痛绝，在我看来，战争是多么卑鄙、下流！我宁愿被千刀万剐，也不愿参与这种可憎的勾当。尽管如此，我对人类的评价还是十分高的，我相信，要是人民的健康感情没有被那些通过学校和报纸而起作用的商业利益和政治利益蓄意进行败坏，那么战争这个妖魔早就该绝迹了。

我们所能有的最美好的经验是奥秘的经验。它是坚守在真正艺术和真正科学发源地上的基本感情。谁要是体验不到它，谁要是不再有好奇心也不再有惊讶的感觉，他就无异于行尸走肉，他的眼睛是迷糊不清的。就是这样奥秘的经验——虽然掺杂着恐怖——产生了宗教。我们认识到有某种为我们所不能洞察的东西存在，感觉到那种只能以其最原始的形式为我们感受到的最深奥的理性和最灿烂的美——正是这种认识和这种情感构成了真正的宗教感情；在这个意义上，而且也只是在这个意义上，我才是一个具有深挚的宗教感情的人。我无法想象一个会对自己的创造物加以赏罚的上帝，也无法想象它会有像在我们自己身上所体验到的那样一种意志。我不能也不愿去想象一个人在肉体死亡以后还会继续活着；让那些脆弱的灵魂，由于恐惧或者由于可笑的唯我论，去拿这种思想当宝贝吧！我自己只求满足于生命永恒的奥秘，满足于觉察现存世界的神奇的结构，窥见它的一鳞半爪，并且以诚挚的努力去领悟在自然界中显示出来的那个理性的一部分，即使只是其极小的一部分，我也就心满意足了。

二

重读我在将近十年前所写的《我的信仰》，我得到了两个奇特的相反的印象。我当时所写的，在实质上似乎始终还是正确的；但是，一切又似乎非常遥远和陌生了。这怎么可能呢？在这十年当中，是世界已经起了那么深刻的变化呢，还是仅仅因为我多活了十年，因而用一种改变了灰暗的眼光来看待每件事情呢？在人类历史中，十年时间算得了什么？比起这段短暂的时间来，难道不应当把一切决定人类生活的力量都看做是不变的吗？是不是我的判断力容易发生错误，以至在这十年中我身体的生理变化会那么深刻地影响我的人生观呢？我觉得，这些理由显然都不足以解释我对待一般人生问题的感情变化。这种奇特变化的原因也不能在我自己的外界环境里找到；因为我知道，在我的思想和感情中，外界的环境总只是起着次要作用。

不，这里必定有完全不同的另一种东西。在这十年中，我对文明人类社会的稳定性的信心，甚至对它的生存能力的信心已大大消失了。人们感觉到，不仅人类文化遗产受到威胁，而且人们愿意不惜任何代价加以保护的一切东西，它们的价值都被贬得太低了。

固然，头脑清醒的人总是深切地体会到人生是一种冒险，生命永远必须从死亡中去夺取。有些危险是外来的：人会从楼上跌下来而折断颈骨，会不是由于自己的过错而失掉生计，会无辜被判罪，还会被诽谤所毁灭。生活在人类社会中就意味着各种各样的危险；但这些危险在性质上都是无规律的，都是受着偶然性的支配的。个人为其一分子的人类社会，作为整体来看似乎是稳定的。而用审美的和道德的理想来衡量，它无疑是不完美的，但是整个说来，人们对它还是感到亲切的，除了各种各样的意外事件，人们在那里也还是感到比较安全。人们接受它的各种内在的品质，就像呼吸空气一样的自然。甚至道德标准、志向和习俗的道理也都理所当然地被认为是一切文明人类所共有的不可侵犯的遗产。

不错，第一次世界大战已经动摇了这种安全感。生命的神圣性消失了，个人不再能做他所愿做的事和到他所喜欢去的地方去。说谎被尊为政治工具。然而，战争一般人还认为是一种外来的事件，只有一部分是，或者完全不是人的有意识和有计划的行动的结果。它被认为是对人类正常生活的一种外来的干扰，并且被普遍认为是不幸的，罪恶的。关系到人类的目的和价值的安全感，大部分仍然毫不动摇地保存着。

政治事件尖锐地标志着随后的发展，但是，这些政治事件却没有它们的那个不易为人所理解的社会—心理背景那样影响深远。首先是一个短暂而有希望的前进步骤，表证它的是通过威尔逊的宏伟的倡议而创立国际联盟，并且建立了国家之间的集体安全制度。然后是法西斯国家的形成，伴随着它的是一系列的撕毁条约，侵犯个人和侵犯军事上较弱国家的赤裸裸的暴行。集体安全制度就像纸房子一样倒塌下来——这种倒塌的后果，甚至到今天还是无法估量的。这表明了有关国家中的领导集团的软弱无能和缺乏责任心，也表明了那些表面上还未受损害的民主国家的领导集团目光短浅的自私心理，这种私心使他们无法做任何有力的还击。

事情的发展甚至比有最深洞察力的悲观主义者所敢预言的还要坏。在欧洲，在莱茵河以东，知识分子的自由活动实际上已经不再存在，人民忍受着那些夺得政权的匪徒的恐怖统治，青年人受着系统的谎言的毒化。政治冒险家的虚假成功愚弄了世界的其余部分；到处显得这一代人缺乏气魄和力量，而以前几代人就是靠着这种气魄和力量，才能够在痛苦的斗争和巨大的牺牲中赢得人类的政治自由和个人自由。

意识到事态的这种情况，我目前生活的每时每刻都笼罩着阴影，而在十年以前这种意识并没有占据我的思想。正因为如此，当我重读当年所写的东西，我不禁百感交集，慨叹无尽。

但是我也知道，从整个来看，人类是改变得很小的，尽管各个时代流行的观念使得人类在不同时代有着非常不同的表现，也尽管一定时代的事件会像现在这样使得人类受到不可想象的痛苦。除了在历史书中留下可怜的几页，来向后代的青年简单地描述他们祖先的愚蠢，此外，将不会再留下什么了。

【美国】爱因斯坦

方在庆等 译

人类生存的目标①

人类的生存有目标吗? 没有任何外力, 能够赐予人类生存的目标; 只是人类的内心, 永远珍藏着和谐共存的理想。理性是一柄双刃剑, 要小心它所指的对象。

我们的时代以其在人类智慧发展的进程中取得的进展而自豪。对真理和知识的探索与追求是人类最为崇高的品质之一, 尽管大声叫喊这种自豪的常常是那些付出最少努力的人。当然, 我们同时要注意别把理智看成我们的上帝, 它当然具有强健的肌肉, 但却没有人格。它不能引导, 只能服务, 而且它选择领袖时并不仔细。这个特点可从它的布道人——知识分子的品质中反映出来。理智对方法和工具有独到的眼光, 但对目的和价值却是盲目的。因此毫不奇怪, 这种致命的盲目性从老一代转到了年青一代, 并牵涉到了当今整整一代人。

我们犹太祖先, 即先知者, 和中国古代贤哲们了解到并表明: 铸就我们人类存在的最重要的因素是一个目标的产生与确立。这个目标就是要通过内心不断的努力摆脱反社会的、具有破坏性的天性, 使人类变成一个自由幸福的群体。在这种努力过程中, 理智会是最为得力的助手。理智努力的成果加上奋斗本身, 同艺术家的创造性活动结合起来, 就给生活提供了内容与意义。

但是如今人类的狂热比以往任何时候都不加节制地统治着全球。我们犹太人无论在哪里, 都只算是很小的少数民族, 一点武力自卫手段也没有, 正置身于一场最严酷的苦难中, 甚至要被完全灭绝, 其程度比世上任何民族都要糟糕。对我们猖獗的仇恨源于如下事实: 我们倡导了和谐共存的理想, 并使之在我们民族中的佼佼者的言行中得到了体现。

---

① 选自《爱因斯坦晚年文集》, 海南出版社, 2000年版。

【波兰】玛丽·居里

剑捷 译

我的信念①

居里夫人（1867～1934），波兰科学家，1903年获诺贝尔物理学奖、1911年获诺贝尔化学奖。镭元素的发现，开辟了大规模获取能量的途径，推动了现代科学的重大变革。居里夫妇放弃镭的专利，把它无偿贡献给世界。但在发现之初，居里夫妇就担心："如果镭落在恶人的手中，它就会变成非常危险的东西。"科学家的人道精神和敏锐的洞察力，并不能遏制人性的疯狂，40年后，原子弹在地球上爆炸了，是以正义的名义。居里夫人的人格魅力有口皆碑，爱因斯坦在悼文中如此评说："第一流人物对于时代和历史进程的意义，在其道德品质方面，也许比单纯的才智成就方面还要大。"

"居里夫人的品德力量和热忱，哪怕只有一小部分存在于欧洲的知识分子中间，欧洲就会面临一个比较光明的未来。"

生活对于任何人都非易事，我们必须有坚忍不拔的精神。最要紧的，还是我们自己要有信心。我们必须相信，我们对每一件事情都是有天赋的才能，并且，无论付出任何代价，都要把这件事情完成。当事情结束的时候，你要能够问心无愧地说："我已经尽我所能了。"

有一年的春天里，我因病被迫在家里休息数周，我注视着我的女儿们所养的蚕结着茧子。这使我感兴趣，望着这些蚕固执地、勤奋地工作着，我感到我和它们非常相似，像它们一样，我总是耐心地集中在一个目标上。我之所以如此，或许是因为有某种力量在鞭策着我——正如蚕被鞭策着去结它的茧子一般。

在近50年来，我致力于科学的研究，而研究，基本上是对真理的探讨。我有许多美好快乐的记忆。少女时期我在巴黎大学，孤独地过着求学的岁月；在那整个时期中，我丈夫和我专心致志地，像在梦幻之中一般，艰辛地坐在简陋的书房里研究，后来我们就在那儿发现了镭。

我在生活中，永远是追求安静的工作和简单的家庭生活。为了实现这个理

---

① 选自李文俊主编《外国散文名篇欣赏》，中国青年出版社，1993年版。

想，所以后来我要竭力保持宁静的环境，以免受人事的侵扰和盛名的渲染。

我深信，在科学方面，我们是有对事而不是对人的兴趣。当皮埃尔·居里和我决定应否在我们的发现上取得经济上的利益时，我们都认为这是违反我们的纯粹研究观念。因而我们没有申请镭的专利，也就抛弃了一笔财富。我坚信我们是对的。诚然，人类需要寻求现实的人，他们在工作中获得很大的报酬。但是，人类也需要梦想家——他们对于一件忘我的事业的进展，受了强烈的吸引，使他们没有闲暇，也无热情去谋求物质上的利益。我的唯一奢望，是在一个自由国家中，以一个自由学者的身份从事研究工作。我从没有视这种利益为理所当然的，因为在24岁以前，我一直居住在被占领和蹂躏的波兰。我估量过法国自由的代价。

我并非生来就是一个性情温和的人，我很早就知道，许多像我一样敏感的人，甚至受了一言半语的呵责，便会过分懊恼，因而我尽量隐藏自己的敏感。从我丈夫的温和沉静的性格中，我获益匪浅。当他猝然长逝以后，我便学会了逆来顺受。我年纪渐老了，我愈会欣赏生活中的种种琐事，如栽花、植树、建筑，对诵诗和眺望星辰，也有一点兴趣。

我一直沉醉于世界的优美之中，我所热爱的科学，也不断增加它崭新的远景。我认定科学本身就具有伟大的美。一位从事研究工作的科学家，不仅是一个技术人员，并且，他是一个小孩儿，在大自然的景色中，好像迷醉于神话故事一般。这种魅力，就是使我终生能够在实验室里埋头工作的主要因素了。

【波兰】玛丽·居里

怀念皮埃尔①

皮埃尔·居里因车祸遇难后，玛丽·居里依然在日记中与丈夫谈话，那种生死相依的深情、相知相惜的爱与痛，转化为对共同事业的承担。居里夫人平时不苟言笑，内心的情感却是丰富而柔韧。

一

……皮埃尔，我的丈夫，你躺在那里，头包扎着，像一个睡着休息的可怜的受伤的人一样的平静。你的脸色很温和而且从容，依然是你，沉浸于不能再醒来的酣梦中。你的唇，从前我说是贪婪的，现在完全苍白，毫无血色。你的小胡须是灰色的。你的头发差不多看不见，因为伤痕正由发际起；额上右边露出了碎的骨头。唉！你受了多么大的痛苦！你流了多少血！你的衣服都被血浸透了。我常常用手抚摸的那个可怜的头，它受了多么可怕的打击呀！我吻你的眼皮，记得你总是合上眼睛，用我熟识的姿势抬起你的头，让我吻它们……

我们在星期六早晨装殓了你，抬你进棺材的时候，我捧着你的头。我们末一次吻了你那冰冷的脸，然后在棺材里放了一些花园里的长春花，还放了一张我的相片，就是你叫做"很聪明的小学生"而且很喜爱的那一张，它必须陪你进坟墓，因为上面的那个女子很幸福地能使你很喜欢她，你虽然只见过她几次，就毫不迟疑地请求她与你共同生活。你常对我说，你一生中只这一次做事没有迟疑，完全自信做得对。我的皮埃尔，我也相信你没有做错，我们生来就须一起生活，我们必须结合。

你的棺材已经盖上，我再也看不见你了。我不许他们用那可怕的黑布罩上它，我用花把它盖起来，并且坐在旁边……

---

① 选自徐葆耕、齐家莹编《二十世纪巨人随笔·自然科学家卷·我们都是未解之谜》，光明日报出版社，1995年版。原文是居里夫人的日记，标题为编者所拟。

二

我的皮埃尔，他们叫我做你的继任者，继续讲授你的课程，并且指导你的实验室。我已经答应了。我不知道这是好是坏。你常对我说你愿意我到索尔本去讲课，而我至少愿意努力继续你的工作。有时候我似乎觉得这样我比较容易活下去，而有时候我似乎觉得我承担这个工作简直是发疯。

三

我整天在实验室工作，我只得如此：因为在那里比在其他任何地方我都觉得好一点。我想不出还有什么事情能使我高兴，或许科学工作可以——不，还是不能，因为假如我在这上面成功了，而想到你不能知道，我还是受不了。

【英国】罗素
孟宪忠 译

我为何而生①

巨人之声

　　罗素（1872～1970），英国学者，20世纪的智者，在哲学、数学、自然科学、伦理学、社会学、历史学、宗教学等诸多领域取得了卓越的成就，一生著书40余部，主要有《人类的知识：它的范围和界限》《数学原理》《自传》等。获1950年诺贝尔文学奖。他坦言自己活着的三个理由：从爱情中发现天堂，从知识中探索人类的心灵，以及对人类苦难不可遏制的同情。在这位智慧老人漫长的一生中，这三个理由被发挥得淋漓尽致。1955年，83岁的罗素还发起与爱因斯坦等众多科学家联署反对核战争的宣言——"科学家要求废止战争宣言"，并将文本亲自寄发美、苏、中、英、法、加六国首脑。

　　对爱情的渴望，对知识的追求，对人类苦难不可遏制的同情，是支配我一生的单纯而强烈的三种感情。这些感情如阵阵巨风，吹拂在我动荡不定的生涯中，有时甚至吹过深沉痛苦的海洋，直抵绝望的边缘。

　　我所以追求爱情有三方面的原因。首先，爱情有时给我带来狂喜，这种狂喜竟如此有力，以致使我常常会为了体验几小时爱的喜悦，而宁愿牺牲生命中其他一切。其次，爱情可以摆脱孤寂——身历那种可怕孤寂的人的战栗意识有时会由世界的边缘，观察到冷酷无生命的无底深渊。最后，在爱的结合中，我看到了古今圣贤以及诗人们所梦想的天堂的缩影，这正是我所追寻的人生境界。虽然它对一般的人类生活也许太美好，但这正是我透过爱情所得到的最终发现。

　　我曾以同样的感情追求知识，我渴望去了解人类的心灵，也渴望知道星星为什么会发光，同时我还想理解毕达哥拉斯的力量。

　　爱情与知识的可及领域，总是引领我到天堂的境界，可对人类苦难的同情却经常把我带回现实世界。那些痛苦的呼唤经常在我内心深处激起回响。饥饿中的孩子，被压迫被折磨者，给子女造成重担的孤苦无依的老人，以及全球性的孤独、贫穷和痛苦的存在，是对人类生活理想的无视和讽刺。我常常希望能尽自己

_____

① 选自文远、余翔编《精品中的精品——诺贝尔文学奖得主美文100篇》，作家出版社，1994年版。

的微薄之力去减轻这不必要的痛苦,但我发现我完全失败了,因此我自己也感到很痛苦。

这就是我的一生,我发现人是值得活的。如果有谁再给我一次生活的机会,我将欣然接受这难得的赐予。

【英国】达尔文

毕黎 译

对我智力的评估①

　　达尔文（1809～1882），英国博物学家，进化论的奠基者。代表作《物种起源》《人类的由来及性选择》等。达尔文早年学习平庸，学医不成，修神学未果，在剑桥大学，教授的观察是："达尔文先生似乎在自己房间里整天摔马鞭子打发时间。"父亲曾在绝望之中对他说："你除了打猎、养狗、抓老鼠以外，无所事事。你这样下去，会给自己及全家丢脸。"后来，达尔文认识了一位植物学家，终于在博物学方面找到了兴趣，以博物学家的身份随海军考察船做了5年的史诗般的环球考察，得出了震惊世界的生物进化的理论，一个顽童成为科学巨人。在晚年所写的自传中，达尔文坦白自己才智中等、写作困难、缺乏高尚的审美情趣，那么，什么素质造就了他的成功呢——观察力，达尔文如是说。

　　我希望我最好是在自己的思想还没有显著枯竭时就与世长辞。我认为，我在探寻正确解释和想出一些实验核对的方法方面，已经比过去略微熟练了些；可是，这大概只是单纯的实践和大量的知识积累的结果罢了；我在清楚而扼要地表达自己的想法方面，仍旧像往常一样，很感困难；这种困难使我耗去了极多时间；可是，在这方面也有一种补偿，就是：它使我不得不对每一句文字作长久而且专心的思考，因而就会使我在推断方面，在自己和别人的观察结果方面，看出错误和失察之处。我的思想中似乎有一种命定的特征，它使我最初在叙述自己的说法和主张时，总是采取错误或拙劣的表达方式。从前，我时常在写作时，要在推敲自己的文句以后，方才下笔写出它们来；过了几年后，我得出了结论，为了节省时间，尽可能迅速地用极其拙劣的笔迹，潦草地写满全页，接着就把它们缩减一半，然后才去仔细考虑，改正它们。这样记写的词句，反而时常要比我事先深思熟虑后可能写出的词句，更加优美些。

　　我在自己著写的几部书中，曾经把大量时间耗用在一般的材料整理方面。起

---

① 选自斯人编《名人自白》，江苏文艺出版社，1994年版。

先，我在两三页稿纸上写出最粗略的提纲，接着把它扩充成几页较长的纲要，用不多的词句，甚至用单词，去充当整个论断或一批事实。我开始以扩展形式写作以前，先把其中每个小标题再扩大一些，而且时常把它们更换成新词。因为在我的几部著作中，大量引用了其他科学家的观察资料，又因为我经常同时研究几个完全不同的专题，所以我就准备好三四十个大纸夹，把它们放置在书橱中贴有标签的搁板上，这样我就可以立刻把各种类别的参考资料或便条存放进有关的书夹中去。我购买了很多图书，在它们的末页上，记写了书中所有与我的研究工作有关的事项索引。有时，如果这本书不属于我自己，那么，我就写成一篇单独的摘要；在我的一只大抽屉中，就装满了这些摘要。在开始从事某个论题的研究工作以前，我先去查看所有简短的索引，编写出一个分类的总索引，以后再选取一个或几个适当的纸夹，因此就可以获得我过去收集到的所有备用资料了。

在过去二三十年内，我的思想方式在一个方面发生了变化。我过去一直到30岁，或在超过30岁的时候，曾经对很多种类的诗歌发生了很浓厚的乐趣；其中，有弥尔顿、格雷、拜伦、华兹华斯、柯勒律治和雪莱的诗篇；甚至在中学时代，我对莎士比亚的作品，尤其是他的历史剧，已经有了强烈的爱好。从前我对绘画也有相当的爱好，而且也对音乐非常热爱。可是到现在，很多年来，我竟不能容忍去阅读一行诗句；最近，我尝试去阅读莎士比亚的作品，却发现它枯燥乏味，使我难以容忍，以致厌恶万分。我几乎也丧失了对绘画和音乐的兴味。音乐已经不再使我感到快乐，通常反而只会使我过分紧张地去思考自己当时要去干的工作。我对绮丽的风景，还有一点兴致，但是它已经不再像往年那样，引起我极度的狂喜之情了。另一方面，有些长篇小说，它们是幻想的作品，虽然其幻想并不属于很高级的，但在这些年里却使我获得了异常的安慰和快乐，为此我时常赞美所有的长篇小说作家。家中人曾经把很多长篇小说朗诵给我听，只要它们的内容情节一般是好的，或者它们的结局不是悲惨的，我都会感到高兴；应当批准通过一条法律，禁止出版那些结局悲惨的长篇小说。依照我的趣味说来，如果长篇小说中的主人公，不能使人产生真正的热爱，那么，它就不能被称作第一流的作品；而且如果主人公是一位姣美的女郎，那就更好了。

我对这种高尚的审美兴趣，丧失得实在奇怪而且可悲；这种丧失也是最令人惊奇的，因为我对于历史、传记、游记（不论其内容是否有任何的科学性事实）和种种专题的论文，仍旧同往常一样有着浓厚的兴趣。我的头脑，好像已经变成了某种机器，专门把大量收集来的事实加工研磨，制成一般的法则；但是我还不能理解，为什么这必然会引起我头脑中专门激发高尚审美兴趣的那些区域的衰退呢？我认为，如果一个人具有比我更加高级的或者构造更加良好的头脑，那么，他就不会遭受到这种损失了；如果我今后还要活下去的话，那么，我一定要制订一条守则：至少在每个星期内，要阅读几首诗和倾听几曲音乐；大概采取这种使用脑筋的办法，会因此把我现在已经衰退的那些脑区恢复过来。这些兴趣的丧失，也就等于幸福的丧失，可能会对智力发生损害，而且很可能也对品德有害，因为这种情形会削弱我们天性中的情感部分。

我既没有极其敏捷的理解力，也没有机智；有几位聪明的人士，例如赫胥黎，就具有这些优良的品质。因此，我只是一个很差的评论家。我在初次阅读任何一篇论文或者一本书时，通常总是对它发出赞美，但是在继续作了一番思考以后，马上就会看出它的缺点来。要我遵循一条冗长的抽象思想路线——这种本领，对我是有限度的；因此，我在形而上学和教学方面，从来没有取得什么成就。

有几位评论家曾经批评我说："哦，他是一位出色的观察者，但是他却没有推理能力！"我认为，这种评语是不正确的，因为《物种起源》一书从开头一直到结尾，恰恰就是一长篇论证，而且它已经使不少有识见的专家信服了。任何一个人，如果没有推理能力，决不会写出这部著作来。我有一点本领，就是推理能力，正好像每一位颇有盛名的律师和医师所具有的这些本领一样；不过我自信，我在这方面的本领并不太高强。

另一方面，我以为对我有利的一种情况是：我具有比一般水平的人更高的本领，能够看出那些容易被人忽略的事物，并且对它们作细致的观察。我在观察和收集事实方面，勤奋努力，真是无以复加的了。尤其重要的是：我热爱自然科学，始终坚定不移，旺盛不衰。可是，我却怀有一种虚荣心，想要博得我的同道自然科学家们的尊敬；这种虚荣心也就强烈地促进了我对自然科学单纯的热爱。我从少年初期开始，就抱有极其强烈的愿望，想去了解或说明自己观察到的事物，也就是说，想把一切事物分门别类，归纳到某些一般的法则中去。所有这些错综复杂的因果关系，曾经培养出我的一种耐心，使我能够在任何悠长的岁月中，对任何一个悬而未决的问题，进行顽强地思考。根据我所能作出的判断，我对于别人的指示，并不轻易听信，盲目遵从。我始终不变地努力保持自己思想的自由，其范围可使我在一见到事实明显地相反于我深爱的任何假说时，马上就放弃这个假说（而且我对于每个专题，总是忍不住想要建立一个假说）。的确，我只能照此办法去行动，别无其他途径可以选择，因为我记得，凡是我初次建立的假说，在经过一段时间以后，总是使我不得不放弃，或者作重大的修正，只有《珊瑚礁》一书中的假说是个例外。这种情形，自然而然地引起了我对混合性科学中的演绎推理方法的极不信任。我认为，富有怀疑态度，这对科学家是有利的，因为这可以使他们不致损失大量时间；然而，我曾经遇见不少人，我相信，他们正是由于缺乏怀疑态度，不敢去试验和进行观察工作，不管这些工作是否具有直接或间接的益处。

为了说明这一点，我现在举出我很早已经知道的一个十分离奇的事例。有一位先生（后来我知道，他是一位优秀的区系植物研究家），他从我国东部郡县写信告诉我道，那一年各地的普通豆科植物种子，即豆子，竟与往年不同，都错误地着生在豆荚的另一侧边上了。我在复信中，请他作更加详尽的报道，因为我不理解他所指的是什么；但是过了很久，却毫无复音。此后，我看到了两张报纸：一张是肯特郡出版的；另一张是约克郡出版的；在它们上面都载有一则新闻，报道这个十分引人注目的事实："本年所有豆子，都错误地着生在（豆荚的）另一侧边上。"那时我就想，这种说法，竟流传得这样广泛，一定有某种根据。因此，我就去找自己的园丁，他是肯特郡的老人；我问他，对这种说法，是否听到过什么来历；于是他回答道："哦，不对，先生！这一定是搞错了：因为只有在闰年，豆子才着生在（豆荚的）另一侧边上，可是今年却不是闰年呀！"接着我再问他，豆子在平常年份中怎样生长，在闰年又怎样生长；可是马上就发觉，他对于豆子在任何期间怎样生长的情形，却是一概不知，不过他还是一直坚持自己的主张。

又过了一段时间，我那位最初的报道者，来信向我表示万分歉意，并且说，上次他要是没有听到几个有文化的农民提出这种说法，那么就决不会写信告诉我的；可是后来，他再去同其中的每个农民交谈，才知道他们个个都丝毫不知道他所指的是什么。因此，在这里就碰到了这样的情形：一种信念，只要是可以把毫无明确观念的有关说法叫做信念的话，那么，它用不着任何一点证据，就可以不胫而走，几乎会传遍英国全境。

在我过去的一生中，我只听到过三次故意捏造的报道；其中一次，可以说是一种招摇撞骗（科学上的招摇撞骗事件，已发生过几次），但是它竟然会蒙骗了美国的一家农业杂志。这次报道的内容是：在荷兰，用牛属中各个种互相杂交，育成了新品种的牛（我恰好已经知道，牛属中有几个种，是杂交不育的），而这个报道者竟然厚颜无耻地说，他已经同我通过信，而且我为他所获得的成就深受感动。这篇报道文章，是由英国农业杂志的编辑转寄给我的；这位编辑先请我对它发表意见，然后准备要把它刊载在他的杂志上。

第二次，有一位作者报道了几个变种，它们是用报春属中的不同的种育成的；他说，尽管它们的亲本植株被严密防护、隔离，不让昆虫接触，结果还是自发地结生了大量种子。这篇报道文章，是在我未发现花柱异常的意义以前发表的；其中的全部叙述，或者全是骗人的谎话，或者是在隔离昆虫接触方面有很大的漏洞，以致难以使人相信。

第三次报道，更加使人奇怪了：赫斯先生在他的论著《近亲婚姻》一书中，发表了几长段的摘录；这是从一位比利时著者的论文中摘引的；这位比利时著者肯定说，他把亲系极近的兔子交配，已经进行了很多世代，毫无有害的后果。这篇文章发表在一本内容极其丰富的科学杂志——《比利时皇家医学会会刊》上。可是，我对它却仍旧难免发生怀疑：我不明白，为什么在这篇文章中，总是举出这样的成功事例，举不出任何一种失败的事例来呢？可是，根据我自己繁育动物的经验看来，我不得不认为，这是不很确实的。

因此，我在这种非常犹疑不决的情况下，写信给望·贝耐登教授，向他询问这位著者的论文内容是否确实可靠。不久，我从他的复信中得悉：比利时皇家医学会已经发觉，这全篇报道文章都是伪造的，因此大为震惊。该会的《会刊》公开向这位著者责问，要他明确答复：他在进行为时几年的养兔试验工作时，居住在什么地点，而且他的大群兔子又在什么地点；结果却毫无回音。于是我就写信告诉这位蒙在鼓中的赫斯先生：他引用作为自己著作的主要论据的这篇文章，竟是伪造的货色；不久，他以极其可敬的态度，在回信中附来一小张印刷的"勘误声明"纸条；他已经把这些小纸条附进了书店中尚未出售的每本书中了。

我具备了一些井井有条的习惯和方法；这对我独特的工作方法很有一些用处。最后，我还不急需去谋生觅食，所以就有了充分的空闲时间。即使是我身体很坏，而且它使我在一生中损失了几年的宝贵光阴，但同时也使我避免了许多散漫的社交生活和游乐，节约了时间，也不无小补。

因此，根据我所能作出的判断，作为一个科学家，我的成功，不管它有多大，是取决于种种复杂的思想品质和条件的。其中最为重要的是：热爱科学；在长期思考任何问题方面，有无限的耐心；在观察和收集事实资料方面，勤奋努力；还有相当好的创造发明的本领和合理的想法。确实使人惊异的是：我所具有的这些中等水平的本领，竟会在某些重要问题上，对科学家们的信念，起了相当重要的影响。

【法国】卢梭

程依荣 等译

上帝造我的模子打碎了^①

卢梭（1712～1778），法国哲学家、文学家。卢梭出身平民，做过学徒、仆人，像乞丐一样进过收容所，凭着对书籍的热爱——他曾为了买书而当掉自己的衬衫，通过自我修炼成为音乐教师、贵族的秘书、职业作家。凭着《社会契约论》《论人类不平等的起源和基础》等哲学著作，他达到了欧洲启蒙运动的思想顶峰；凭着《新爱洛伊丝》《爱弥尔》《忏悔录》等小说和传记，每一本都导引出一种阅读时尚。其中，《忏悔录》因为披露了惊人的人性的真实，成为文学史上第一部最坦白的自传。读这本书，你可以触摸到一个火一样灼热、坦诚、洞烛自身、照耀人间的灵魂。作者认为，世界上再也找不到这样的人了，因为，"大自然塑造了我，然后把模子打碎了"。罗素冷静地旁批："其情节多少由于'诗人的'奔放不羁而被歪曲。"

人的基因99.9%相同，人的精神却千差万别，自我的本质就建立在那0.1%上面。那0.1%到底是什么？

一

我现在要做一项既无先例，将来也不会有人仿效的艰巨工作。我要把一个人的真实面目赤裸裸地揭露在世人面前，这个人就是我。

只有我是这样的人。我深知自己的内心，也了解别人。我生来便和我所见到的任何人都不同；甚至于我敢自信全世界也找不到一个生来像我这样的人。虽然我不比别人好，至少和他们不一样。大自然塑造了我，然后把模子打碎了，打碎了模子究竟好不好，只有读了我这本书以后才能评定。

不管末日审判的号角什么时候吹响，我都敢拿着这本书走到至高无上的审判者面前，果敢地大声说："请看！这就是我所做过的，这就是我所想过的，我

---

① 黎译选自卢梭《忏悔录》第一章，人民文学出版社，1996年版。程译选自何承伟主编《世界文学随笔精品大展》"自绘像"，上海文化出版社，1992年版。现合为一文两节，标题为编者所拟。

当时就是那样的人。不论善和恶，我都同样坦率地写了出来。我既没有隐瞒丝毫坏事，也没有增添任何好事；假如在某些地方作了一些无关紧要的修饰，那也只是用来填补我记性不好而留下的空白。其中可能把自己以为是真的东西当真的说了，但绝没有把明知是假的硬说成真的。当时我是什么样的人，我就写成什么样的人：当时我是卑鄙龌龊的，就写我的卑鄙龌龊；当时我是善良忠厚、道德高尚的，就写我的善良忠厚和道德高尚。万能的上帝啊！我的内心完全暴露出来了，和您亲自看到的完全一样，请您把那无数的众生叫到我跟前来！让他们听听我的忏悔，让他们为我的种种堕落而叹息，让他们为我的种种恶行而羞愧。然后，让他们每一个人在您的宝座前面，同样真诚地披露自己的心灵，看看有谁敢于对您说：'我比这个人好！'"

（黎星 范希衡 译）

二

　　两种近乎水火不相容的东西，以我无法想象的方式统一在我身上：热烈的性格、奔腾的感情和缓慢凝滞的思想，似乎我的心灵和我的思想并不是属于同一个人的。比闪电更迅疾的情感攫取我的心灵，但它并不给我启示，而是使我激动，使我迷惑。我感觉一切，但我什么也不领会。我暴躁易怒，但又麻木不仁；我在冷静下来之后才能思考。令人惊讶的是，只要别人能够耐心等待，我仍然可以表现出相当可靠的直觉、洞察力，甚至敏感。"只要时间充裕，我可以写出极好的即兴诗。"但我从来不能即兴写出任何像样的文字，也不能随口讲出任何有分量的话语。在通信中我可以侃侃而谈，就像人们所说的：西班牙人下棋。在我读过的一本书里，作者叙述萨瓦公爵在从巴黎返回故乡途中回身叫道："巴黎商人听着，我不会饶你的！"我想："这就是我！"

　　这种同敏锐的感受力共在的凝滞的思想不仅表现在交谈中，即使我独自一人或者我工作时亦是如此。要把我头脑里的思想整理好，是一件异常困难的事情：它们在其中缓慢地运动，在其中沸腾，直至使我动感情，使我振奋，使我激动；而在这整个情感激荡的过程里，我眼前的一切是模糊的。我一个字也写不出来，我必须等待。这心灵的激荡不知不觉逐步平息，这混沌的一团逐渐露出端倪，每样东西各就各位，但这一切是缓慢的，而且必须经过长时间和混乱的骚动……如果我能够等待，而且能够再现那些在我头脑中浮现过的事物的美好的面貌，那么很少有作家能够超过我。

　　我之所以下笔艰难，原因就在这里。我的文稿字迹潦草、杂乱，而且由于反复涂改无法辨认，这就是我付出的代价的证据。我没有一份文稿不是经过4次或5次缮写才送去付印的。面对桌子和纸张，我无法提笔写出任何东西，只是在漫步中、在林壑间、在夜深人静时，我才能在头脑中创作；尤其对于我这样一个完全没有文字记忆力、一辈子不会背诵六行诗句的人来说，可以想象我写作起来是何等缓慢。我有些音调和谐的长句子在见诸文字之前，曾经一连五六个夜晚在我头脑中反复斟酌。我之所以更擅长写那些需要雕琢的作品，也是由于这个缘故。就一件无关紧要的小事写一封信，我也要付出几个小时的辛劳；或者，如果我要记述一件我刚才经历的事情，我不知道怎么开头也不知道怎么结尾；我的信是连篇的废话，读起来令人费解。

我不仅拙于表达思想，而且甚至难以形成看法。我对人进行过研究，并且自认有相当敏锐的观察力，然而我对眼前的东西丝毫不能领悟，我只能洞察那些回忆起来的东西，而且我的理智只存在于我对往事的回顾之中。对于人们当我的面所讲的一切、所做的一切、发生的一切，我毫无感觉，我茫然不解。给我印象的仅仅是外部的征象。这一切在我脑海中有时重新浮现：我记住了地点、时间、声调、目光、动作、环境，一切又都历历在目。这时，根据人们的行为或言谈，我竟能够洞悉人们的思想，而且极少弄错。

既然我独处时无法主宰自己的思想，人们可以想见在交谈中我是什么模样。为了说话得体，必须同时而且立即考虑许多因素。礼仪那么繁琐，而我终不免有所疏忽，这就足以使我望而却步了。我甚至无法理解人们怎么敢当着众人讲话：因为每词每句都要考虑所有的在场者；必须了解所有人的性格，知道他们的经历，才有把握不讲出什么得罪人的话……我觉得两个人面对面交谈更令人尴尬，因为不停地讲话是一种需要：对方讲话必须应答，对方沉默时又必须使谈话重新活跃起来。这种无法忍受的拘谨已经足以使我对社交生活失去兴趣；无话找话说就必然说废话，这是令人厌烦的……这就是为什么人们在我身上看到的而归咎于其实我并没有的孤僻性格的许多异乎寻常的举动。如果我不确信我在社交生活中的形象非但于己不利，而且同我本来的面目截然不同，我可能同别人一样也会喜欢社交生活的。投身写作并且躲藏起来，这于我是最恰当的选择。

（程依荣 译）

【美国】爱默生
林本椿 等 译

自 助①

　　爱默生（1803～1882），美国作家、思想家、职业演说家。发起超验主义文学运动，在美国各地作巡回演说，对19世纪的美国文学和思想有极大影响。作品有《随笔集》《代表人物》等。英国作家阿诺德评价：“在19世纪，没有任何散文比爱默生的散文影响更大。”爱默生的自然主义哲学呼吁以内心自我、人的直觉和大自然作为现实生活的指南，有力地激发着一代代年轻人确立自我意识，赋予个人以生存的尊严和勇气。爱默生的语言机警醒人，令人低回不已：“在每一部天才的作品中，我们都可以找到我们自己抛弃了的那些思想：它们带着某种陌生的尊严回到我们这儿来。”

　　相信你自己的思想，相信凡是对你心灵来说是真实的，对所有其他人也是真实的——这就是天才。披露蛰伏在你内心的信念，它便具有普遍的意义，因为最内在的终将成为最外在的——我们最初的想法终将在上帝最后审判日的喇叭声中得到回应。尽管心灵的声音对每一个人来说都是熟悉的，但是我们认为，摩西、柏拉图和弥尔顿最了不起的功绩是他们蔑视书本和传统，他们论及的不是人们想到的，而是他们自己的思想。人应当学会的是捕捉、观察发自内心的闪光，而不是诗人和伟人们的圣光。但是，人们却不假思索地抛弃自己的思想，就因为那是自己的思想。在每一部天才的作品中，我们都可以找到我们自己抛弃了的那些思想：它们带着某种陌生的尊严回到我们这儿来。伟大的艺术作品给我们最深刻的教诲就是，要以最平和而又最执著的态度遵从内心自然而然产生的念头，即使与其相应的看法正甚嚣尘上。否则，明天某个人便将俨然以一位权威的口吻高谈那些同我们曾经想到、感受到的一模一样的想法，而我们却只好惭愧地从他人手中接受我们自己的想法。

　　每个人在受教育过程中，总有一天会认识到：妒忌是无知，模仿是自杀。不论好歹，每个人都必须接受属于他的那一份，广袤的世界里虽然充满了珍馐美味，

---

　　① 选自戴安娜·拉维奇编《美国读本——感动过一个国家的文字》，三联书店，1995年版。

但是只有从给予他去耕耘的那一片土地里,通过辛勤劳动收获的谷物才富有营养。寓于他体内的力量,实质上是新生的力量。只有他自己才知道他能干什么,而且他也只有在尝试之后才能知晓。

相信你自己吧:每颗心都随着那弦跳动,接受上苍为你找到的位置——同代人组成的社会和世网。伟大的人物总是像孩子似的将自己托付给时代的精神,披露他们所感知到的上帝正在他们内心引起骚动,正假他们之手在运作,并驾驭着他们整个身心。我们是人,必须在我们最高尚的心灵中接受同样先验的命运。我们不能畏缩在墙旮旯里,不能像懦夫一样在革命关头逃脱;我们必须是赎罪者和捐助者,是虔诚的有志者,是全能上帝所造之物,让我们向着混沌乱世,向着黑暗冲锋吧……

这些话语当我们独处时可以听到,可是当我们迈进这世界时,话音就减弱了、听不到了。社会到处都是防范各社会成员成熟起来的阴谋。社会是一个股份公司。在这公司里,成员们为了让各个股东更好地保住自己的那份面包,同意放弃吃面包者的自由和文化。它最需要的美德是随众随俗,它厌恶的是自力更生,它钟爱的不是现实和创造者,而是名分和习俗。

任何名副其实的真正的人,都必须是不落俗套的人。

我必须做的是一切与我有关的事,而不是别人想要我做的事。这条法则,在现实生活和精神生活中都是同样艰巨困难的,它是伟大与低贱的整个区别。它将变得更加艰巨,如果你总是碰到一些自以为比你自己更懂得什么是你的责任的人。按照世人的观念在这世界上生活是件容易的事;按照你自己的观念,离群索居也不难;但若置身在世人之间,却能尽善尽美地怡然保持着个人独立性,却只有伟人才能办得到。

抵制在你看来已是毫无生气的习俗,是因为这些习俗耗尽你的精力。它消耗你的时光,隐翳你的性格。如果你上毫无生气的教堂,为毫无生气的圣经会捐款,投大党的票拥护或反对政府,摆餐桌同粗俗的管家没什么两样——那么在所有这些屏障下,我就很难准确看出你究竟是什么样的人。当然,这样做也将从你生活本身中耗去相应的精力。然而,如果你所做的是你所要做的事,那么我就能看出你到底是什么样的人。做你自己的事,你也就从中增强了自身。一个人必须要想到,随众随俗无异于蒙住你的眼睛。假如我知道你属于哪个教派,我就能预见到你会使用的论据。我曾经听一位传教士宣称,他的讲稿和主题都取材自他的教会的某一规定。难道我不是早就知道他根本不可能即兴说一句话吗?……算了,大部分人都用这样或那样的手帕蒙住自己的眼睛,使自己依附于某个社团观点。保持这种一致性,迫使他们不仅仅在一些细节上弄虚作假,说一些假话,而是在所有的细节上都弄虚作假。他们所有的真理都不太真。他们的二并不是真正的二，他们的四也不是真正的四：他们说的每一个字都使我们失望，而我们又不知道该从哪儿下手去纠正它。同时，自然却麻利地在我们身上套上我们所效忠的政党的囚犯号衣。我们都板着同样的面孔，摆着同样的架势，逐渐习惯最有绅士风度而又愚蠢得像驴一样的表达方式。尤其值得一提的是一种丢人的并且也在历史上留下了自己印记的经历。我指的是"傻乎乎的恭维"——我们浑身不自在地同一些人相处时，脸上便堆起这种假笑；我们就毫无兴趣的话题搭腔时，脸上便堆起这种微笑。其面部肌肉不是自然地运作，而是为一种低下的、处心积虑的抽搐所牵引，肌肉在面庞外围绷得紧紧的，给人一种最不愉快的感觉：一种受责备和警告的感觉。这种感觉，任何勇敢的年轻人都绝不会愿意体验第二次。

使我们不敢自信的恐惧是我们想要随众随俗。这是我们对自己过去的所作所为的敬畏之情，因为在别人眼里，能够借以评判我们行为轨迹的依据，除了我们的所作所为之外别无他物，而我们又不愿意使他们失望。

但是，你为什么要往回看呢？为什么你老要抱着回忆的僵尸，唯恐说出与你曾经在这个或那个公开场合说的话有点儿矛盾的话来呢？倘若你说了些自相矛盾的话，那又怎么样呢……

愚蠢地坚持随众随俗是心胸狭小的幽灵的表现，是低级的政客、哲学家和神学家们崇拜的对象。伟大的人物根本就不会随众随俗。他也许倒更关心自己落在墙上的影子。嘿！把好你的那张嘴！用包装线把双唇缝起来！否则，你若要做一个真正的人的话，今天你想说什么就说什么，像放连珠炮一样；明天你想说什么，照样斩钉截铁地说什么，哪怕跟你今天说的一切都是相互矛盾的。哈哈！老妇人，你就嚷嚷去吧！你肯定会被人误解的！误解，恰恰是个傻瓜的字眼。被人误解就那么不好吗？毕达哥拉斯被人误解，苏格拉底、耶稣、路德、哥白尼、伽利略和牛顿，每一位纯粹而又聪明、曾经生活过的人都曾被人误解过。要做个伟人，就一定会被人误解……

【美国】梭罗

林本椿等 译

论公民的不服从①

梭罗（1817~1862），美国作家、思想家、自然主义者。作为超验主义文学运动领袖，推崇感觉和直觉胜过理智，宣扬个人主义，强调按内在的心声——完整和自然的声音来指导生活和写作，并尝试把这种理念变成个人生活的实践。1846年，隐居在瓦尔登湖畔的梭罗，被警察以"拒绝支付投票税"为由拘捕，次日在未明身份的人代付税款后获释。为了表明自己的观点——他不能向一个容许奴隶制并且对墨西哥发动帝国主义战争的政府交税，他发表了这篇演说。《论公民的不服从》就像一块投向深渊的巨石，半个世纪以后才听见回响，此后就回声不断。列夫·托尔斯泰、甘地、马丁·路德·金等人，都从这篇演说中获得过启示性的思想资源和宝贵的行动力量。一个有血有肉的人如何面对一个庞大冷漠的政府机器？公民到底需要什么样的政府？政府是否尊重公民？梭罗对此作出的质疑和思辨至今仍然振聋发聩。

我由衷地同意这个警句——"最好的政府是管得最少的政府"。我希望看到这个警句迅速而且系统地得到实施。我相信，实施后，其最终结果将是——"最好的政府是根本不进行治理的政府"。当人们做好准备之后，这样的政府就是他们愿意接受的政府，政府充其量不过是一种权宜之计，而大部分政府，有时所有的政府却都是不得计的。对设置常备军的反对意见很多、很强烈，而且理应占主导地位，它们最终可能转变成反对常设政府。常备军队不过是常设政府的一只胳臂。政府本身也只不过是人民选择来行使他们意志的形式，在人民还来不及通过它来运作之前，它同样也很容易被滥用或误用。看看当前的墨西哥战争，它是少数几个人将常设政府当作工具的结果，因为，从一开始，人民本来就不同意采取这种作法。

目前这个美国政府——它不过是一种传统，尽管其历史还不久，但却竭力

① 选自戴安娜·拉维奇编《美国读本——感动过一个国家的文字》，三联书店，1995年版。

使自己原封不动地届届相传，可是每届却都丧失掉一些自身的诚实和正直。它的活力和气力还顶不上一个活人，因为一个人就能随心所欲地摆布它。对于人民来说，政府是支木头枪。倘若人们真要使用它互相厮杀，它就注定要开裂。不过，尽管如此，它却仍然是必不可少的，因为人们需要某种复杂机器之类的玩意儿，需要听它发出的噪音，借此满足他们对于政府之理念的要求。于是，政府的存在表明了，为了人民的利益，可以如何成功地利用、欺骗人民，甚至可以使人民利用、欺骗自己。我们大家都必须承认，这真了不起。不过，这种政府从未主动地促进过任何事业，它只是欣然地超脱其外。它未捍卫国家的自由。它未解决西部问题。它未从事教育。迄今，所有的成就全都是由美国人民的传统性格完成的，而且，假如政府不曾从中作梗的话，本来还会取得更大的成就。因为政府是一种权宜之计，通过它人们可以欣然彼此不来往；而且，如上所述，最便利的政府也就是最不搭理被治理的人民的政府，商业贸易假如不是用印度橡胶制成的话，绝无可能跃过议员们没完没了地设置下的路障；倘若完全以议员们行动的效果，而不是以他们行动的意图来评价的话，那么他们就理所当然地应当被视作如同在铁路上设路障捣蛋的人，并受到相应的惩罚。

但是，现实地以一个公民的身份来说，我不像那些自称是无政府主义的人，我要求的不是立即取消政府，而是立即要有个好一些的政府。让每一个人都表明能赢得他尊敬的是什么样的政府，这样，也就为赢得这种政府迈出了一步。

到头来，当权力掌握在人民手中的时候，多数派将有权统治，而且继续长期统治，其实际原因不是因为他们极可能是正义的，也不是因为这在少数派看来是最公正的，而是因为他们在物质上是最强大的。但是，一个由多数派作出所有决定的政府，是不可能建立在正义之上的，即使在人们对其所了解的意义上都办不到。在一个政府中，如果对公正与谬误真正作出决定的不是多数派而是良知，如果多数派仅仅针对那些可以运用便利法则解决的问题作出决定，难道是不可能的吗？公民必须，哪怕是暂时地或最低限度地把自己的良知托付给议员吗？那么，为什么每个人还都有良知呢？我认为，我们首先必须做人，其后才是臣民。培养人们像尊重正义一样尊重法律是不可取的。我有权承担的唯一义务是不论何时都从事我认为是正义的事……

那么一个人应当怎样对待当今的美国政府呢？我的回答是，与其交往有辱人格。我绝对不能承认作为奴隶制政府的一个政治机构是我的政府。

人人都承认革命的权利，即当政府是暴政或政府过于无能令人无法忍受的时候，有权拒绝为其效忠，并抵制它的权利。但是，几乎所有人都说，现在的情况并非如此。他们认为，1775年的情况才是如此。如果有人对我说，这个政府很糟糕，它对运抵口岸的某些外国货课税。我极有可能会无动于衷，因为没有这些外国货,我照样能过日子。所有的机器都免不了产生摩擦,但是这也许却具有抵消弊端的好处。不管怎么说,为此兴师动众是大错特错的。可是,如果摩擦控制了整个机器,并进行有组织的欺压与掠夺,那么,就让我们扔掉这部机器吧。换句话说,如果在一个被认为是自由的庇护所的国家里,人口的六分之一是奴隶,如果整个国家任由一个外国军队蹂躏、征服,并被置于军管之下,那么,我认为,诚实的人都应立刻奋起反抗、革命。使这个责任变得更加迫切的是,这个被如此蹂躏的国家不是我国,恰恰相反,我们的军队却正是入侵的军队……

事实上,反对马萨诸塞州改革的人不是南方的万把政客,而是这儿的千千万万商人和农场主,他们更感兴趣的是他们的商业和农业,而不是他们属于人类这个事实。不论花费什么代价,他们都不打算公平对待奴隶和墨西哥。我要与之争论的敌人,不是远在天涯,而是那些就在我们周围的敌人。他们与远方的敌人合作,按照他们的旨意办事。要不是这些人的话,远方的敌人不会为害。我们习惯于说,群众还未做好准备。可是情况的改善是缓慢的,因为这些少数人实质上并不比多数人高明多少或好多少。在某处树立某种绝对的善,比起让许多人都像你这么好更重要。因为绝对的善将像酵母一样影响整体。在成千上万人具有反对奴隶制、反对战争的观点,但实际上却未做任何事情来结束奴隶制和战争。他们自以为是华盛顿和富兰克林的子孙,却是两手插在裤兜里,坐在那儿,借口不知道该做些什么,而无所事事,他们甚至优先考虑自由贸易问题,而不是事关自由的问题。饭后,他们安然地同时阅读时价表和来自墨西哥的消息,也许,读着读着便睡着了……

美国人已经蜕变成奇怪的家伙——以爱交际的器官发达而著称,同时又显示出智力低下的沾沾自喜。在世界上,他最最关心的是确保救济院情况良好;他还未披上合法的外衣,便四下募捐以扶助孤寡,尽管这些孤寡眼下还不是孤寡。总之,他冒险光靠互助保险公司的资助过日子,而该公司已经答应为他体面地安葬……

不公正的法律仍然存在:我们必须心甘情愿地服从这些法律,还是努力去修正它们、服从它们直至我们取得成功,或是立刻粉碎它们呢? 在当前这种政府统治下,人们普遍认为应等待,直到说服大多数人去改变它们。人们认为,如果他们抵制的话,这样修正的结果将比原来的谬误更糟。不过,如果修正的结果真比原来的谬误更糟的话;那是政府的过错,是政府使其变得更糟的。为什么政府不善于预见改革并为其提供机会呢? 为什么政府不珍惜少数派的智慧呢? 为什么政府不见棺材不落泪呢? 为什么政府不鼓励老百姓提高警惕,为政府指出错误而避免犯错误呢? 为什么政府总是把基督钉在十字架上,把哥白尼和路德逐出教会,并指责华盛顿和富兰克林是叛乱分子呢? ……

如果不公正是政府机器必然产生的摩擦的一部分，那么就让它去吧，让它去吧：也许它会磨合好的——不过，毫无疑义，机器终将被彻底磨损掉的。如果不公正的那部分有其独自的弹簧滑轮、绳索，或者曲柄，那么你可能会考虑修正的结果会不会比原来的谬误更糟；但是，如果不公正的那部分的本质要求你以其人之道还治其人之身时，那我说就别管这法规了。以你的生命作为反摩擦的机制来制止这部机器吧。我不得不做的是，无论如何都要确保我不为我所唾弃的谬误效劳。

至于采纳州政府业已提出的修正谬误的方法，我听都没听过。那些方法太费时日，不等它们奏效，已经命赴黄泉了。我还有别的事要干。我到这世上来主要不是为了把这世界变成个过日子的好地方。而是到这世上来过日子，不管它是好日子还是坏日子。一个人办不了每一件事，但是可以做些事。正因为他不必样样事情都要做，所以他也不一定非做出什么错事来。州长和议员们用不着向我请愿，我也犯不着向他们请愿。如果他们不听从我的请愿，那么我该怎么办呢？如果事到如此，州政府也就自绝其路了：其宪法本身也就是谬误的了。这似乎显得粗暴、顽固和毫无调和之意。但是，最温和、最体贴的作法，只适用于能够欣赏它，并能够配得上它的人；一切能使情况好转的变迁都是如此，正如震撼整个人体的生与死一样。

我毫无反顾地认为，凡是自称废奴主义者的人都必须立刻撤回对马萨诸塞州政府的人力和财力的支持，不必等到废奴主义者在政府中形成多数，不必等到他们让正义通过他们占了上风才动手。我认为，如果有上帝站在他们一边的话，就足够了，不必再等另一个了。况且，任何人只要比周围的人更正义一些，也就构成了一人的多数……

在一个监禁正义之士的政府统治之下，正义之士的真正栖身之地也就是监狱。当今马萨诸塞州为自由和奋发图强之士提供的唯一妥当的处所，是监狱。在狱中，他们为州政府的行径而烦恼，被禁锢在政治生活之外，因为他们的原则已经给他们带来麻烦了。逃亡的奴隶，被假释的墨西哥囚犯和申诉白人犯下的罪孽的印第安人可以在监狱里找到他们，在那个与世隔绝，但却更自由、更有尊严的地方找到他们。那是州政府安置不顺其道的叛逆者的地方，是蓄奴制州里一个自由人唯一能够骄傲地居住的地方。如果有人以为他们的影响会消失在监狱里，他们的呼声不再能传到政府的耳朵里，他们无法在囹圄四壁之内与政府为敌，那么他们就弄错了。真理比谬误强大得多，一位对非正义有了一点亲身体验的人在与非正义斗争时会雄辩有力得多。投下你的一票，那不仅仅是一张纸条，而是你的全部影响。当少数与多数保持一致时，少数是无足轻重的，它甚至算不上是少数；但是当少数以自身的重量凝聚在一起时，便不可抗拒。要么把所有正直的人都投入监狱，要么放弃战争与奴隶制，如果要在这二者之间做出选择的话，州政府会毫不犹豫地做出选择。如果今年有1000人不交税，那不是暴烈、血腥的举动，但是若交税则不然。那是使政府得以施展暴行，让无辜的人流血。事实上，这正是和平革命的定义，如果和平革命是可能的话。如果税务官或其他政府官员问我，正如有位官员问我的那样，"那么，我怎么办呢？"我的回答是，"如果你真希望做什么的话，那你就辞职。"如果臣民拒绝效忠，官员辞职，那么革命就成功了。即使假定这会导致流血的话，难道当良心受伤害的时候就不流血吗？从良心的创伤里流出的是人的气概和永生，将使他永世沉沦于死亡之中。此时此刻，我就看到这种流血……

我已经6年未交投票税了。我还一度为此进过监狱，被关了一夜。当我站在牢房里，打量着牢固的石壁，那石壁足有二三尺厚，铁木结构的门有一尺厚，还有那滤光的铁栅栏。我不由得对当局的愚昧颇有感触。他们对待我，就好像我不过是可以禁锢起来的血肉之躯。我想，当局最终应当得出这么个结论：监禁是它处置我的最好办法，而且我还从未想到我还能对它有什么用处。我知道，如果说我与乡亲之间挡着堵石墙的话，那么他们若想要获得我这种自由的话，他们还得爬过或打破一堵比这石墙更难对付的墙才行。我一刻也不觉得自己是被囚禁着。这墙看来是浪费了太多的石头和灰泥了。我觉得，似乎所有公民中，只有我付清了税款。他们显然不知道该怎样对付我，他们的举止就像些没教养的人。他们的威胁恭维，样样都显得荒唐可笑。他们以为我惦记的是挪到这堵墙的另一边。我不禁觉得好笑，我在沉思时，他们却煞有介事地锁起牢门，全然不知我的思绪就跟在他们身后出了牢房，丝毫不受任何阻碍，而他们自己才真正是危险的。他们既然奈何不了我，便打定主意惩罚我的身躯，就像群顽童，无法惩罚他们憎恨的人，就冲他的狗撒野。我看，州政府是个傻子，如同一位揣着银匙的孤女，怯生生的，连自己的朋友和敌人都分不出来。我已经对它失去了所有的敬意，我可怜它。

州政府从未打算正视一个人的智慧或道德观念，而仅仅着眼于他的躯体和感官。它不是以优越的智慧或坦诚，而是以优越的体力来武装自己。我不是生来让人支使的。我要按照我自己的方式来生活。让我们来看看谁是最强者。什么力量能产生效果？他们只能强迫却无法使我顺从。因为我只听命于优越于我的法则。他们要迫使我成为像他们那样的人。我还不曾听说过，有人被众人逼迫着这样生活或那样生活。那会是什么样的生活呢？当我遇到的政府对我说："把你的钱给我，不然就要你的命！"我为什么要忙着给它钱呢？那政府可能处境窘迫不堪，而且不知所措。我不能帮它的忙。它必须像我一样，自己想办法。不值得为这样的政府哭哭啼啼。我的职责不是让社会机器运转良好。我不是工程师的儿子。我认为，当橡果和栗子并排从树上掉下来时，它们不是毫无生气地彼此谦让，而是彼此遵循各自的法则，发芽、生长，尽可能长得茂盛。也许直到有一天，其中的一棵超过另一棵，并且毁了它。如果植物不能按自己的本性生长，那么它就将死亡，人也一样……

我不想同任何人或国家争吵。我不想钻牛角尖或自我标榜比旁人强。我倒倾向于认为，我寻求的是遵守我国的法则的理由。我是太容易遵守这些法则了。我完全有理由怀疑我有这毛病。每年，当税务官造访时，我总是忙着回顾国家与州政府的法令和主张，回顾人民的态度，以便找到个遵命的理由。我相信州政府很快就能免除我的这类操劳，那么我简直就同其他国民一样爱国了。从较低层次的角度看，宪法尽管有缺点，但还是非常好的。法律和法庭是非常令人尊敬的，甚至这个州政府和这个美国政府在许多方面也是非常令人敬佩、非常难能可贵、令人感激的，对此人们已经大加描述过了。但是，如果从稍高层次的角度看，它们就不过是我所描绘的那个样子。如果从更高或最高层次的角度看，那么有谁会说它们是什么玩意儿，或者会认为它们还配让人瞧上一眼，或者值得让人考虑考虑呢？

不过，政府同我没多大关系，我尽可能不考虑它。我不常生活在政府之下，我甚至不常生活在这个世界上。如果一个人思想自由，幻想自由，想象自由，那么不自由的东西在他看来就绝不会长期存在。愚蠢的统治或改良者们不可能彻底妨碍他……

政府的权威，即使是我愿意服从的权威——因为我乐于服从那些比我渊博、比我能干的人，并且在许多事情上，我甚至乐于服从那些不是那么渊博，也不是那么能干的人——这种权威也还是不纯正的权威：从严格、正义的意义上讲，权威必须获得被治理者的认可或赞成才行。除非我同意，否则它无权对我的身心和财产行使权力。从极权君主制到限权君主制，从限权君主制到民主制的进步是朝着真正尊重个人的方向的进步。民主，如同我们所知道的民主，就是政府进步的尽头了吗？不可能进一步承认和组织人的权利了吗？除非国家承认个人是更高的、独立的权力，而且国家的权力和权威是来自个人的权力，并且在对待个人方面采取相应的措施；否则就绝对不会有真正自由开明的国家。我乐于想象国家的最终形式，它将公正地对待所有的人，尊重个人就像尊重邻居一样。如果有人履行了邻居和同胞的职责，但却退避三舍，冷眼旁观，不为其所容纳的话，它就寝食不安。如果，一个国家能够结出这样的果实，并且听其尽快果熟蒂落的话，那么它就为建成更加完美、更加辉煌的国家铺平了道路。那是我想象到，却在任何地方都不曾看到的国家。

【法国】史怀哲

郑泰安 译

我的呼吁①

　　史怀哲（1875～1965），法国神学家、哲学家、医生，诺贝尔和平奖获得者。史怀哲21岁的时候，对自己的人生作出庄严的设计：自己没有权利享受现有的幸福生活，决定在30岁以前从事布道、学术和音乐活动，30岁以后则走直接为人类服务的道路。1913年，38岁的史怀哲携妻海伦娜抵达当时的法国殖民地，赤道非洲的兰巴雷内，建立自己的丛林诊所，义务为当地居民服务，直至90岁逝世。史怀哲的一生体现了古希腊人全面发展的理想和基督教博爱精神的完美结合，是行动的人道主义的典范。爱因斯坦对他的评价是："像阿尔贝特·史怀哲这样理想地集善和对美的渴望于一身的人，我几乎还没有发现过。而他又有幸具有极为健壮的体格……他能用自己的双手去实现符合其天性的一切。"他身上有着"质朴的伟大"，是"我们这一世纪最伟大的人物"，可与甘地比肩。本文系史怀哲博士接受诺贝尔和平奖时所发表的演说（1954）。

　　我要呼吁全人类，重视尊重生命的伦理。这种伦理，反对将所有的生物分为有价值的与没有价值的、高等的与低等的。这种伦理否定这些分别，因为评断生物当中何者较有普遍妥当性所根据的标准，是以人类对于生物亲疏远近的观感为出发点的。这标准是纯主观的，我们谁能确知他种生物本身有什么意义？对全世界又有何意义？这种分别必然产生一种见解，以为世上真有无价值的生物存在，我们能随意破坏或者伤害它们。由于环境的关系，昆虫或原生动物往往被认为没有价值。但事实上，我们的直觉意识到自己是有生存意志的生命，环绕我们周围的，也是有生存意志的生命。这种对生命的全然肯定是一种精神工作，有了这种认识，我们才能一改以往的生活态度，而开始尊重自己的生命，使其得到真正的价值。同时，获得这种想法的人会觉得需要对一切具有生存意志的生命采取尊重的态度，就像对自己一样。这时候，我们便进入另一种迥然不同的人生经验。

---

　　① 选自贺学君、汤学智编《二十世纪巨人随笔·人文科学家卷·生命之舞》，光明日报出版社，1995年版。

　　这时候，善就是：爱护并促进生命，把具有发展能力的生命提升到最有价值的地位。恶就是：伤害并破坏生命，阻碍生命的发展。这是道德上绝对需要考虑的原则。由于尊重生命的伦理，我们将和全世界产生精神上的关联。平时我都尽力保持清新的思考和感觉，而怀着善的信念，时时依据事实和我的经验去从事真理的研究。

　　今日，隐藏在欺瞒之后的暴行，正威胁着全世界，造成空前烦闷的气氛。虽然如此，我仍然确信真理、友好、仁爱、和气与善良是超越一切暴行的力量。只要有人始终充分地思考，并实践仁爱和真理，世界将属于他。现世的一切暴力都有其自然的限制，早晚会产生和它同等或者超越它的对抗性暴力。可是良善所发挥的作用却是单纯而持续不断的。它不会产生使它自己停顿的危机，却能解除现有的危机。它能消除猜疑和误解。因此良善将建立无可动摇的基础，而追求良善是最有效的努力。一个人在世间所作的善行，会影响他人的心理和思想。我们最愚昧的错误就是不肯认真去冒险为善。我们常常不使用能帮助我们千百倍力量的杠杆，却想移动重物。耶稣曾经说过一句发人深思的至理名言：温柔的人有福了，因为他们必承受土地。

　　尊重生命的信念要求我们去帮助所有需要帮助的人，防治大众疫病的奋斗是永远赶不及的。我们对旧日殖民地的民众所给予的善良帮助，并不是什么慈善事业而是赎罪，因为从我们最初发现航线，到达他们的海岸以来，我们已经在他们身上犯下了许多罪恶。所以白人和有色人种必须以伦理的精神相处，始能达到真正的和解。为了实践这种精神，我们应该推行富有将来性的政策。凡受人帮助，从艰难或重病中得救的人，必须互助，并帮助正在受难的人们。这是受难的人们之间的同胞爱。吾人对所有的民族都有义务以人道行为及医疗服务来帮助他们。从事这些工作时应带着感谢和奉献的心情。我相信必定有不少人挺身出来，怀着牺牲的精神替这些受难的人服务。

　　可是，今天我们还深陷在战争的危机里。我们正面临着两种冒险之间的选择。一种是继续毫无意义的原子武器竞赛，以及继之而来的原子战争；另一种是放弃原子武器，并寄望美国和苏联以及其他盟邦，能在互相信任的基础上，和平共存。前者不可能为将来带来繁荣，但是后者可以给人类带来繁荣与幸福。我们必须选择后者。也许有人会以为他们可以利用原子装备来吓退对方，可是在战争危机如此高升的时刻，这种假设毫不值得重视。

　　今后，我们的目标是使国家与国家之间的问题，不再以战争的方法来解决。我们必须寻求和平的方法来解决问题。我敢表白我的信心，当吾人能从理论的观点来拒绝战争的时候，我们必定能以谈判的方法来解决问题。战争到底是非人道的。我确信，现代人的理性必能创造出伦理的观点，因此今天我将这个真理向世人宣布，希望它不会只被当作虚假的文字看待，以致实际上根本就被置于一旁。

希望掌握国家命运的领袖们，能致力避免一切会使现况恶化、危险化的事情。希望他们铭记使徒保罗的名言：若是能够，总要尽力与众人和睦。这不但是对个人之间的关系而言，也是对民族之间的关系而言。希望他们能互相勉励，尽一切可能维持和平，使人道主义和尊重生命的理想，有充分的时间发展，并且发挥作用。

【法国】罗曼·罗兰

傅雷 译

《名人传》引①

　　罗曼·罗兰（1866～1944），法国作家，1915年获诺贝尔文学奖。罗曼·罗兰一生有严重的"英雄情结"，他从年轻时开始专心写《名人传》，一直写到晚年，音乐家选中贝多芬，画家选中米开朗琪罗，文学家选中列夫·托尔斯泰，都是这一行当的巨人；壮年时写"英雄史诗"般的长篇小说《约翰·克利斯朵夫》；晚年倾心于改天换日的苏维埃革命。他的想法很明确，也很动人：如果我们经常"呼吸一下英雄们的气息"，就会感觉到"人类中最优秀的和你们同在"。一个人是"靠心灵而伟大"，如果我们追逐英雄的足迹，那么，我们就有可能"使英雄的种族再生"。英雄主义常常和理想主义、浪漫主义结伴而来，它们是喂养青春的最佳营养。

　　我们周围的空气多沉重。老大的欧罗巴在重浊与腐败的气氛中昏迷不醒。鄙俗的物质主义镇压着思想，阻挠着政府与个人的行动。社会在乖巧卑下的自私自利中窒息而死，人类喘不过气来——打开窗子吧！让自由的空气重新进来！呼吸一下英雄们的气息。

　　人生是艰苦的。在不甘于平庸凡俗的人，那是一场无日无之的斗争，往往是悲惨的，没有光华的，没有幸福的，在孤独与静寂中展开的斗争。贫穷，日常的烦虑，沉重与愚蠢的劳作，压在他们身上，无益地消耗着他们的精力，没有希望，没有一道欢乐之光，大多数还彼此隔离着，连对患难中的弟兄们一援手的安慰都没有。他们不知道彼此的存在。他们只能依靠自己；可是有时连最强的人都不免在苦难中蹉跌。我们求助，求一个朋友。

　　为了援助他们，我才在他们周围集合一般英雄的友人，一般为了善而受苦的伟大的心灵。这些《名人传》不是向野心家的骄傲申说的，而是献给受难者的。并且实际上谁又不是受难者呢？让我们把神圣的苦痛的油膏，献给苦痛的人罢！我们在战斗中不是孤军。世界的黑暗，受着神光烛照。即是今日，在我们近旁，我们

名人画像

① 选自李文俊主编《外国散文名篇欣赏》，中国青年出版社，1993年版。

也看到闪耀着两朵最纯洁的火焰，正义与自由：毕加大佐和蒲尔民族。即使他们不曾把浓密的黑暗一扫而空，至少他们在一闪之下已给我们指点了大路。跟着他们走罢，跟着那些散在各个国家、各个时代、孤独奋斗的人走罢。让我们来摧毁时间的阻隔，使英雄的种族再生。

我称为英雄的，并非以思想或强力称雄的人；而只是靠心灵而伟大的人。好似他们之中最伟大的一个，就是我们要叙述他的生涯的人所说的："除了仁慈以外，我不承认还有什么优越的标记。"没有伟大的品格，就没有伟大的人，甚至也没有伟大的艺术家、伟大的行动者；所有的只是些空虚的偶像，匹配下贱的群众的：时间会把他们一齐摧毁。成败又有什么相干？主要是成为伟大，而非显得伟大。

这些传记中人的生涯，几乎都是一种长期的受难。或是悲惨的命运，把他们的灵魂在肉体与精神的苦难中磨折，在贫困与疾病的铁砧上锻炼；或是，目击同胞受着无名的羞辱与劫难，而生活为之戕害，内心为之碎裂，他们永远过着磨难的日子；他们固然由于毅力而成为伟大，可是也由于灾患而成为伟大。所以，不幸的人啊！切勿过于怨叹，人类中最优秀的和你们同在。汲取他们的勇气做我们的养料罢；倘使我们太弱，就把我们的头枕在他们的膝上休息一会罢。他们会安慰我们。在这些神圣的心灵中，有一股清明的力和强烈的慈爱，像激流一般飞涌出来。甚至无须探询他们的作品或倾听他们的声音，就在他们的眼里，他们的行述里，即可看到生命从没像处于患难时那么伟大，那么丰满，那么幸福。

【英国】雅各布·勃朗诺斯基
王佐良 译

人的上升①

　　勃朗诺斯基（1908～1974），英国科学家、作家。《人的上升》是一部为英国广播公司（BBC）撰写的高级科普系列片的解说词，电视片与书都极受欢迎。节选的段落集中谈爱因斯坦，既用简明的语言解释了相对论，又活写出爱因斯坦的个性及其在科学史上的重要性。这种兼具科学知识性与口语文学性的电视散文，很值得中国的传媒借鉴。

　　牛顿的宇宙滴答滴答地运行着，大约200年没出一点故障。如果他的鬼魂能在1900年前任何时间来到瑞士，所有的钟都会同声奏鸣颂歌。可是就在1900年，离那古老的钟塔不过约200码的地方，住着一个新来的青年人，他不久就要使所有的钟表吵闹起来。他就是阿尔伯特·爱因斯坦。

　　大约此时，时间与光开始闹别扭了。1881年阿尔伯特·密切尔逊做了一个实验（6年后他又和爱德华·莫莱一起再做了一次），把光朝许多不同方向发射，吃惊地发现不论他怎样移动仪器，光的速度总是一样。这是不符合牛顿定律的。就是这一物理学中心的小小嘀咕声首先使科学家激动而提出了各种问题。这大约是1900年。

　　很难说年轻的爱因斯坦都及时地知道了这一切，他在大学不是一个用功的学生。但可以肯定，当他去伯尔尼的时候，已经在他还是十几岁的孩子的年月里，早就问过自己：如果从光的观点来看，我们的经验又会是什么样子？

　　对于这个问题，回答是充满矛盾的，因而是困难的。但像所有的矛盾一样，最难的不在于提出答案，而在于怎样提出问题。牛顿和爱因斯坦这类人的天才在于：他们提出透彻的、天真的问题，结果引来了灾难性的回答。诗人威廉·古柏曾称牛顿为"婴孩似的圣哲"，就因为他有这种气质，而这一形容语也完全适合爱因斯坦，他的脸上也总是有一种对世界感到神奇的表情。不论是他谈骑在一道光上或者谈在空间中坠落，总是充满了对这类原理的美丽、简单的说明。

名人画像

---

　　① 选自王佐良主编《并非舞文弄墨——英国散文名篇新选》，三联书店，1996年版。

对于牛顿,时间与空间形成一个绝对的框架,其中世界的物质活动按照稳定的秩序进行。他的世界是上帝眼中所见的世界,对每个观察者都是一个样子,不论站在什么地方或用什么方式移动。作为对照,爱因斯坦的世界是一个人眼中所见的,你所见与我所见是相对的,即按照彼此的地点和速度而不同。

爱因斯坦是一个哲学系统而不只是数学系统的创造者。他有一种天才,能找到一种哲学观念使人们对实际经验得到一个新的看法。他不是像一个天神那样观察自然,而是作为一个开路人,也就是虽然身处紊乱的自然现象之中,但仍相信它们有一个共同的格局,只要我们用新鲜的眼光就可看出。……

这样,在他的一生中,爱因斯坦使光联上时间,时间又联上空间;使能量联上物质,物质联上空间,空间又联上引力。在他生命的终结,他还在致力于寻找引力与电力磁力之间的统一性。在我的回忆里,他在剑桥大学评议会厅里作学术演讲的时候,只穿一件旧毛衣,一双毡拖鞋而不穿袜子,那一次就是对我们谈他在找它们之间的联系,以及他碰上了什么困难。

穿旧毛衣、毡拖鞋、不喜欢背带和袜子——这些可不是故作姿态。那一天我们看见他,他似乎是在表达一个从诗人威廉·布莱克得来的信念:"诅咒背带,祝福放松。"他不关心世俗的成功,体面,随大流;大部分时间内他不知道一个像他这样地位崇高的人该怎样行事。他恨战争,残酷,伪善,尤其恨教条——只不过"恨"字不足以表达他所感到的那种带点悲痛的反感,他认为恨本身也是一种教条。他拒绝担任以色列国的总统,因为(他解释说)他不善考虑人的问题。这是一个不高的标准,别的总统也大可采纳,只不过能通过这标准的不会有几个罢了。

在牛顿和爱因斯坦两人面前谈人的上升几乎是一种冒犯。这两位是像上帝一样阔步行走的。牛顿是旧约的上帝,爱因斯坦则是新约的上帝。他充满了人情,怜悯,巨大的同情心。他心目中的大自然本身就是一个有某种天神般气质的人,他经常说自然就是这样子的。他喜欢谈上帝:"上帝不玩掷骰子","上帝没有恶意"。最后,有一天尼尔斯·玻尔对他说:"不要再叫上帝干这干那吧。"这话不全公平。爱因斯坦是一个能问非常简单的问题的人,而他的生活和工作所表明的是:当回答也是简单的时候,你听到了上帝在思考。

【英国】萧伯纳

周珏良 译

贝多芬百年祭①

萧伯纳（1856～1950），英国戏剧家。1925年获诺贝尔文学奖。代表作有《华伦夫人的职业》《匹克梅梁》《圣女贞德》等。鲁迅曾这样感觉：易卜生是疑问号"？"，萧伯纳则是感叹号"！"。在人们口碑中，他还是一位幽默大师，一位"活着的传奇人物"。深谙艺术的萧伯纳把贝多芬（1770～1827）比做音乐世界的帝王——"奥林匹斯山的宙斯"，贝多芬"最奔腾澎湃的灵魂"与萧伯纳铿锵激越的语言珠联璧合，他不仅激赏贝多芬雄狮般的个性，也非常内行地断言："贝多芬的音乐是使你清醒的音乐。"

100年前，一位虽听得见雷声但已聋得听不见大型交响乐队演奏自己的乐曲的57岁的倔强的单身老人最后一次举拳向着咆哮的天空，然后逝去了，还是和他生前一直那样地唐突神灵，蔑视天地。他是反抗性的化身；他甚至在街上遇上一位大公和他的随从时也总不免把帽子向下按得紧紧地，然后从他们正中间大踏步地直穿而过。他有一架不听话的蒸汽轧路机的风度（大多数轧路机还恭顺地听使唤和不那么调皮呢）；他穿衣服之不讲究尤甚于田间的稻草人：事实上有一次他竟被当做流浪汉给抓了起来，因为警察不肯相信穿得这样破破烂烂的人竟会是一位大作曲家，更不能相信这副躯体竟能容得下纯音响世界最奔腾澎湃的灵魂。他的灵魂是伟大的；但是如果我使用了最伟大的这种字眼，那就是说比汉德尔②的灵魂还要伟大，贝多芬自己就会责怪我；而且谁又能自负为灵魂比巴哈③的还伟大呢？但是说贝多芬的灵魂是最奔腾澎湃的那可没有一点问题。他的狂风怒涛一般的力量他自己能很容易控制住，可是常常并不愿去控制，这个和他狂呼大笑的滑稽诙谐之处是在别的作曲家作品里都找不到的。毛头小伙子们现在一

---

① 选自于晓丹编《世界散文随笔精品文库·英国卷·玫瑰树》，中国社会科学出版社，1994年版。

② 汉德尔（1685～1759），德国出生的英国作曲家。

③ 巴哈（1685～1750），德国作曲家。

名人画像

提起切分音①就好像是一种使音乐节奏成为最强而有力的新方法；但是在听过贝多芬的第三里昂诺拉前奏曲之后，最狂热的爵士乐听起来也像"少女的祈祷"那样温和了，可以肯定地说我听过的任何黑人的集体狂欢都不会像贝多芬的第七交响乐最后的乐章那样可以引起最黑最黑的舞蹈家拼了命地跳下去，而也没有另外哪一个作曲家可以先以他的乐曲的阴柔之美使得听众完全溶化在缠绵悱恻的境界里，而后突然以铜号的猛烈声音吹向他们，带着嘲讽似的使他们觉得自己是真傻。除了贝多芬之外谁也管不住贝多芬；而疯劲上来之后，他总有意不去管住自己，于是也就成为管不住的了。

这样奔腾澎湃，这种有意的散乱无章，这种嘲讽，这样无顾忌的骄纵的不理睬传统的风尚——这些就是使得贝多芬不同于17和18世纪谨守法度的其他音乐天才的地方。他是造成法国革命的精神风暴中的一个巨浪。他不认任何人为师，他同行里的先辈莫扎特从小起就是梳洗干净，穿着华丽，在王公贵族面前举止大方。莫扎特小时候曾为了彭巴杜夫人②发脾气说："这个女人是谁，也不来亲亲我，连皇后都亲我呢。"这种事在贝多芬是不可想象的，因为甚至在他已老到像一头苍熊时，他仍然是一只未经驯服的熊崽子。莫扎特天性文雅，与当时的传统和社会很合拍，但也有灵魂的孤独。莫扎特和格鲁克③之文雅就犹如路易十四宫廷之文雅。海顿④之文雅就犹如他同时的最有教养的乡绅之文雅。和他们比起来，从社会地位上说贝多芬就是个不羁的艺术家，一个不穿紧腿裤的激进共和主义者。海顿从不知道什么是嫉妒，曾称呼比他年轻的莫扎特是有史以来最伟大的作曲家，可他就是吃不消贝多芬。莫扎特是更有远见的，他听了贝多芬的演奏后说："有一天他是要出名的。"但是即使莫扎特活得长些，这两个人恐也难以相处下去。贝多芬对莫扎特有一种出于道德原因的恐怖。莫扎特在他的音乐中给贵族中的浪子唐璜⑤加上了一圈迷人的圣光，然后像一个天生的戏剧家那样运用道德的灵活性又回过来给莎拉斯特罗⑥加上了神人的光辉，给他口中的歌词谱上了前所未有的，就是出自上帝口中都不会显得不相称的乐调。

贝多芬不是戏剧家，赋予道德以灵活性对他来说就是一种可厌恶的玩世不恭。他仍然认为莫扎特是大师中的大师（这不是一顶空洞的高帽子，它的的确确

---

① 采用切分音（Syncopation）的节奏是爵士乐最明显的特点。萧伯纳写本文的20世纪20年代，正是爵士乐开始大为风行的时候。

② 彭巴杜女侯爵（1721~1764），是法皇路易十五的情妇，权势炙手可热几乎有20年。

③ 格鲁克（1714~1787），奥地利作曲家。

④ 海顿（1732~1809），奥地利作曲家。

⑤ 唐璜的传说在17世纪前已流行于欧洲，在那以后他成为许多音乐、文学作品中的主人公。

⑥ 莫扎特的歌剧《魔笛》中的一个代表真理和光明的人物。

就是说莫扎特是个为作曲家们欣赏的作曲家，而远远不是流行作曲家）；可是他是穿紧腿裤的宫廷侍从，而贝多芬却是个穿散腿裤的激进共和主义者；同样的海顿也是穿传统制服的侍从。在贝多芬和他们之间隔着一场法国大革命，划分开了18世纪和19世纪。但对贝多芬来说莫扎特可不如海顿，因为他把道德当儿戏，用迷人的音乐把罪恶谱成了像德行那样奇妙。如同每一个真正激进的共和主义者都具有的，贝多芬身上的清教徒性格使他反对莫扎特，固然莫扎特曾向他启示了19世纪音乐的各种创新的可能。因此贝多芬上溯到汉德尔，一位和贝多芬同样倔强的老单身汉，把他作为英雄。汉德尔瞧不上莫扎特崇拜的英雄格鲁克，虽然在汉德尔的《弥赛亚》[①]里的田园乐是极为接近格鲁克在他的歌剧《奥菲阿》[②]里那些向我们展示出天堂的原野的各个场面的。

因为有了无线电广播，成百万对音乐还接触不多的人在他百年祭的今年将第一次听到贝多芬的音乐。充满着照例不加选择地加在大音乐家身上的颂扬话的成百篇的纪念文章将使人们抱有通常少有的期望。像贝多芬同时代的人一样，虽然他们可以懂得格鲁克和海顿和莫扎特，但从贝多芬那里得到的不但是一种使他们困惑不解的意想不到的音乐，而且有时候简直是听不出是音乐的由管弦乐器发出来的杂乱音响。要解释这也不难。18世纪的音乐都是舞蹈。音乐舞蹈是由动作起来令人愉快的步子组成的对称样式；舞蹈音乐是不跳舞也听起来令人愉快的由声音组成的对称的样式。因此这些乐式虽然起初不过是像棋盘那样简单，但被展开了，复杂化了，用和声丰富起来了，最后变得类似波斯地毯，而设计像波斯地毯那种乐式的作曲家也就不再期望人们跟着这种音乐跳舞了。要有神巫打旋子的本领才能跟着莫扎特的交响乐跳舞。

有一回我还真请了两位训练有素的青年舞蹈家跟着莫扎特的一阕前奏曲跳了一次，结果差点没把他们累垮了。就是音乐上原来使用的有关舞蹈的名词也慢慢地不用了，人们不再使用包括萨拉班德舞、巴万宫廷舞、加伏特舞和快步舞等在内的组曲形式，而把自己的音乐创作表现为奏鸣曲和交响乐，里面所包含的各部分也干脆叫做乐章，每一章都用意大利文记上速度，如快板、柔板、谐谑曲板、急板等等。但在任何时候，从巴哈的序曲到莫扎特的《天神交响乐》，音乐总呈现出一种对称的音响样式，给我们以一种舞蹈的乐趣来作为乐曲的形式和基础。

可是音乐的作用并不止于创造悦耳的乐式。它还能表达感情，你能去津津有味地欣赏一张波斯地毯或者听一曲巴哈的序曲，但乐趣只止于此；可是你听了《唐璜》前奏曲之后却不可能不发生一种复杂的心情，它使你心里有准备去面对

名人画像

① 汉德尔谱写的宗教歌咏大曲。

② 格鲁克的歌剧，主题是奥菲尤斯下地狱去寻找死去的妻子尤里底西的故事。

将淹没那种精致但又是魔鬼式的欢乐的一场可怖的末日悲剧①。听莫扎特的《天神交响乐》最后一章时你会觉得那和贝多芬的第七交响乐的最后乐章一样，都是狂欢的音乐：它用响亮的鼓声奏出如醉如狂的旋律，而从头到尾又交织着一开始就有的具有一种不寻常的悲伤之美的乐调，因之更加沁人心脾。莫扎特的这一乐章又自始至终是乐式设计的杰作。

但是贝多芬所做到了的一点，也是使得某些与他同时代的伟人不得不把他当做一个疯人，有时清醒就出些洋相或者显示出格调不高的一点，在于他把音乐完全用作了表现心情的手段，并且完全不把设计乐式本身作为目的。不错，他一生非常保守地（顺便说一句，这也是激进共和主义者的特点）使用着旧的乐式；但是他加给它们以惊人的活力和激情，包括产生于思想高度的那种最高的激情，使得产生于感觉的激情显得仅仅是感官上的享受，于是他不仅打乱了旧乐式的对称，而且常常使人听不出在感情的风暴之下竟还有什么样式存在着了。他的《英雄交响乐》一开始使用了一个乐式（这是从莫扎特幼年时一个前奏曲里借来的），跟着又用了另外几个很漂亮的乐式；这些乐式被赋予了巨大的内在力量，所以到了乐章的中段，这些乐式就全被不客气地打散了；于是，从只追求乐式的音乐家看来，贝多芬是发了疯了，他抛出了同时使用音阶上所有单音的可怖的和弦。他这么做只是因为他觉得非如此不可，而且还要求你也觉得非如此不可呢。

以上就是贝多芬之谜的全部。他有能力设计最好的乐式；他能写出使你终身享受不尽的美丽的乐曲；他能挑出那些最干燥无味的旋律，把它们展开得那样引人，使你听上100次也每回都能发现新东西：一句话，你可以拿所有用来形容以乐式见长的作曲家的话来形容他；但是他的病征，也就是不同于别人之处在于他那激动人的品质，他能使我们激动，并把他那奔放的感情笼罩着我们。当贝里奥兹听到一位法国作曲家因为贝多芬的音乐使他听了很不舒服而说"我爱听了能使我入睡的音乐"时，他非常生气。贝多芬的音乐是使你清醒的音乐；而当你想独自一个静一会儿的时候，你就怕听他的音乐。

懂了这个，你就从18世纪前进了一步，也从旧式的跳舞乐队前进了一步（爵士乐，附带说一句，就是贝多芬化了的老式跳舞乐队），不但能懂得贝多芬的音乐，而且也能懂得贝多芬以后的最有深度的音乐了。

---

① 莫扎特的歌剧《唐璜》交织着悲剧和喜剧成分，结局是唐璜被送入了地狱。

【英国】卡莱尔

张峰 吕霞 译

文人英雄①

　　印刷术的发明，催生了一种新人类——文人，凭出卖智慧影响别人、以写作为谋生手段的人。其中的代表被卡莱尔称为"文人英雄"，他如此铁口直断："文人英雄应该被视为我们最重要的现代人物。他将会成为一切的灵魂。他教导的东西，整个世界将去做和创造出来。"卡莱尔似乎所言不虚，启蒙运动以来，文人英雄正是凭着自己的理性在改造世界，如卢梭之于西方政治，马克思之于东方社会，尼采之于人类思维。只是，后现代时代的文人常被政治去势，又被科技放逐到边缘，难得"雄起"了。

　　卡莱尔（1795～1881），英国作家、历史学家。主要作品有《英雄和英雄崇拜》《文明的忧思》《法国革命史》等。卡莱尔的一个重要观点是："整个世界历史的灵魂就是这些伟人的历史。"马克思和恩格斯都很欣赏他的思想和文采，认为"他在文学方面反对了资产阶级"，但不满他"把英雄崇拜说成是解救绝望现状的唯一办法，说成是一种新的宗教"。在好朋友爱默生的笔下，"卡莱尔这个人是一只捣毁庸俗与虚荣的锤子"，"他冥思苦索如何把这个折磨他、充满胡说八道的世界砸个稀巴烂"。而在另一面，"在他的素质中没有什么比他的幽默，比他那体贴、俯就的良好天性更根深蒂固的了，他就是以这种性格来观察每一件存在的事物，仿佛一个人观察一只老鼠似的"。英国人"把卡莱尔当成一只便于携带的钟，喜欢在不熟悉他的众人面前拿出来敲动，使一切人感到意外和惊讶"。卡莱尔如此魅力十足，他欣赏的"英雄"自然不同寻常。闲话少说，听他如何演讲。

　　神灵英雄、先知、诗人、教士都是古代的英雄主义形式，出现在遥远的时代；其中一些形式早就成了不可能的，再也不会在这个世界上表现出来。而我们今天要讲的这一类文人英雄，则完全是新时代的产物；并且只要精彩的写作艺术或我们所说的印刷术这种现有的写作艺术存在，他就有指望继续下去，成为一切未来

──────────

① 选自张峰、吕霞译《英雄和英雄崇拜——卡莱尔讲演集》，三联书店，1996年版。有删节。

名人画像

时代的英雄主义的一种主要形式。

我说，文人英雄是新的，他在这个世界上才持续了一个世纪。大约在100年前，还看不到哪一个有伟大灵魂的人单靠这种异常的方式生活；靠印刷的书籍来努力表达他心中的激情，并在世界由此而高兴地给他的东西中找到地盘和维持生计。以前曾有许多买卖，任其在市场上成交；但在此之前，一个英雄灵魂激发的智慧却从不以这种赤裸裸的方式买卖。他，靠他的著作权和版权，住在肮脏的顶楼，穿着破旧的外衣；死后从他的坟墓里统治着（因为这是他做的事情）各个民族和在他生前给他面包或不给他面包的历代人——这是一种非常奇怪的景象！很少有哪种英雄主义的形式比这令人感到意外。

既然精神的总是决定物质的，那么这种文人英雄就应该被视为我们最重要的现代人物。他将会成为一切的灵魂。他教导的东西，整个世界将去做和创造出来。

文学，就其作为文学而言，是一种"大自然的启示"，"公开的秘密"的一个展示。拜伦黑暗的暴风雨般的义愤，如此倔犟和刚愎，可以有它的格调；一个法国怀疑论者①有他辛辣的嘲笑，他对虚假的嘲笑，对真理的爱和崇拜。更可贵的是莎士比亚、歌德的和谐领域，弥尔顿的教堂音乐！彭斯的这些谦卑的真实的云雀笔记——云雀，从低下的地垄开始，高高飞上蓝天深处，并在那里为我们如此真实地歌唱——也有某种价值！书也是我们的教会。

文学也是我们的国会。我经常说，作为写作必然产物的印刷，相等于民主；发明了印刷，民主就是不可避免的。写作带来了印刷，如我们目前看到的，带来了普遍的日常的即席印刷。任何能讲话，对整个民族讲话的人，成了政府的一支力量，一个分支，在立法、在一切权力法案中具有不可剥夺的分量。他属于什么等级，有什么收入或服饰，这没有关系。必不可少的是，他有一个其他人将倾听的口才。这是必不可少的，而不是可有可无的。民族被民族中的一切有口才的人们所治理：民主事实上就在这里。

在所有方面，我们被迫做出这样的结论：人们在现世能做或做过的最重要、最惊人和有价值的事情就是我们叫做书的东西！这可怜的上面带有黑墨迹的几片破纸；从日报到神圣的希伯来人的书，它们有何不能做到，它们有何不正在做！的确，这种事物的外部形式（如我们所说，几片纸和黑墨水），归根结底难道不是那种产生一本书的人的功能的最高行动吗？它是人的思想，真正的奇迹般的美德；靠它人们能产生任何东西。人做的和产生的一切，是思想的外景。这个伦敦城，有它的房屋、宫殿、蒸汽机、大教堂、川流不息的交通和热闹无比的喧哗，但正是一种思想，千千万万种思想使这一切融合成一个统一体；一个思想的巨大不可估

---

① 指伏尔泰。

量的精神，蕴含在砖、铁、烟、尘、宫殿、国会、出租马车、凯瑟琳码头和其他东西中！砖不是既成的，而是人们不得不思考造出来的。我们所谓的"有黑墨迹的几片纸"，是一个人的思想所能具有的最纯洁的体现。毫不奇怪，在各方面它都是最积极的和最高贵的。

关于约翰逊，我已经把他视为本性上是我们英国的伟人之一。他是一个强大而崇高的人，到最后他身上还有那么多的东西未发展起来。在一种他不曾处于的更宜人的环境里，他会是一个诗人、教士、君主！他的时代是坏的，那么他就在那里使它更好一些！约翰逊的青年时期是穷困的、孤独的、绝望的、非常不幸的。可怜的约翰逊不得不被持续的疑病症、身体和精神的痛苦缠身。像赫耳枯勒斯穿上了着火的涅索斯紧身衣①给他造成沉闷不可治愈的不幸。这涅索斯紧身衣是剥不掉的，它就是他天生的皮！他不得不以这种方式生活。这里我们不妨描述他一下，他有着瘰疬性疾病，有着伟大的渴望的心灵和不可言说的思想混沌；像这个地球上的一个陌生人一样悲哀地潜行跟踪，急于贪婪地阅读他能得到的精神性东西；如果没有更好的东西的话，那就贪读学校的语言和其他纯粹的语法资料！这是全英格兰最伟大的灵魂，但为此人供应的是"一天四个半便士"。然而这是一个巨大的无敌的灵魂，一个真正的人的灵魂。人们一直记得他在牛津的鞋子的故事：这个不讲究的面目丑陋的骨瘦如柴的牛津大学工读生在整个冬季穿着他的破鞋子蹑手蹑脚地行走；那位慈善的绅士议员悄悄地把一双新鞋放在他的门口；这骨瘦如柴的工读生拎起鞋子，用他近视的眼睛凑近一看，不知产生了什么样的念头便把它们扔出窗外！尽管面临着湿脚、泥潭、冰冻、饥饿，或别的你想到的东西，但他不乞讨！我们不能乞讨！这里有粗莽而顽强的自助精神；一个肮脏、粗俗、混乱不幸和匮乏的世界，但也是高尚和富有人情的世界。扔掉这双鞋子，这是这个人的生活方式。一个有创见的人，不是一个二流的、靠借贷或乞讨的人。无论如何，让我们站在自己的基础上！要穿我们自己能够挣得的这样的鞋子。如果你愿意，也可以诚实地站在冰冻的泥潭中；站在自然给我们的现实和本质上，而不是站在外表上，站在自然给别人而没有给我们的事情上！

约翰逊完全相信旧的东西，他发现旧的意见对他是可信的、合适的，并以完全英雄的方式生活在它们之下。我们应该说，约翰逊远远不同于一个恪守纯粹言辞和公式的人，他是一个信奉真理和事实的人。

约翰逊很少自夸他的"真诚"。他决不怀疑他是特别真诚的，他是特殊的东西！一个艰难斗争的、筋疲力尽的人或者"学者"，如他自称的那样，努力在世界

——————————

① 古希腊罗马神话记载的一件蘸了马人涅索斯中毒的血的罩衣，能引起极大的痛苦。如撕它的话，就要连肉一起撕下来。

上获得某种真实的生活，不是饿死，而是生存——不靠偷窃！他身上有一种高尚的无意识。他并不"把真理刻在他的印章上"，决不，但他遵循真理，谈论真理，靠真理工作和生活。永远是这样的。我再一次认为，这个由自然来指定做伟大事情的人，首先是向自然开放的，这使得他不能不真诚！

约翰逊对他的人民来说是一个先知，向他们宣讲一种福音，像所有类似他的人一直做的那样。他宣讲的最高福音，我们可以描述为一种道德谨慎："在一个很多都已做完、很少被了解的世界上"，看你将如何做！你们不要沉陷在无限的无底的怀疑深渊，上帝忘记的不幸的无信仰的深渊；否则，你们就是不幸的、无力量的疯子，你们怎能干事或工作呢？约翰逊宣讲和教导的这种福音，在理论上和实践上与另一个伟大福音相结合，即"把假话从你的头脑清除出去"！不同假话打任何交道：在冰冻的天气里站在寒冷的泥潭里，但仍穿着你自己的现实的破鞋子。如穆罕默德所说，"这将对你更好一些！"我称这种和这两种结合在一起的东西为一个伟大的福音，也许是这个时代所可能的最伟大的福音。

我在约翰逊的书中发现了一个伟大智慧和伟大心灵的最无可置疑的迹象，在任何障碍和歪曲下，都是永远受欢迎的。他的这些语言是真诚的语言，他用它们来表达万物。一种令人惊奇的生硬的风格，他当时能达到的最好的风格；一种有分寸的夸张，沿着一条现已过时的非常庄严的道路前进或者潜行；有时有一套同它的内容不成比例的浮夸的用语：所有这一切你都可以容忍。因为这用语不论是否浮夸，都总有某种东西在里面。有多少漂亮的风格和书籍，其中一无所有；写这些东西的人对世界来说就是一个犯罪分子！它们是可避免的种类：假使约翰逊除了他的《词典》而外什么东西也没有留下，人们也可以从中追溯出一个伟大的智慧，一个真正的人。看一下它的定义的明晰性，它的一般的坚实性、诚实、真知灼见和成功的方法，便可以将它认作是一切词典中最好的。它之中有一种建筑上的崇高；它屹立在那里像是一个伟大坚固的宽阔的完工了的大厦，完全对称。你判断是一个真正的建筑师造了它。

博斯韦尔[①]的赞扬是很好的赠与，他发现在整个英格兰找不到一个值得他这样屈从的灵魂。我们说，这伟大悲哀的约翰逊，他智慧地引导了他艰难而混乱的人生，像一个非常勇敢的人那样过得很好。无用而混乱的著作权的交易；在宗教和政治，理论生活和实践生活上的怀疑论的无益的混乱；在他的贫困、布满灰尘和黑暗的环境中，他有着病体和褪了色的外衣：他像一个勇敢的人一样，使这为他所用。在永恒之中不是完全没有北极星；像一切勇敢者需要有的那样，他也有一颗北极星：他的眼睛盯住它，他可以在这时的深海的混乱的旋涡中一点不改变他的航线。"面对谎言的精灵，忍受死亡的饥饿，他决不会放倒他的旗帜。"勇敢的

---

① 詹姆斯·博斯韦尔（1740~1795），1763年与约翰逊结识，1791年发表他的《约翰逊的一生》。

老塞缪尔，最后的风流人物！

关于卢梭[1]和他的英雄主义。他不是我们所说的强壮的人。他是一个病态的、易激动的、忽冷忽热的人；至多是热情的而不是强壮的。他没有"沉默的才能"，一种不可估价的才能，只有极少法国人或这个时代任何类型的人才擅长的才能！这个苦难的人的确应该"熄掉他自己的烟"；除非你能使烟变成火，否则散发烟气没有什么好处——在隐喻的意义上，一切烟都能变成火！卢梭没有深度或广度，没有面对困难的镇静力量，而这正是真正伟大性的首要特点。一个根本错误唤起了强烈和坚强的力量！一个易捧腹大笑的人不是强壮的，尽管6个人也不能控制住他。那种能在最沉重的担子下而不摇摇晃晃地行走的人，才是强壮的人。特别是在这个喧闹嘈杂的时代，我们要求永远记住这一点。一个在开始说话和行动时机到来之前不能保持自己平静的人，不是一个真正的人。

可怜的卢梭的面孔在我看来是富于表情的。其中有一种很超然而气量狭小的热情：憔悴的额头，深凹而狭窄的眼睛，里面有某种看起来迷惑不解的东西——迷惑不解，目光锐利地渴望地凝视着。一个充满了不幸，甚至卑贱的不幸的面孔，也充满了这种不幸的对立面，只能靠热情来补救某种平庸、低贱的东西：这个面孔是一个所谓的狂热者的面孔——一个悲哀的气量狭小的英雄的面孔！我们在这里称他英雄，是因为尽管他有许多退缩行为，但他有一个英雄首要的和主要的特点：他内心是诚实的。这是人所永远具有的诚实，也是法国哲学所不具有的诚实。并且人们可以说，这是对他的敏感而有点脆弱的天性来说的伟大的诚实；这天性最终驱使他走向最奇怪的混乱，几乎精神错乱。在他身上最终出现了一种疯狂；他的观念像魔鬼一样掌握了他，催促他走动，驱使他跃过险峻的地方！

卢梭的过错和不幸，我们很容易用一个词来概括，即唯我主义；这的确是一切过错和不幸的根源和总和。他未能使自己完善到战胜纯粹的欲望；在很多方面，平庸的欲念仍然是他的动机原则。我害怕他是一个很虚浮的人，因为他渴望人们的赞赏。这个人的整个天性受到了何等的毒害；除了怀疑、自我孤立、强烈地喜怒无常方式而外，别的什么也没有！他不能和任何人一起生活。一个来自这个国家的有地位的人，经常访问他，常常同他坐在一起，表达出对他的所有敬慕之情。有一天他来了，发现让·雅克充满了最乖戾不理智的幽默。让·雅克用灼热的眼神说："先生，我知道你为什么来这里。你来看看我过什么样的可怜生活；在我的破锅里煮的东西是多么少。好吧，看看锅里吧！有半磅肉、一个胡萝卜和三个洋葱，就这些。先生，如果你愿意的话，去告诉整个世界吧！"这种人走得太远了。从可

---

① 卢梭（1712～1778）。

怜的让·雅克的这些反常和扭曲中，整个世界获得了由它自身提供的娱乐、戏剧性兴趣的轶事。对他来说，这些轶事不是可笑的或戏剧性的，而是现实的！一个垂死的角斗士的扭曲：拥挤的圆形竞技场的观众由于娱乐来观看，但这个角斗士却处在极度痛苦和垂死挣扎中。

然而，我们说，这个卢梭以他对妈妈们的热情求助，以他的《社会契约论》①，以他对大自然甚至对自然中原始生活的歌颂，又触及了现实，挣扎着走向现实，起着他的时代的先知的作用。尽他所能，尽时代所能！奇怪地通过所有这些失面子、堕落和几乎疯狂的行为，在可怜的卢梭的内心中出现了一颗真正天堂的火星。并且，从枯萎的嘲笑的哲学思辨、怀疑主义和挖苦中，在这个人身上出现了这样一种根深蒂固的感觉和认识：我们的生命是真实的；不是一种怀疑论、定理或挖苦，而是一个事实，一个可畏的事实。自然已向他做了这种启示，并命令他把它说出来。他把它说了出来，也许不是好好地和明确地，而是不完全地和模糊地，但他尽可能清楚地说出来。对他的所有错误和邪恶，甚至那些偷盗缎带②、无目的地混乱的不幸和流浪，如果我们仁慈地解释它们的话，那么这不是一个人被派来干他因软弱而不能胜任的差使，找不到一条道路而产生的恍惚、迷惑和来回摇摆，又是什么？人们被引导上陌生的道路。人们应该宽容一个人，对他抱有希望；让他努力去做他将做的事。对每一个人来说，只要有生命持续着，就有希望。

卢梭的文学才能，至今在他的国民中仍受到普遍歌颂，就此我不想过多谈论。他的书③，像他本人一样，都是我们所谓的不健康的东西，不是那种好书。卢梭耽于声色。与他的思想天赋结合在一起，它构成了有某种华丽的吸引力的图画；但这些图画不是真诚诗意的，不是白天的阳光，某种歌剧式的东西，而是一种淡粉红色的、人为的、俗丽的打扮。自他的时代以来，这在法国是经常的，或毋宁说是普遍的。德·斯塔尔夫人④有这种情况，圣·皮埃尔⑤也如此；目前的令人惊讶震动的"绝望文学"，到处都充满了这种东西。这种淡粉红色不是正色。看一下莎士比亚、歌德，甚至沃尔特·司各特！人们一旦看到了这一点，也就看到了真实同劣等的真实之间的差别，以后就永远会把它们区别开来。

我们在约翰逊那里已经看到了一个在一切不利和无组织条件下能为世界完

名人画像

---

① 他的一篇论政府的论文，主张人民的直接统治是唯一自然和理想的政府。美国独立宣言的起草人在很大程度上直接受惠于卢梭。

② 在德·韦塞莉夫人去世时，当时是一个随从的卢梭，因她的遗嘱里未曾提到他而恼恨，一怒之下从她的房间里偷走了一块价值不大的缎带。当他被人发现拥有此物时，他声称是这家里的一个年轻女仆给他的。他懊悔给她带来了无根据的怀疑，这种懊悔在他的《忏悔录》第一卷结尾几段里做了表达。

③ 他的最著名的书《忏悔录》在他死后于1782年问世。

④ 德·斯塔尔夫人（1776~1817）。

⑤ 圣·皮埃尔（1737~1814），《保罗和弗吉尼亚》的作者。

成工作的多么好的先知。在卢梭那里，我们认为毋宁看到了一种邪恶的可怕的总和，这种邪恶在这种混乱下可以伴随着善。卢梭的景象在历史上是最意味深长的景象。在他的思想和必然性的黑暗陪同下，他被流放到巴黎顶楼上，被逼得走投无路①；烦恼、激怒，直到他的心灵走向疯狂，他才开始深深感到，这个世界和世界的法律不是他的朋友。如果有可能的话，这个人断不会敌视这个世界，这是可取的。他能被关进顶楼里，像一个躁狂者那样大笑，像一个关在笼子里的野兽一样，忍饥挨饿；但不能阻止他把这个世界放在火上。法国革命在卢梭身上找到了它的福音书的作者。他关于文明生活的不幸，文明前的原始生活的完美性等的半谵妄性的思索，有助于在法国普遍产生一种谵妄。的确，你可以问，这个世界、世界的统治者会怎样对待这个人呢？很难说世界的统治者会容忍他！而他对统治者的作法，显然是把他们许多人送上断头台！

在这个枯萎的、不信仰的、二流的18世纪，一个英雄以罗伯特·彭斯的外观，在人为的纸板及其产物中间产生了，这是奇怪的现象。

彭斯一生的悲剧，是你们大家都知道的。肯定可以说，如果拥有的地位和应有的地位之间的差异构成了一个人命运的反常的话，那么任何命运都不会比彭斯的命运更反常。在那些二流的演戏人物中间，主要是18世纪的模拟笑剧演员之间，又出现了一个原本的巨人；他是一个达到了永恒深度的人，一个列为英雄的人。他诞生②在埃尔郡的一个贫困的棚屋里。整个英国的这个最伟大的灵魂，以一个双手坚硬有力的苏格兰农民的样子出现在我们中间。

他的父亲是一个贫穷的苦工，试着做过各种事情，但在任何事情上都没有成功，陷进连续不断的困难中。那位管家，地产管理人，经常送来催债恐吓信，彭斯说："信件把我们都投入泪水中。"这位勇敢的、干苦工的、艰难困苦的父亲，和他的勇敢的女英雄妻子，以及这些孩子，罗伯特是其中之一！在这个如此广阔的地球上，他们却没有栖身之地。

这个彭斯在种种不利情况下出现了：未受指导、贫穷、生来就干艰难的体力劳动；在开始写作时，是以一种粗陋特殊的方言写的，这方言只有他生活的这个国家的一小块地区能懂得。如果他以英国的普通语言写作，甚至不管他写些什么，我不怀疑他已经被普遍承认是或能够是我们的一个最伟大的人。他已经吸引了那么多人钻进他的方言的粗糙外壳中，这便证明其中存在着某种远非一般的东西。他已经得到了某种承认，并且正在继续得到我们宽广的撒克逊世界的四面八

---

① 《爱弥儿》（1762）引起的抗议风暴使他离开巴黎。接着他又在瑞士和法国各个城镇里被驱逐。他在英格兰生活了一段时间，然后在法国到处流浪，最终又回到了巴黎。

② 1759年。

方的承认。凡是说撒克逊语言的地方，都开始通过亲身体验或别的方式理解到，18世纪的一个最重要的撒克逊人就是这个名叫罗伯特·彭斯的埃尔郡农民。是的，我将说，这里也有一种地道的撒克逊材料：像哈尔茨山的岩石一样强壮，扎根在世界的深处；但这岩石里面有活生生的柔和的泉水！一种粗野迅疾的激情和天才的旋风静静地蛰伏在那里；如此天堂里的曲调蕴含在它的内心，一种高贵的、粗犷的真诚；简朴、乡村气息、诚实；真正单纯的力量；具有它的闪电似的火光，它的柔和清新的怜悯，像古老的北欧人的索尔一样，是农民之神！

彭斯的兄弟吉尔伯特，一个通情达理很有价值的人，曾告诉我，罗伯特在他年轻时期，尽管艰难，通常也是语言最轻快的，是一个有无限快乐、言笑、情理和感情的伙伴；赤身裸体地在泥塘里干挖泥炭之类的事，比他后来知道的彭斯的生活要快乐得多。我非常相信这一点。这种欢笑的基础（如老马奎斯·米拉博所说的，"天真的快乐"），阳光和欢乐的一个首要因素，同其他的深刻而诚实的品质结合起来，是彭斯的一个最吸引人的特点。一笔巨大的希望基金存留在他身上；尽管他有悲剧的历史，但他不是一个悲哀的人。他骑士般地把他的悲伤抖落在一边，一跃向前战胜它们。就像是一头狮子，抖掉"它鬃毛上的露水珠"；像速疾飞跃的骏马，嘲笑枪矛的挥舞。的确，彭斯的这种希望、欢笑，不正是温和和宽宏大量的情感的产物吗？这对每一个人来说都是一切的开端。

如果我把彭斯叫做他那个世纪我们所具有的最有天赋的英国灵魂，你们会感到奇怪。然而我相信，这样说而毫无危险的那一天正在到来。他的作品，他在这些阻碍下写的一切作品，只是他的一个微不足道的片断。斯图尔特[①]教授非常公正地评论说，他的诗才不是任何特殊的才能，而是一个自然地富有活力的创造性头脑以这种方式表现出来的一般结果。的确，这句话也非常适用于一切诗人。在肮脏的顶楼，穿着破旧的外衣；死后从他的坟墓里统治着（因为这是他做的事情）各个民族和在他生前给他面包或不给他面包的历代人——这是一种非常奇怪的景象！言谈中表现出来的彭斯的才华，是我们听说的他的一切事情的主旋律。各种才华，从最文雅地表达礼貌，到富有激情的讲演的最高火焰；以及放声畅笑，柔和动情的恸哭，精练的强调语气，明确犀利的洞见，一切全集于他一身。机智的伯爵夫人们赞美他是一个言语"能使她们手舞足蹈"的人。我所听说的一件最好的事情是去年一位可敬的长期熟悉他的绅士告诉我的，这个老人告诉我，"他讲得不是太多，而是太少；在早年日子里默默地坐着，就像在那些在他之上的人们陪同下；当他说话时总是对事情有了一种新的见解。"

彭斯的主要品质是他的真诚。在他的诗歌里是这样，在他的生活里也是这

---

① 爱丁堡大学的教授。他在他的家里招待过这位诗人，这里说的话是亲自听说的。

样。他唱的歌不是奇谈怪论，而是一种真正感觉到存在的东西；这歌的主要优点，像他身上的一切东西和他的一般生活的优点一样，是真实的。彭斯的一生，我们可以概括为伟大的悲剧性的真诚。一种质朴的真诚，远不是残忍的，而是裸露出事物之真理的朴实的搏斗。在这种意义上，一切伟人身上都有某种朴实的东西。

我的最后一点评论是谈一下彭斯历史的最引人注目的阶段——他对爱丁堡的访问。时常在我看来，他在那里的举止是他给予的关于他身上有何等丰富的有价值的真正人情的最高证明。当时的情况好像是拿破仑不是逐渐地成了国王，而是从拉·费莱团的炮兵中尉一下子成了国王。彭斯当时仅27岁，不再是一个庄稼汉，他想飞到西印度群岛来逃避耻辱和监禁。这个月他是一个破产的农民，他的工资一年7镑，并且这些东西也都离他而去了。下一个月他置身显贵和淑女的光辉之中，和浑身珠光宝气的公爵夫人一起进餐①，成了所有眼睛的北极星！苦难对于个人有时是苛刻的，但一个人如能顶住荣华富贵，无异于经受100倍的苦难。我非常赞赏彭斯在所有这一切事情上举止得体。人们可以指出：没有人如此痛苦地努力，如此地忘我。镇静、不大惊小怪，从不谦卑，从不骄傲，既不笨拙，也不装模作样，他一点没有忘记他是罗伯特·彭斯；"地位不过是畿尼金币的标记"；名声不过是烛光，将显现出什么样的人，一点也不会使一个人成为更好的人或别的人，不幸的是，这反倒很容易使他成为一个更坏的人，除非他留意它；不幸的膨胀的空谈者，膨胀到胀破肚皮，成为一头死狮子；正如有人所说，对这种人"绝没有身体的复活"，比一条活狗更坏！彭斯的这些看法是值得称赞的。

然而，正如我们在别处所注意到的，这些猎狮者毁灭和扼死了彭斯。正是他们使得彭斯不可能活下去！他们到他的农庄聚集在他的周围，妨碍了他的勤奋，没有地方可以永远远离他们。他不能忘记自己的狮子论，他诚实地有意于忘记。他陷入了不满，陷入了不幸、过失之中。世界对他来说越来越凄凉，健康、骨气、心灵的平静全消失了；现在非常寂寞，一想到这些，就有一种悲剧之感！这些人仅仅是来看他，决不是出于对他的同情，也不是出于对他的仇恨。他们来得到一点娱乐；他们得到了娱乐，而这个英雄的生命却因此而失去了！

里克特说，在苏门答腊海岛有一种"发光的金龟子"，即大火蝇，人们用叉子穿上一串，在夜里用来照路。因此，有身份的人可以用他们赞美的一种愉快的光来旅行。伟大的荣誉归于这火蝇！但是，不无遗憾！

1840年5月19日星期二

---

① 在1876年7月，他出版了一本诗集为他移居到牙买加积蓄了钱，他打算到那里当奴隶赶车人。这本诗集使他赢得了爱丁堡的思想家和社会权贵的立即且热情的承认，他在11月去了爱丁堡，他的诗集的新版给他带来了大约500英镑的收入。

【美国】爱默生
宋静存 译

梭 罗①

　　当一个人决定做一名隐士，他在心理上已经与整个社会拉开了距离，他好像一面躲避着俗世的洪流珍藏一点本真的自我，一面站在人间的旁边静观或批评世界。梭罗在28岁那年，在爱默生家的领地瓦尔登湖畔自筑小木屋，做起了隐士。这几年的生活成为了不起的生存实验，梭罗不是在逃避生活，他是"拒绝走一切人们习惯的道路"，"追求一种过高尚生活的艺术"。梭罗做到了，他还写了一本随笔集《瓦尔登湖》，也让世人分享他的美妙感受。

　　亨利·大卫·梭罗是他那个家族里的最后一名男性后裔，祖先是法国人，从根西岛移居到美国。他的性格偶尔流露出这一血统所具有的特点，和非常强烈的撒克逊特征奇特地融合在一起。

　　他于1817年7月12日出生在马萨诸塞州的康科德，1837年毕业于哈佛学院，但在文学上并没有取得优异成绩。他是个反对崇拜文学偶像的人，很少感激大学对他的教诲，也不大把大学看在眼里；而实际上他却从大学里受益不浅。大学毕业以后，他和他哥哥一起在一所私立学校任教，不久就辞职不干了。他的父亲是个铅笔制造商，亨利有一段时间也从事这门手艺。他相信他能制造出一种胜过当时使用的那种铅笔。经过多次试验，他把成品拿给波士顿的化学家和行家看，并得到了他们的承认，证明他的铅笔质地优良，和伦敦最好的厂家的产品完全一样。他心满意足地回家了。朋友们听说他打开了生财之道，纷纷向他祝贺，但他回答说以后决不再做铅笔了，"为什么要做铅笔呢？我不愿重复我已经做过的事情。"他再次开始他那没完没了的徒步旅行以及各种各样的研究，每天对大自然都有新的发现，但从不涉及动物学或植物学；因为他尽管对自然界的真相肯下工夫钻研，可对学术性的与书本上的科学并不感兴趣。

　　当时，他还是个刚走出校门，身强力壮的小伙子：所有他的伙伴们都在选择

名人画像

---

　　① 选自爱默生《美的透视》，湖南文艺出版社，1992年版。

自己的职业，有的急于就任待遇优厚的职务，他当然也不可避免地要考虑同样的问题。要拒绝走一切人们习惯的道路，自由地过隐居生活，不惜辜负家庭和朋友们对自己理所当然的期望，是需要极大决心的。更为困难的是，他为人十分正直，在自己获得独立自主的同时，也要求每一个人都能独立自主。但是梭罗从不犹豫，他是个天生的抗议者，他不肯屈就任何一门狭窄的手艺或职业，而放弃在求知与行动上的雄心壮志。他追求的是一种广泛得多的行业，即一种过高尚生活的艺术。如果他蔑视并且反对他人的意见，那只是他一心想使自己的所作所为和自己的信念相一致。他从不懒散或纵容自己，每当需要钱的时候，他宁愿做些自己乐意干的体力劳动来赚钱，譬如造一只小船或是一道篱笆、播种、接枝、测量或其他短工，而不愿意干长期的差事。由于有吃苦耐劳的习惯，生活要求不高，又精通林艺、擅长算术，他在世界上任何地方都能谋生。他总是花费比别人少的时间来满足生活上的需要，因此，他能保证有足够的空闲。

由于他在算术方面的知识，而且他有个习惯，凡是他感兴趣的事情，他总要弄清它们的大小和距离，如树木的尺寸、池塘和河流的深度和广度、山脉的高度以及他最喜爱的几个山峰间的直线距离——再加上他对康科德周围的情况了如指掌，他不知不觉地当上了土地测量员。这个工作对他倒有好处，总是把他带到新的僻静的地方去，有助于他对大自然的研究。他在这一工作中的精确的测量和技巧，很快博得人们的好评。只要他愿意，他总能找到活儿干。

土地测量上的问题难不住他，可是他每天却为一些更严重的难题所苦，他总是勇敢地面对这些困难。对每一种习俗他都提出疑问，他希望自己的一言一行都有理想的根据。他是个十足的新教徒，很少有人能做到放弃这么多的权利。他没有受过专门职业训练；他从未结婚，过独身生活；他从不去教堂，从不参加投票选举；他拒绝向国家纳税；他不吃肉，不喝酒，从不吸烟。他虽然是个自然主义者，但从未用过捕捉器，也没用过枪。他明智地为自己选择了做思想上和肉体上的单身汉。他缺少发财致富的才能，他知道如何做到贫穷而保持高尚。也许他没有充分预料到走上这条生活道路，而是事后才明智地把它接受下来。"我常常想，"他在日记中写道，"假如我像克利萨斯①那样富有，我的目标仍然不变，我的手段也基本相同。"他不需要抗拒任何引诱，他没有欲望，没有激情，也没有追求美好的琐物的爱好。对华丽的住宅、服饰，对极有修养的人们的举止和谈吐，他都不屑一顾。他更喜欢善良的印第安人，他认为那些高雅的东西妨碍谈话，他希望在最简单的条件下和友人会见。他谢绝参加晚宴，因为在那种场合，每个人都不能畅所欲言，他也不会从见到的人当中有所收获。他说："他们为他们的晚宴花钱多而骄傲；我为我的晚餐花钱少而自豪。"席间人们问他最喜欢哪道菜，他回答说：

---

① 公元前6世纪吕底亚国王。

"离我最近的。"他厌恶酒的味道,终生未染过任何恶习,他说:"我模糊记得小时候喜欢吸干百合梗做的烟,通常总要准备一些。我从未吸过含有更多毒素的东西。"

他所选择的富有之路是靠减少生活上的需要,而且做到自给自足。在旅行中,只有当通过那些对当前的使命无关紧要的地区时,他才搭乘火车;除此之外,他总是步行几百公里,不住旅店,而是在农民和渔夫家里租个床位,这样既比较便宜,也更合他的胃口,因为在那里他更能够找到他所需要的人和他想要得到的材料。

他的性格多少有些接近军人,从不屈服,永远保持大丈夫气概,能干,而很少有温顺的时候,似乎只有在反对别人时他才意识到自身的存在。他需要有人撒谎让他来揭露;有人做错事,让他来耻笑。我可以说,他需要一点胜利的感觉,一阵鼓鸣,才能把他的力量充分发挥出来。要他说一个"不"字很容易,事实上他发觉说"不"要比说"是"容易得多。每当他听到一个建议时,似乎他的第一个本能就是驳倒它,他对人们日常思想上的种种限制十分讨厌。当然,这种习惯不免使人对他的情谊变得有些冷淡。尽管他的朋友最后承认他并无恶意或不诚实,然而这种作法却妨碍了他和别人的交谈。所以,他虽然是那样纯洁和诚实,却没有一个在感情上和他始终如一的伙伴。"我爱亨利,"他的一个朋友说,"但我不可能喜欢他;挽着他的胳膊,我马上会想到挽着一根榆树枝的滋味。"

虽然他深居简出,不以苦乐为意,却真正地富于同情心;他赤诚而天真地投身于他所喜爱的年轻人中间,给他们讲述他在田野与河边所经历的许许多多、各式各样的轶事。他很高兴,也只能用这些东西来招待他们,他随时都乐意带领他们去采集浆果或是去寻找栗子或葡萄。

他所说的和所做的都是真理,他天生就是这样的人,而且总是为了这个原因而陷入戏剧性的处境。在任何情况下,所有的旁观者都对亨利将做什么和说什么感兴趣。他并没有辜负人们的期望,在每个关键时刻,他都能做出一种独到的判断。1845年,他在瓦尔登池①畔为自己盖了座小木屋,独自在里面住了两年,从事劳动与学习。他这样做是出于天性,并且也适合于他。凡是了解他的人都不会指责他装模作样,他在思想上与众不同的地方要比在行动上更多。当孤独的生活不再有可取之处的时候,他就放弃了它。1847年,由于不赞成政府经费的某些开支,他拒绝支付城市的税款而被关进监狱。一个朋友替他缴了税,他才获释。次年,他又遇到同样的麻烦事,但朋友们不顾他的抗议,又替他付了税。我想他该停止反抗了。对别人的反对和嘲笑,他从不放在心上。他总是冷静地、充分地陈述自己的见解,并不假装相信这是大伙的看法。即便在场的人全都持反对意见也无关紧

---

① 梭罗的名著《瓦尔登湖》中描写的地方。

要。有一次，他到大学图书馆去借几本书，图书馆的工作人员拒绝借给他。于是，梭罗先生求见校长，校长向他说明馆方的规定和惯例，只限毕业生居民、当牧师的校友以及居住在大学附近十公里范围内的其他居民才有权借书。梭罗先生向校长解释说，铁路的发明早已冲破了旧的距离尺度——按照他的条条框框，图书馆毫无用处，而且，校长和大学也毫无用处——他归功于大学的唯一受益就是它的图书馆——眼下，他不仅急需这几本书，而且还需要大批的书。他向校长担保，他，梭罗，准能把这些书保管得比图书馆员更好。总之，那位校长发觉这个借书人简直难以拒绝，而那些清规戒律却显得十分可笑。他终于给了梭罗以借书的特权。这一特权在他手里后来证明力量无穷。

梭罗是一个真正的美国人，没有人能比得上他。他对自己的国家和国情的喜爱是出自真心的。他对英国和欧洲的礼仪和情趣十分反感，几乎到了蔑视的地步。他不耐烦地听着从伦敦社交界搜集来的新闻或隽语，虽然他极力想表现得有礼貌，但这些事实在使他厌烦。那些人都相互模仿，很像一个模子里出来的。他们为什么不能尽量离得远些，每个人都做一个独立的人呢？他追求的是最饱满的天性，他希望到俄勒冈①去，而不去伦敦。"在大不列颠的每一部分，"他在日记中写道，"都能发现罗马人的痕迹，他们的骨灰瓮、他们的营地、他们的道路和他们的房屋。可是新英格兰至少不是在任何罗马的废墟上建造起来的。我们无需把房屋建在过去文明的灰烬上。"

但是，他尽管是个理想主义者，赞成废除奴隶制，废除关税，甚至废除政府，可他发现自己不仅在现实政治生活中找不到代言人，而且几乎遭到各种改革者的同样反对，这是不言而喻的。然而，他始终如一地为反对奴隶制的政党歌功颂德。有一个人，是他过去结识的，受到他格外的尊重。在约翰·布朗队长②尚未博得人们的好评之前，他就向康科德的住户发出通知，说他将于星期日晚上在一个公共礼堂发表演说介绍约翰·布朗的情况及其性格，请大家光临。共和党委员会、废奴委员会捎信告诉他，时机尚不成熟，不宜操之过急。他回答道："我请你们来不是征求你们意见的，而是宣布我要发表演说。"会场很早就坐满了各个党派的人。听众都毕恭毕敬地倾听他对这位英雄诚挚的赞扬，许多人深表同情，甚至自己都感到惊讶。

据说普洛泰纳斯③把自己的身体引以为耻，他之所以如此，很可能有充分的理由——他的身体不听使唤，没有对付世俗世界的本事；理论上有才智的人往往都是这样。但是，梭罗先生却具有最能适应、最能操作的身体。他身材不高，很结

① 美国的州名。

② 19世纪美国主张废除奴隶制的军人，后被捕，处以绞刑。

③ 罗马新柏拉图派哲学家。

实，浅肤色，配上一双锐利而严肃的蓝眼睛，态度庄重——到晚年，他蓄起胡须，看上去很得体。他的五官感觉敏锐，能吃苦耐劳。他的一双手力气大，用起工具来非常熟练，他的身体和头脑配合默契。他能步测几百公尺，比别人用尺和测链量得还要准。他说夜间在树林里他能用脚找路，比眼睛还管用。他能用眼准确地估计一棵树的高度，他能像牲口贩子那样估计出一头牛犊或一头猪的重量。他能迅速地从装着一蒲式耳或更多的散装铅笔的盒子里，一把抓出一打铅笔来，每次都不多也不少。他擅长游泳、赛跑、滑冰和划船。他在一天内走的路程兴许会超过大多数乡下人所走的。他的体力对脑力的关系比我们指出的这些还要好。他说他的腿所走的每一步对他都是必要的，他走过的路有多长，他的写作就有多长。如果把他关在屋子里，他就一个字也写不出来了。

他有丰富的常识，好像司各特的浪漫小说中纺织工的女儿罗斯·弗拉姆默克称赞她父亲所说的那样，他好比一把尺，能量粗布和尿布，也同样能量绣花罩毯和织锦缎。他对事物总有新的对策。有一次我在植树造林，采购了一批橡树子，他说其中有一小部分是好的，他开始检验，把好的挑出来。但是发现这样做要花费很多时间，于是他说："如果你把它们都放进水里，我想，好的就会沉到水底。"经过试验果然获得成功。他能够设计一座花园、一幢房子或是一个牲口棚，并足能领导一支"太平洋探险队"。在最关键的公私事务上，他都能给人以明智的忠告。

他为今日而生，从不受回忆的拖累和折磨。如果他昨天给你提出一个新的建议，今天他会给你提出另一个同样具有革命性的建议。他是个极其勤奋的人，和所有富于高度组织性的人们一样十分珍惜时间，但他却好像是全城唯一的有闲阶级，随时愿意参加有趣味的郊游或持续到深夜的谈话。他那犀利的洞察力从未因为奉行节俭生活这一信条而受到影响，任何新的情况他都能胜任。他喜欢吃最简单的饭菜，然而，当别人提倡进素食时，梭罗认为吃什么都是小事一桩。他说："猎水牛的人比在格雷厄姆面包房①包饭的人生活得更好。"他说——"你可以睡在铁路旁边而不受打扰，大自然十分清楚什么声音值得去听，并且已经下定决心不听火车的呼啸声。一切事物皆尊敬虔诚的心，当你进入忘我的境界时，任何东西也打扰不了你。"他注意到自己多次遇到的一些事，每当他收到从远方来的一种稀有植物后，他很快就会在自己常去的地方发现同样的植物。那种只有赌博老手才会碰上的好运气往往落到他头上。一天，他和一个陌生人走在一起，那个人问他在哪里能找到印度慈姑，他回答道，"到处都有。"说完从地上摘起一只。一次梭罗在图克曼峡谷的华盛顿峰上摔了一跤，摔得很重，把一只脚扭伤了。就在他从地上爬起来时，他第一次看到了山金车花的叶子。

---

① 美国著名的面包制作人，他创制了用全麦粉制作的黑面包。

他那靠劳动获取的常识，加上一双健壮的手、锐利的观察力和坚强的意志，仍然不足以说明他在简朴而神秘的生活中闪烁着的优越性。我必须补充一条重要的事实，那就是他具有卓越的智慧，一种极少数人所特有的智慧，使他得以把物质世界视为一种工具和象征。这一发现有时也会给诗人带来偶然的、时明时暗的光亮，用以点缀他们的作品，但在他身上则是一种无止境的见识。不管有什么缺欠或性情上的毛病可能会给他蒙上一层阴影，但是对神圣的幻想他从不违背。他年轻的时候有一天对人说："我所有的技艺就是另一个世界，我的铅笔决不画别的，我的折刀不刻别的，我没有把它当作一件工具。"这就是指导他的观点、谈吐、研究、劳动以及人生旅途的灵感与天才，使他能察言观色，善于判断人。他只要看一眼，就能衡量他的伙伴，尽管他并不在意对方具有的优良的文化特点，但他能准确无误地说出他的重量与才能。正因为这一点，他的谈话往往给人一个印象：他是个天才。

梭罗先生竭尽全力把他的天才奉献给他家乡的田野和山山水水，从而使所有爱读书的美国人和海外人士了解它们，对它们感兴趣。他生在河边，死在河边；从那条河的发源地一直到它和梅里麦克河汇合的地方，他都熟悉。多年来无论是寒冬还是盛夏，他昼夜不停地观察它。马萨诸塞州委派的水利委员会最近做了一次测量，所得的结果和他几年前进行的私人实验完全一样。

他是土生植物的辩护人，他承认他情愿要当地的杂草，也不要外国进口的植物，正如他宁可和印第安人交往，也不愿和文明人打交道一样。看到邻居豆架上结的豆荚比他自己的多，他感到高兴。"看看这些杂草，"他说，"有100万农民整个春天和夏天都在锄草，可是仍然遍地皆是；如今，它们正在所有的小径、牧场、田野和花园茁壮地成长，它们的生命力这样旺盛。我们还用一些难听的名字去侮辱它们——诸如'猪草''苦艾''繁缕''鲋花'"，他说，"它们本来也有好听的名字：'仙草''星形草''六月果''苋菜红'等等。"

他不论谈到什么总喜欢提及康科德的鼎盛时期，我认为这并非由于他不了解或低估了其他地区，而是以一种玩世不恭的态度表明，他坚信所有的地方都一样，每个人所在的地点就是最好的地方。有一次他曾这样表示过，"如果你不觉得自己脚下这块土地比世界上或任何世界上其他地方的土地更亲切的话，那我认为你这个人没希望了。"

他用来征服科学上种种阻碍的另一武器就是忍耐。他能够一动不动地坐在那儿，就像身子底下的那块石头一样，等着那些躲避他的鸟、鱼、爬虫一个个回来继续做它们平常做的事，不仅如此，它们还出于好奇到他旁边来望着他。

和他一起散步是一件愉快的事，也是一种特权。他非常熟悉乡村，就像那里的狐狸和小鸟一样，并且像走自己的路那样随心所欲地穿行。他能认出雪地里或地面上的每一种足迹，知道哪种生物在他之前走过这条路。对这样的向导，人们必须绝对地服从，由此获得极大的好处。他胳膊底下夹着一本旧乐谱，用来把植物压在里面，他口袋里装着日记本和铅笔，一只观察鸟用的小望远镜，一台显微镜，一把大折刀和麻绳。他头戴一顶草帽，足蹬一双坚固的皮鞋，身穿耐磨的灰裤子，可以毫无顾虑地通过矮橡树丛和菝葜地，也可以爬上树去找鹰巢或松鼠巢。他在池塘里涉水寻找水生植物，那双强壮有力的腿成为他的盔甲中重要的组成部分。在我提及的一天，他去找龙胆花，发现它长在宽阔的池塘对面，经过检验，他确定那朵花已经开了5天。他从胸前口袋里掏出日记本，读出所有应该在这一天开花的植物的名称。他把这些记录下来，就像银行家记载他的票据几时到期似的。

然而，没有人比他更清楚地知道：事实并不重要，重要的是事实给你的心灵留下的印象或影响。在他的头脑中，每一件事实都光荣地象征着整体的秩序与美丽。

他决心研究自然历史是出于天性。他承认有时他觉得自己像一条猎犬或是一头豹；如果他生在印第安人中间，肯定是一个残忍的猎手。但是，由于受到马萨诸塞的文化的约束，他选择了植物学和鱼类学，以这种温和的方式来打猎。他和动物亲密的程度往往使人想起托马斯·富勒谈论养蜂家巴特勒的一句话，"不是他告诉蜜蜂许多事，就是蜜蜂告诉他许多事"。蛇盘绕在他腿上，鱼游到他手中，他把它们从水里拾起来；他捉住土拨鼠的尾巴，把它拉出洞；他保护狐狸使其免遭猎人的追捕。我们这位自然学家非常宽宏大量，他毫无隐私；他肯带你到苍鹭经常出没的地方去，甚至到他最喜爱的植物丛生的沼泽地去——说不定因为他知道你再也不会找到那个地方，不过，他还是愿意冒这个险。

从来没有一所大学肯发给他一张文凭，或请他当教授；也没有一所学院肯雇他当秘书、调查员，甚至一名会员。说不定这些学术团体惧怕他的讽刺。然而，了解那么多大自然的秘密和才能的人却寥寥无几；对这方面的知识，谁也不如他掌握得那么全面，那么认真。他丝毫也不崇拜任何人或任何团体的意见，而仅仅尊重事实本身；每当他发现学者中有偏向礼节的现象时，就不信任他们了。一开始本城的人只把他看做是一个古怪的人，后来才逐渐地敬重他，钦佩他。雇他测量土地的农场主很快就发现他那罕见的精确和熟练的技艺；对他们的土地、林木、鸟类以及印第安人的遗迹等一类的东西，他都非常熟悉，能给他们讲一些他们前所未闻的关于自己农场的事，因此他们开始有些觉得梭罗先生似乎更有权利拥有他们的土地。他们也感觉到他的个性无比优越，这一点使得他对所有人说的话具有一种天生的权威性。

康科德有不少印第安人的遗迹：箭镞、石凿、杵和陶器的碎片；河岸上有大堆的蚌壳和灰烬，说明那是野蛮人常去的地点。所有这些和每一样与印第安人有关的事，在他眼里都是重要的。他到缅因州去访问，主要是因为他热爱印第安人。他为自己能目睹他们制造独木舟，还可以亲自在急流中一试身手而感到满意。他很想了解关于制作石箭镞的情况，并且在临终前嘱托一个到落基山去的青年设法找到一个能告诉他怎样制作石箭镞的印第安人。"为了学会这门手艺，到加利福尼亚走一趟是完全值得的。"偶尔有一小伙佩诺布斯克特印第安人夏天到康科德来，在河岸上搭起帐篷住上几个星期。他总要和他们当中的大部分人结交，尽管他很清楚向印第安人提问就如同向海狸和家兔提问一样。最后一次去缅因州时，一个住在老城，名叫约瑟夫·波利斯的印第安人给他当了几个星期的向导，使他得到极大的满足。

他对自然界的每件事实都同样感兴趣，他那深透的洞察力能发现整个自然界中类似的规律，在我认识的人当中，还没有一个天才能像他这样迅速地从一件单独的事实中推断出普遍的规律。他决非专攻某一种学问的腐儒。他的眼睛能随时看到美，耳朵能随时听到音乐；他不是在非凡的情况下找到美与音乐，而是无论走到哪里都能发现。他认为单一的曲调中蕴藏着最好的音乐，在无线电电报的嗡嗡声中他都能发现富有诗意的暗示。

他的诗有好的一面也有不足的一面；无疑他缺乏抒情的手段与专门技能，但是在精神的感觉上，他有诗的源泉。他是一个了不起的读者和评论家，他对诗的评论一针见血。任何作品中有没有诗的要素是骗不了他的，他对诗的要素的渴求使他忽略了甚至蔑视表面的美。他往往撇开书中许多优美的韵律，却从不漏过每一段或每一行活的诗，他深知如何在散文中找出同样的诗的魅力。他非常迷恋精神上的美，相比之下，对一切已经写出来的诗倒不怎么重视了。他自己的诗文往往是粗糙的，有缺点的。金子尚未炼成纯金，往往是无价值的、粗糙的；百里香与茉乔栾那①还不是蜜。但是，虽然他缺少抒情的优美与技巧上的长处，虽然他没有诗人的气质，他却永远不缺少焕发诗情的思想，这说明他的天才超过他的才能。他知道"幻想"的价值，它能振奋人生，安慰人生，他乐于把每一个想法化为一种象征。你讲的事实并无价值，只有它给你的印象才有价值。由于这个缘故，他的存在富有诗意，总是激起人们的好奇心，想更深入地了解他心灵上的秘密。在许多事情上他是很保守的，不愿让俗眼看到他认为是神圣的东西；他深知如何在他的经历上蒙上一层诗意的薄纱。凡是读过《瓦尔登湖》这本书的人都会记得他如何用神话的方式描述自己的失望——

"很久以前，我丢失了一条猎犬、一匹栗色马与一只斑鸠，现在我还在寻找它们。我向许多游客提到它们，形容它们的足迹以及怎样呼唤能得到它们的应答。我遇到过一两个人曾经听见那猎犬的吠声和马蹄声，甚至看到那只斑鸠在云

---

① 一种牛蒡属的植物。

中消逝。他们就像自己丢失了这些东西一样，急于把它们找回来。"

他的传记存在于他的诗中。他一贯的思想使他所有的诗成为一首歌颂主张中的"主张"，歌颂赋予他生命并控制他自己的"精神"的赞美诗——

> 我以前只有耳朵，如今有了听觉，
> 我以前只有眼睛，如今有了视觉；
> 我以前只活了若干年，如今时刻都在活着，
> 我以前只知道学知识，如今却能辨别真理。

尤其在这些宗教性的诗行里——

> 首先现在是我出生的时辰，
> 而只有现在是我年富力强的时候，
> 我决不怀疑那未倾诉的爱情，
> 那不是我的金钱，也不是欲望所能买到的，
> 年轻时它追求过我，如今老了还在追求我，
> 一直到今天晚上。

虽然他在作品中使用了暴躁的言语评论教会或牧师，他却是一个少有的温柔的绝对虔诚的人，不论在行动上或在思想上，他从来不会亵渎神灵。当然，他独创一格的思想与生活同样使他和社会上的宗教形式格格不入。这一点既不应批评，也无须感到遗憾。亚里士多德很早就解释过，他说："当一个人的美德超过城里的其他公民时，他就不再是那个城市的一部分了。他们的法律不是为他而设的，因为对他自己来说，他就是一条法律。"

梭罗是真挚的化身，他圣洁的生活可以坚定先知们对道德法律的信心。那是一种不容忽视的肯定的经验。他是一个讲真理的人，能谈出最深奥、最严谨的道理；一个能医治任何心灵创伤的医生，一个不仅了解友谊的秘密，而且几乎受到一些人崇拜的朋友，那些人知道他的思想和他的伟大心怀的深奥价值，向他坦白一切，把他奉为先知。他认为如果没有宗教或某种信仰，决不可能做出任何伟大的业绩；他认为偏执的宗教信徒最好要牢记这一点。

当然，他的美德往往趋向极端。要找出他铁面无私地要求一切人绝对诚实的原因是很容易的，那就是他的严肃的性格。这一性格使他十分孤独，虽说他自愿做隐士，却不想孤独到这种地步。他要求自己绝对正直，对别人的要求也毫不降低。他憎恨罪恶，任何世俗的成就都掩盖不了罪恶。高贵的财主搞鬼和乞丐行骗一样，他一眼就能识破，并且对他们同样嗤之以鼻。他处世之坦率具有极大的危险性，以致钦佩他的人称他为"那个可怕的梭罗"，仿佛他沉默时也在说话，离席后人还

在场。在我看来，他的理想过于苛刻，使他在人类社会中得不到足够的友情。

假定他的天才仅仅是为了沉思，他的生活对他还是适合的；但是，由于他精力旺盛，又有实践才能，似乎他生来就该干一番大事业，就该指挥一切。对他失去那种不可多得的行动能力，我深表遗憾，以至我不得不把他缺乏雄心壮志视为他的缺点。正因为这方面的欠缺，他未能为整个美国出谋划策，而成了一名浆果采集队的队长。小差事到头来总有一天对大事业有好处，不过，几年后仍在忙于琐事，又如何？

这些弱点不管是真的还是表面上的，在一种如此旺盛、聪明的精神的不断增长中终于迅速地消逝了，并且总是以新的胜利抹掉了以往的失败。他对大自然的研究永远为他增光，使他的朋友们满怀好奇地想透过他的观点来看待世界，听他讲述冒险故事。这些故事包罗万象。

他嘲笑世俗的文雅，但他自己具有许多独特的文雅风度。他不能容忍听到自己的脚步声、沙砾的轧轧声，因此从不愿在大道上行走，而喜欢走草地、山地和林地。他五官敏锐，他说，一到晚上，每个住宅都发出恶臭，像屠宰场一样。他喜欢三叶草的清香。他对某些植物怀有特殊的感情，首先是睡莲——其次是龙胆、常春藤、永生花和菩提树，每年7月中旬菩提树开花时，他总要去看看。他认为通过香味辨明植物，比通过视觉更为明智，也更可靠。当然，香味可以揭露我们从其他官能所得不到的东西。通过香味他能嗅出俗气。他喜欢倾听回声，说回声几乎是他所听到过的唯一同类的声音。他非常热爱大自然，并为在大自然中隐居而感到十分惬意，甚至到了嫉恶城市的程度，因为城市的精心设计把人类和他们的住处搞得不像样子。斧头一直在破坏着他的森林。"感谢上帝，"他说，"他们幸亏未能把白云砍下来！""这种纤维状的白色颜料在蓝色的背景上能绘出各种各样的图像。"

下面我从他未发表的原稿中摘出几句话，不仅可以作为他的思想与感情的记录，而且可以说明它们的描写能力和文学优越性——

"有些偶然证据是非常有力的，正如你有时在牛奶里发现一条鳟鱼。"

"雪鲦是一种软体鱼，滋味像煮熟的牛皮纸加盐。"

"一个青年收集好材料，为了建造一座通向月球的桥梁，或者也许在地球上建造一座宫殿或庙宇，可最后这位中年人决定用这些材料造一间小木屋。"

"魔鬼的针弯弯曲曲地穿过纽特梅多小溪。"

"健康的耳朵听起声音来，要比吃糖还甜。"

　　"我放上一些杉树枝,那枝叶顿时发出一阵猛烈的噼啪声,听起来有点芥末的辛辣感觉,又像是无数支军队的枪炮声;枯树是爱火的。"

　　"青鸟把天空驮在背上。"

　　"莺从绿色的树叶中飞过,仿佛它能使树叶燃烧似的。"

　　"如果我想为我的罗盘仪找一根马鬃,就得到马厩去;可是睁圆眼睛的毛鸟却在大道上。"

　　"永生的水,甚至表面也是活的。"

　　"火是最可原谅的第三者。"

　　"大自然使羊齿草只长叶子,是为了显示她在这方面的才能。"

　　"没有一种树像山毛榉那样有美丽的树干,有漂亮的树根。"

　　"淡水里的蛤埋在黑暗的河泥里,它壳上怎么会长出美丽的彩虹呢?"

　　"假如婴儿的鞋是别的孩子穿过的旧鞋,那真是艰苦的时代了。"

　　"我们都是严格地局限于我们赋予自由的那些人中间的。"

　　"没有什么比恐怖更令人害怕的,比较起来也许无神论更受上帝本身欢迎。"

　　"你能忘记的东西能有什么意义?对全世界来说,教堂司事倒稍有思想。"

　　"没有在品性上进行播种,我们怎么能预期思想上有所收获呢?"

　　"在喜悦面前不动声色,只有这种人我们能把馈赠托付给他。"

　　"我要求把我熔化。金属在火中熔化,你只能要求金属对火温柔,对任何别的东西,金属都是硬汉。"

　　植物学家知道有一种花,和我们叫做"长生花"的夏季植物同属菊科。它生长在蒂罗尔山难以接近的悬崖上,几乎连羚羊都不敢冒险上去。猎人被它的美和爱情所引诱(因为瑞士的少女十分珍视这种花),爬上去采摘,而往往被发现手捧花朵摔死在山脚下。植物学家叫它薄雪草,但瑞士人叫火绒草,意思是非常纯洁。我觉得梭罗一生都希望采到这种植物,它理应属于他,梭罗从事的研究范围极广,需要很长的寿命才能完成,我们一点也没想到他会突然逝去。这个国家还没有意识到,至少还不知道它失去了一个多么伟大的儿子。让他留下未完成而又无人能接替的工作就离开了人世,似乎是一种损失;对这样一个高尚的灵魂,在他未能向他的同辈真正显示他是个什么样的人之前就离别人间,真是一种侮辱。但他至少是满足的。他的灵魂是属于最高贵的阶层的,他在短促的一生中学完了世界上的一切技能。哪里有知识,哪里有美德,哪里有美好的事物,哪里就是他的家。

【智利】聂鲁达

林光 译

同样面孔的两帧照片①

　　一个诗人怀念另外两位诗人，从他们16岁的眉宇间看见"两个叛逆天使的面孔"。少年天才兰波（1854～1891）写美丽而晦涩的象征诗《地狱里的一季》，与另一位名诗人魏尔伦尝试同性恋；少年马雅可夫斯基（1893～1930）穿着未来派的黄马甲，露宿街头，扬言要把普希金抛到大海里去。两个英姿勃发的生命都过早地离开人间了，那无所顾忌的旺盛的生命力却不断刺激着此后的诗人。

　　聂鲁达（1904～1973），智利诗人。1971年因"诗歌具有自然力般的作用，复苏了一个大陆的命运与梦想"而获诺贝尔文学奖。在"革命与柔情的联合"这方面，师从过马雅可夫斯基。

　　出生于不同时代和不同国度的两位少年的相片，很偶然地一起挂到我家的同一面墙上了。他们的命运以及他们的语言截然不同。可是，在我家中看到这两帧相片的人，无不感到他们有惊人的相似之处；有人说这是同一个人。这两个人的目光里都有一种桀骜不驯的气质。这两个人都有一头又粗又硬的头发；同样的眉毛，同样的鼻子，同样带着挑战神情的年轻面孔。

　　一帧是兰波的相片，是这位法国诗人在16岁时由卡哈特照的；另一帧是马雅可夫斯基的相片，是这位苏维埃的年轻诗人在1909年照的，当时他正在斯特罗加诺夫应用艺术学校求学。

　　这两位少年的相片有共同的性格，这种性格使他们在人生的第一阶段就遇到矛盾。他们眉宇间透出轻蔑和严厉：是两个叛逆天使的面孔。

　　也许是揭示出发现者本质的某种神秘的天意，要把他们放在一起。

　　他们两个是发现者。兰波改变了写诗的方法，使诗具有最强烈的美。马雅可夫斯基这位出类拔萃的诗歌建造者，创造了革命与柔情的坚不可摧的联合。这两位年轻的发现者的面孔，很偶然地一起挂在我的一面墙上，都同样用探索世界

名人画像

138

---

① 选自林光主编《拉丁美洲散文选》，云南人民出版社，1996年版。

和人类心灵的目光注视我。

不过，谈到马雅可夫斯基，我们才知道他的75岁诞辰就在这几天。我们本来可以找到他，同他聊聊，也许我们早已成为好朋友了。

这个念头使我产生一种奇异的感觉：仿佛有人肯定我可能认识沃尔特·惠特曼一样。那位苏维埃诗人是如此荣耀和神奇，我费了很大力气才想象出怎样目睹他走进莫斯科的阿拉格维餐厅，或者只在一旁凝视他的魁伟身躯站在台上朗诵阶梯式的诗句，这些诗有如千军万马随着充满火药味和激情的滚滚浪涛所发出的响亮节拍，在冲锋陷阵。

的确，他的形象和他的诗已经成为革命和新的国家手中的一束青铜铸的花朵。这些坚不可摧的花朵，当然都是精心制成的，和金属一样坚硬、牢固，但是，并不因此就不能结出硕果。变革之风带着马雅可夫斯基的诗行参加了变革，这正是他的命运的伟大之处。

把真正的诗歌同自己祖国最重要的历史时期结合在一起，这是马雅可夫斯基独特的观念。这一点使他的诗与兰波的诗永远分道扬镳了，因为兰波是个伟大的战败者，是失败的起义者中最了不起的一个。马雅可夫斯基尽管死得很惨，却是讴歌和感受一场人类最伟大胜利的人。在这方面，他更像惠特曼。他们都投身于伟大时代的斗争并与伟大时代共命运。惠特曼绝不是林肯解放黑奴战争的装饰品，他的诗随着战斗的胜败而发展起来。马雅可夫斯基讴歌的是他的祖国布满工厂、实验室、学校的城市和农村的景色。他的诗具有推动巨大的星际火箭的强大动力。

这几天就该是弗拉基米尔·马雅可夫斯基的75岁诞辰了。但他已经不在我们中间，这是何等令人痛心啊！

【奥地利】茨威格

高中甫 译

普鲁斯特的悲惨生涯①

　　法国作家普鲁斯特（1871~1922）一生只写过一部小说，却被许多人认为是世界上最好的小说。据说法国人曾做过一个实验性调查，问读者：如果世界末日来临，你只能读一本书，你会选哪一本？名列榜首的就是普鲁斯特的《追忆似水年华》。生活中的普鲁斯特在35岁以前一直把年华挥霍在一个个社交沙龙里，但因为他从小染上哮喘痉挛症，不能参加户外活动，他似乎天生注定做一个生活的观察者。这种冷静旁观的位置，造就了他的文字具有异乎寻常的细腻和极其丰厚的联想，造就了一部令人瞠目结舌的巨著——他企图复活逝去的时间，不是像回忆录一般复述人物和事件，而是复活其全部的声、色、嗅、味、触，用精微的感觉构筑一座记忆的圣殿。在旁人看来，似乎是悲惨的人生造就了幸运的作家，可是，谁又愿意有这样的"幸运"呢？

　　战争结束的时期，他于1871年7月10日生于巴黎，出身于一个富裕的、极为有钱的市民家庭，是一个著名医生的儿子。但无论是父亲的技艺还是母亲的万贯家财都无法挽救他的童年：9岁时小马塞就永远地失去了健康。在布龙涅森林一次散步归途中，他染上了一种哮喘痉挛症，这种可怕的病症毕生都折磨着他的胸部，直到最后一息。从他9岁时开始，几乎所有一切都与他无缘：旅行、游戏、活动、恣肆欢闹，所有称之为童年的东西。这样很早他就成了观察者，情感细腻，神经衰弱，极易激动发火，是一个神经和感官极度敏感的人。他狂热地喜爱自然风光，但他难得有那么少数几次去观赏它，在春天一次也没有过。因为细微的花粉，大自然的湿热和春意使他那易受刺激的器官感到痛苦。他狂热地喜爱鲜花：但他却不可以靠近它们。当一个朋友在纽扣孔中插着一朵石竹花进入房间时，他不得不请求他把它摘掉；到一个沙龙里去做客，桌子上摆着的花束会把他抛回家来，一整天躺在床上。有时他乘一辆封闭的车辆外出，以便从玻璃窗里去观望喜爱的色

名人画像

---

① 选自高中甫编《茨威格散文精选》，人民日报出版社，1997年版。

彩和散发气息的花萼。他只是看书，看书，看书，去了解旅行，去了解他永远无法身临其境的种种风光。有一次他到了威尼斯，去过海边一两次，可每一次旅行都使他付出了过多的力气。这样他几乎就把自己完全关闭在巴黎了。

所有的感觉在他那里变得如此细腻敏锐。一种语气，一个女人头发上的装饰针，某个人坐在桌旁和站起的方式，聚会时所有那些最最细微的装饰物在他的记忆里清清楚楚一丝不差。他的那对在睫毛中闪动着的永远是清醒的眼睛捕捉住每一瞬间的细枝末节，一次谈话的所有承上启下，转变话题和转弯抹角以及结舌无语都在他的耳朵里明辨无误。因此他后来有一次在他长篇小说里使诺波伯爵占用了150页篇幅，口若悬河，滔滔不绝，毫无停顿，一鼓作气。他的眼睛是清醒的，灵敏的，是在为所有其他的疲惫不堪的器官而工作。

双亲原是预定他去学习外交的，但他衰弱的体质使所有的意图化为泡影。反正不着急，双亲有的是钱，母亲溺爱他，结果，他就把他的年华挥霍在社交里、沙龙里，导致他到35岁时一直过着一种极为可笑的，极为懒散，极为无聊的浪荡生活。一个伟大的艺术家竟过的是这种生活，他作为附庸风雅之徒在人们称之为纨绔子弟的社会活动中厮混，他到处出现，到处受到款待。有15年的时间，每一个夜晚人们都必然地在任何一个沙龙里，甚至在极不易找到的沙龙里找到这个温顺的，羞怯的，总是对风雅之士肃然起敬胆战心惊的年轻人，他总是喋喋不休，毕恭毕敬，讨人欢心和使人无聊。到处他都倚在一个角落，热衷于一场交谈；法堡圣·日尔曼的上层贵族也极为罕见地容忍这位无名的侵入者；对他说来这原本就是极大的胜利。因为从外表上看，年轻的马塞尔·普鲁斯特就没有品性可言。他并不怎么可爱，不怎么俊秀，非贵族出身，甚至是一个犹太女人的儿子。就是他的文学成就也不能为他正名，因为他的一本小集子《欢乐与时日》虽然有阿那托尔·法朗士出于好心写的一篇前言，但既没有分量也没取得成功。是什么使他惹人喜爱呢，唯一的是他的慷慨大方：他向所有的女人赠送名贵的鲜花，他对各方面都馈赠意想不到的礼物，邀请每一个人，绞尽脑汁就是对最无足轻重的纨绔子弟也表示好感，怀有善意。在巴黎的最豪华的里兹饭店他以他的好客和数目巨大的小费而闻名。他的小费是美国百万富翁的十倍还要多，每当他踏入大厅，所有的帽子都谦卑地飞快地脱了下来。他的请客是难以想象的挥霍和丰盛味美：他让人从城市的不同商店弄来所有的特殊风味——Rive Gaudie一家商店里的鸽子，Garlton的童子鸡，特地从尼查运来的新鲜蔬菜和水果。他就这样不断地通过殷勤和大方赢得了整个巴黎而从没有自己去索求。

他挥霍的钱财为他在这个社会里取得了合法的身份，但比这金钱更令他着魔的是他对这个社会的礼仪的敬畏，几乎是病态的敬畏，是他对礼节的奴隶般的崇拜，是他对时尚的所有俗气和愚行的敬重，他对那些不成文的贵族习俗尊敬得

名人画像

141

有如面对一部圣经：餐桌位置排列成了他整天进行研究的问题。为什么X公主把L伯爵安置在餐桌的末端，而把K男爵安置在上端，每一种卑微的闲言碎语，每一个粗率的过失都像一种令世界震惊的灾难似的使他激动不安，M侯爵夫人轮流邀请人赴宴，次序的秘密何在，为此他询问了15个人想弄明白；或者为什么某贵族夫人在她的包厢里接待了F先生。通过这种热情，通过对这类琐事的认真——后来这在他的书里也居于主宰地位——他本人在这个可笑和逢场作戏的世界里赢得了作为礼仪专家的名声。这样一个高尚的才子，我们时代中最强有力的人物之一，有15年的时光就过着这样的一种毫无意义的，处于无所事事和暴发户之间的生活。白天精疲力竭、晕头涨脑地卧床不起，晚上穿着礼服从一个社交场奔到另一个社交场，用宴请、书信和聚会打发时光，是虚荣的白日舞场中的最最多余的人；到处出头露面，可没有在一个地方认真地受到注意，只不过是另外一些礼服和白色蝴蝶结之间的一件礼服和一个白色的蝴蝶结而已。

仅有唯一的一个微小的特点把他与其他人区分开来。每到晚间，他回到家里卧在床上，当他无法入睡时，他就把他所观察到的所看到的所听到的都一页一页记在笔记簿上。慢慢地越来越多，他都把它们保存在很大的皮包里。像圣西门一样：表面上是国王宫廷中一个乏味的朝臣，暗地里是一个完整时代的描述者和审判者，马塞尔·普鲁斯特每天晚上在笔记本上描绘整个巴黎所有这些微不足道和瞬息即逝的东西，写下评语和井然有序的速描，也许为的是把短暂变为永恒。

这对心理学家是一个问题，什么是第一位的？马塞尔·普鲁斯特，这个没有生活能力的人和患病的人，他15年来过着一个附庸风雅之徒的纸醉金迷和百无聊赖的生活仅仅是出于内心的高兴，这些笔记簿仅是一种顺手之所为，就如一次很快变得狂热起来的聚会游戏的一种余兴，或者他步入沙龙仅仅像一个进入实验室的化学家，像进入草地的生物学家，是为了一部伟大的无与伦比的作品去收集那些难以察觉的材料？他是虚与委蛇，或是他真心实意？他是这个消磨时光大军中的一员，或者他是来自另一个，更高一级的帝国的一个间谍？他闲散游荡是出自喜悦或是另有所谋，对礼仪心理学的这种几乎既是谬误也是机智的狂热是他的生命和需要，或者仅是一位热情的化学分析家的出色的伪装！或者这两者在他身上是那么杰出地那么神秘地融合为一，若不是命运用它严厉的手突然把他从无聊的闲谈世界中扯了出来，并把他置身于遮盖起来的，黑暗的，仅是时而被内心的光亮照亮的个人世界中的领地的话，那他身上的艺术家纯正本性永远不会显露出来的。这是因为局面突然改变了。1903年他母亲去世，随即医生断定，他越来越加剧的痛苦无可救药。现在马塞尔·普鲁斯特一下子把他的生活扭转过来。他严严实实地把自己封闭在豪斯曼林荫大道旁他的那间小屋里，一夜之间他从一个百无聊赖的浪荡子和懒鬼变成了那些最艰苦劳作、孜孜不倦的劳动者中的一个，成了这个世纪文坛上受敬重的人;一夜之间他从最最喧闹的社交界把自己掷入到最最冷清的孤独之中。这是这位伟大诗人的可悲的景象:他卧在床上,整天不起,那瘦削的饥饿的,由于痉挛不断颤抖的躯体越来越冰冷。他在床上穿了三件衬衣,在胸前盖上棉制的护胸,双手戴着厚厚的手套,可还是冷,冷得很。壁炉里火光熊熊,窗户从不开启,因为柏油路间一两棵栗子树散发的淡淡气味就使他痛苦不堪(在巴黎没有任何其他的胸膛像他这样)。他像一个开始腐烂的尸体一样,躺在那里越来越蜷缩起来,他一直卧床不起,费力地呼吸混浊的漫溢的被药品毒化了的空气。直到很晚的时候他才振作起来,一线灯光,一丝光泽,才看到他那温馨可爱的优美居所,看到几副贵族的面孔。仆人逼他穿上礼服,围上围巾,给他那已经裹了三层衣服的身体再穿上皮衣。他乘车来到里兹饭店,以便同几个人谈天,以便去看看他喜爱的活动场所,豪华的场面。他的车夫在门外等待,整夜的等待,随后把疲惫得死一样的主人重又带回到床上。马塞尔·普鲁斯特再不进入社交界了,但只有唯一的一次:他为了自己的小说需要知道一个上层贵族举止的细节。于是有一次他拖着身子进入一座沙龙——这使大家感到惊讶——去观察沙冈公爵是怎样戴单片眼镜的。有一次夜里他到一个有名的喜欢卖弄风情的女人那里,问她还有没有那顶她在20年前在布龙涅森林戴的帽子;他为描绘奥黛特需要这顶帽子。他极为失望地听到,她是如何地笑他,她把它早就送给她的女仆了。

马车把这个疲惫得死一样的人从里兹饭店带回家里。他的睡衣和护胸都挂在一直燃烧的火炉上边:他的身体早就不能穿凉的内衣了。仆人给他穿好,带他上床。面前摆着托盘,开始写他的结构宏伟的长篇《追忆似水年华》,20本卷宗里写得满满的,全是草稿,床前的圈手椅和桌子,甚至床上堆的都是纸片和纸页。他就这样写,夜以继日,每个清醒的时刻,血在燃烧,手套里的双手由于寒冷在发抖,他就不断地写,写呀,写呀。有时朋友来访,他贪婪地问及社交场的所有细节,他在暗中还用好奇的触角去触摸失去的那个花花世界。像条猎狗一样,他追逐他的朋友,要他们讲述这一个和那一个丑闻给他听,这样就能细致入微地知道这个人物和那个人物的情况。凡是人们告诉他的,他带着一种神经质般的贪婪把这一切都用笔记了下来,这种狂热越来越烧得他憔悴。马塞尔·普鲁斯特,这个可怜的通体火热的人越来越衰弱,越来越瘦骨嶙峋;那部恢宏的作品,长篇小说,或者应称为长篇系列的《追忆似水年华》越来越扩展,越来越成长壮大。

这部作品始于1905年,他在1912年认为已经完成。从篇幅上看共有厚厚的三卷(但在印刷期间由于扩展已不少于十卷了)。现在发表成了折磨他的问题了。马塞尔·普鲁斯特,一个40多岁的人,毫无名气,不,比毫无名气还要令人恼火。这是因为从文学意义上来讲,他有一个很坏的名声:马塞尔·普鲁斯特,是沙龙中一个附庸风雅的纨绔子弟,交际场中的无聊文人,时而在《费加罗报》发表些沙龙中的花边新闻（那些教养差的读者总是把马塞尔·普鲁斯特读作马塞尔·普莱沃）。这没有带来任何好处。这样，他想走一条捷径是毫无希望的。于是朋友们试图找些社会关系，以便能使这部作品得到发表。一个有名望的贵族请来《法兰西新评论》的主编安德烈·纪德，把这部手稿交给了他。但《法兰西新评论》——他从这部作品上赚了10万法郎——直截了当拒绝了他，《法兰西水星报》和Ollendorf同样加以拒绝。最终一个出版界新人，他想冒这个风险，但还是等了两年，直到1913年，这部恢宏的作品的第一卷才问世。恰恰是在成功要展开它的翅膀时，战争爆发了，又把它的羽翼打断了。

在战后，当五卷发表之后，法国和欧洲才开始注意到我们时代的这部最为独特的史诗般的作品。但马塞尔·普鲁斯特称之为荣誉的，这早已成为一个人剩余下来的一种憔悴的，灼热的，不宁的断残。他成了一个颤动的阴影，一个可怜的挣扎的病人，他活着仅是为了能看到他的作品发表。他晚间依然拖个身子去里兹饭店。在这儿，在摆满酒菜的桌旁，或者在左门房里，润饰最后的校样。因为在家里，在床上他有如在坟墓的感觉，只有在这里，在他看到他喜爱的堂皇富丽的环境在眼前熠熠发光时，他才感到还有最后一丝力气——若是在家里他早就浑身无力了，当那可汀（一种镇咳剂——译注）使他疲惫乏力时，他就用咖啡因使自己振作起来，与朋友们进行短时间的交谈或重新工作。他的痛苦越来越恶化，越来越剧烈，这个长期以来一直懒散的人工作得就越来越无所节制，为的是赶在死亡前头。他不愿再见到医生了，他们长时间地折磨他，从没有帮助过他。他自己保卫自己，就这样他终于在1922年11月18日辞世而去。在最后几天，虽然他已意识到去日无多，可依然用艺术家的唯一武器去对抗那不可避免的死亡，这武器就是观察。他清醒地分析他自己的处境，直到最后一刻，这些记录应该用于校样中他的主人公伯多特之死，使之更富有立体感，更真实可信，应该用于去表现一些非常神秘的细节，那些一个人生命最终的东西，诗人无法知道这些，只有垂死的人才知道。他最后的活动还是观察。在死者夜间用的桌子上，药品翻倒，脏分分的一片，人们找到字迹难以辨认的纸片，上面是他用半冻僵的手写出的最后字句。这是为新一卷做的笔记，它可能耗去一年的时光，现在属于他本人的仅有几分钟了。他就这样捆了死亡的耳光：艺术家露出最后的庄严表情，他战胜了对死亡的恐惧，对死亡进行了窥视。

【苏联】塔·苏霍津娜·托尔斯塔娅
郭家申 译

遥远的回忆①

　　常言说：在亲人的眼里没有伟人。在女儿的眼里，托尔斯泰是个什么形象呢？塔季娅娜·苏霍津娜·托尔斯塔娅（1864～1950）是托尔斯泰的长女，也是父亲的谈心朋友。在她的记忆里，父亲在生活中朴素得像个农民，在创作时又神秘得深不可测。几则小杂记中，有尊敬、有教训、有趣事，就是缺少一点……亲切。

占 卜

　　这件事发生在父亲的晚年，当时他正在写最后一部长篇小说《复活》。

　　一次，我走进他的书房，看见他正在往桌子上摊牌。父亲为了休息或是思考一下写出来的东西，经常做占卜的游戏，但是他将牌摊好之后，仍然继续在想着自己的心事。他在心里估算：如果占卜中了，他将这样做；如果占卜不中，那就要换一种方式做。

　　我知道他有这个习惯，于是问道：

　　"你正在想一件什么事吧？"

　　"是啊。"

　　"想什么呢？"

　　"是这么回事。如果占卜中了，聂赫留多夫就跟卡秋莎结婚；若是占不中，就不能让他们俩结婚。"

　　等父亲占卜完毕，我问他：

　　"结果怎么样了？"

　　"瞧，"他说，"占中了，但卡秋莎不能嫁给聂赫留多夫……"

　　接着他给我讲了普希金生活中的一段趣闻，是他的朋友麦谢尔斯卡娅公爵夫人告诉他的。"有一次，普希金对公爵夫人说：'您猜我的塔季娅娜最后怎么样

----

① 选自严永兴编选《世界散文随笔精品文库·俄罗斯卷·白天的星星》，中国社会科学出版社，1993年版。

了？她拒绝了奥涅金。这件事我万万没有料到。'"

"这就是说，"父亲说，"人物一经作家塑造出来，他便开始了独立自主的生活，不再受作者的意志支配了。作者只能根据人物的性格行事。这就是为什么我的卡秋莎和普希金的塔季娅娜只能根据自己的而不是作者的意愿行事的原因。"

"不过，"我寻思道，"要塑造出栩栩如生的人物来，必须得是普希金……或托尔斯泰才行。"

乏味的艺术

如果一幅画、一出戏、一本书将所有的细节都表现出来——通常会使人感到乏味的。

反之，如果作者只表现出作品的主要方面，把余下的部分留给观众或读者去想象，这样他们就会觉得自己是在跟作者一起进行创造。

"要在艺术里得到真金，"父亲说，"必须搜集大量材料，然后再用批评的筛子加以筛选。"

父亲非常喜欢援引一句法国话："请原谅我写得太长，我实在没时间写得短一些。"

众所周知，莎士比亚那个时代谁也不会去制作富丽堂皇的布景。只需在一根柱子上标明该"布景"意味着什么就够了。谁能说当时这样做就影响了观众对剧目的欣赏，而不如按时代环境的要求，将当时所需用的每一件道具全搬上舞台更好呢。

父亲举出两种描写的例子：一种不好的，一种好的。

他从一部法国长篇小说中找出几页描写烤鹅的气味的段落。

"当然，"父亲说，"直到最后一页，鼻子里老闻到一股烤鹅的气味，但这是创造印象的真正方法吗？还记得荷马是怎样描写海伦的美丽的吗？'海伦走了进来，她的美丽使老人们肃然起敬。'普普通通的一句话，但您从中可以看到，老人们在这种美的魅力面前也不禁肃然起敬。用不着去描写她的眼睛、嘴巴、头发等。每个人都会用自己的方式去想象海伦的形象。但是每个人都感受着这种连老人们也不禁为之肃然起敬的美的力量。"

最后，父亲援引了伏尔泰的一句话："乏味的艺术——就是把话说尽。"

农　夫

平时父亲总是穿着那件宽大的上衣，冬天出门时穿一件皮袄。他这样打扮为的是跟普通人更容易接近，使大家在跟他交往时感到彼此之间差不多。但有时候

名
人
画
像

由于他的这身打扮也发生过一些误会,譬如就有过这样一件事。

土拉要上演《教育的果实》这出戏,说好是为少年罪犯教养院演出的,要我在剧里担任一个角色。我同意之后就经常从雅斯纳雅·波良纳去参加排练。

有一次在排练的时候,看门人告诉我们,有一个人非要进来不可。

"是一个老农夫,"他说,"我对他说了,这儿不能进,可他偏不听。我想,他一定是喝多了……告诉他这儿不是他来的地方……可是怎么跟他说也说不通……"

我们当即猜到这个农夫是谁了。使看门人很不高兴的是,我们吩咐他立刻放这个农夫进来。

几分钟之后,我们看见我父亲进来了,一面笑着说,因为衣服的关系,人们怎样瞧不起他。

比你还蠢吗?

年轻时我跟许多和我年龄相仿的人一样,自视过高,目中无人,待人严,对己宽。父亲见此很不高兴。他决心以自己素有的委婉的方式纠正我的这个毛病。每次当我对人的品评过于轻率和肤浅时,父亲一般总要反问我一句。

"这个人真蠢。"我说。

父亲若无其事地说:"比你还蠢吗?"

当我谈到某个男人简直叫人无法忍受,谈到某个女人简直不像样时,父亲总是反问一句:

"比你还叫人无法忍受吗?比你还不像样吗?"

我分明知道他责备的意味,但我不愿承认这一点,常常生硬地回答说:

"是的,比我还蠢,比我还叫人无法忍受,比我还不像样。"

但父亲的话后来对我帮助很大。至今我还能记住这些话就是明证。

爸爸接受"茶钱"

从莫斯科到雅斯纳雅·波良纳有200公里。这段路程父亲有时候徒步行走。他喜欢步行。背上搭个口袋,长途跋涉,跟沿途流浪的人们结伴而行,谁也不知道他是谁。路上的行程一般需要5天。沿途食宿经常在车马大店或随便一个什么住处就便解决。如果赶上火车站,他便在三等车厢的候车室内歇歇脚。

有一次,他正在这种车站候车室里休息,忽然想到月台上走走,这时刚好有一辆客车停在那里眼看就要开车了。父亲忽然听见有人在招呼他:

"老头儿!老头儿!"一位太太探身车窗外在喊他,"快去女盥洗间把我的手提包拿来，我忘在那儿了……”

父亲急忙赶到那里，幸好，手提包还在。

“多谢你了，”那太太说，“给，这是给你的赏钱。”于是递给他一枚5个戈比的大铜钱。父亲不慌不忙地装进了口袋。

“您知道您把钱给谁了吗？”一位同行的旅伴问这位太太。他认出了这个风尘仆仆的赶路人就是大名鼎鼎的《战争与和平》的作者。“他就是列夫·尼古拉耶维奇·托尔斯泰呀。”

“天呀！”这位太太叫道，“我干的什么呀！列夫·尼古拉耶维奇！列夫·尼古拉耶维奇！看在上帝的分上，原谅我吧，请把那枚铜钱还给我！把它给您，真不好意思。哎呀，我的天，我这干的是什么呀！……”

“您不用感到不安，”父亲回答说，“您没有做错什么……这5个戈比是我挣来的，所以我收下了。”

火车鸣笛了，开动了，它把一直在请求父亲原谅并希望将那5个戈比要回去的太太带走了。

父亲微笑着，目送着远去的火车。

他没有打喷嚏

爸爸打喷嚏时声音像炸弹爆炸一样响，整个住宅都能听见。如果是在夜晚，妈妈突然被吵醒，受他这么一惊，一夜就别再想合眼了。

“当你夜间想打喷嚏的时候，”妈妈对父亲说，“先轻轻地把我推醒，这样我就可以再次入睡。”

父亲答应了她。

有一次夜里他要打喷嚏了，于是便轻轻地叫醒了妻子。

“索妮娅，”他说，“不要怕，我现在要打个喷嚏。”

妈妈醒了过来，仔细地倾听着。两分钟、三分钟、五分钟……过去了。什么也没发生。她俯身一看，只听见爸爸均匀的呼吸声。打喷嚏的愿望已经过去，他又安然地进入了梦乡。

《草帽》

有一个时期父亲对戏剧很感兴趣。有一次他去皇家小剧院看拉比什[1]的闹剧《草帽》。当时父亲正在写喜剧《教育的果实》。

名人画像

---

① 拉比什（1815～1888），法国剧作家。

剧场休息时，他在休息室遇上一位认识的教授。那人觉得看这种庸俗低级的戏时被托尔斯泰撞见是很尴尬的。

"列夫·尼古拉耶维奇，您也来看这种乌七八糟的东西了。"他苦笑着说。

"我一直幻想着能写出这么一个东西，"父亲说，"但可惜我没有这个才气。"

自行车

父亲喜欢各种运动。上个世纪末，当自行车开始流行的时候爸爸也弄到了一辆，冬天他就到莫斯科马涅什广场去骑。

"我遇到一件非常滑稽的事，"他叙述说，"只要我前面出现一个障碍，偏偏就会有一种不可抗拒的力量使我的车子朝它冲去，准保最后撞在上面，尤其是对那位跟我一样刚学骑自行车的胖太太。她头上戴着帽子，上面插着羽毛，只要我一看见她头上的羽毛在飘动，我就感到——我的自行车朝她一个劲儿地冲去。这位太太大声地尖叫着，尽量要躲开我的撞击，但是毫无用处。若不是我及时地跳下车来，非把她撞倒不可。这样的情形已经发生过好几次了。现在我尽量揣摩着在她不在的时候再去马涅什广场练车。我反问自己，"他说，"这是一条不可抗拒的规律吗——越是想躲开它就越把你吸引过去？"

【俄国】布宁

李曦 译

契诃夫轶事①

作家和作家在一起，自然少不了聊创作，况且又是惺惺相惜的朋友。布宁笔下的契诃夫，提起托尔斯泰，谦卑得那么调皮；诉说自己的创作时，又自信得那么可爱。看似信笔淡描，人物个性已栩栩如生。

布宁（1870～1953），俄国作家，十月革命后流亡巴黎，1933年"由于他严谨的艺术才能，使俄罗斯古典传统在散文中得到继承"而获诺贝尔文学奖。

他的自尊感和独立性都很强。但他没有特别地表现它，因为它就像镭一样从他身上放射出来。他虽然尊敬很多人，推崇很多事，却不畏惧他们，而仅仅畏惧（如果要用这个不很恰当的字眼的话）托尔斯泰一个人，就像人们害怕他们所热爱的，或者所崇拜的人一样。他不止一次地说：

"您只要想一想，这是他，是他写安娜自己在感觉、在看，她的眼睛在黑地里是怎样闪闪发光啊！

"说实在的，我怕他。"他说，微笑着，好像为这种畏惧而高兴。

还有一次，他为了去见托尔斯泰，花了几乎一个钟头的时间来决定穿什么样的裤子。他摘了眼镜，显得很年轻，按照他的脾气，把开玩笑和心中严肃的想法夹在一块儿说。他从卧室里进进出出，一会儿穿这条裤子，一会儿又穿另一条。

"不，这条裤子窄得不像话！"他说，"他会以为我是个下流作家。"

于是他进去换了一条，又走出来，笑着说：

"这一条又宽得跟黑海一样！他会想我是个无赖……"

我在雅尔达住了很久，几乎是全部时间都在他家度过。我常常在他那儿坐到深夜才离开，他还说：

"明天请您早一点儿来。"

名人画像

---

① 选自李文俊主编《外国散文名篇欣赏》，中国青年出版社，1993年版。标题为编者所拟，原题"摘自札记"。

他的声音不太清楚，他说话也常常不带语气，只是轻轻地，好像在嘴里喃喃地说着。有时真难了解，他是不是在诚心说话。所以我有时候就拒绝他的邀请。这时，他会摘下眼镜，把手按在胸前，一字一句地重说一遍，苍白的唇上露出隐约可见的微笑：

"布吉尚①先生，我恳切地请求您来！您要是觉得和我这个'被遗忘的、老朽的作家'在一起太无聊的话，那您可以跟我的妹妹玛莎，跟我的妈妈（她非常喜欢您）或跟我的妻子——匈牙利女人克尼普希茨坐坐。我们可以一起谈谈文学……"

我很喜欢他。这种固执使人感到亲切。我常常去找他，而且常常是这样的：我们在他的书房里看报（他订了许多报纸），默默地坐整个上午。偶尔也能在报纸上看到一些有关我的话，而且经常是写得很蠢。这时他马上会安慰我，使我很感动。他说：

"他们写我时就更蠢，骂我也更凶。要不然就是一整年一个字也不提起我……"

有这样的事，人们发现我有"契诃夫情调"。他活跃起来，甚至激动了，他用热烈的语调叫了起来：

"咳，这有多么蠢！唉，多蠢啊！别人也一直说我有'屠格涅夫情调'。我和您，就跟一般的猎狗和机灵的猎狗一样。我从您那儿一个字也偷不过来。您比我更敏锐。看，您能写'海发出西瓜的香味……'写得真妙，我就无论如何也说不出来。您是贵族，是'俄罗斯一百个文学家中'②最后的一个。而我呢，却是平民，并'以此自豪'③。"他引用自己讲过的话，笑着说，"至于谈到描写女大学生，那就是另一回事了。"

"什么女大学生？"

"您记得我和您一块编过的那个故事吧：天气炎热，哈尔科夫附近的草原，一列很长的邮车正在奔驰着……您补充说，一个腰束皮带的女大学生站在三等车厢的窗边，吹着一杯热茶。茶水顺风飘到从另一个窗子探出头来的一个胖绅士的脸上……"

就是这种对艺术细节的构思把我们紧连在一起了。他对这种构思非常感兴趣，可以一连两三天用称赞的口气不断重复这种成功的艺术特点。光是这一点就使我永远不会忘记他，使我因失掉了他而永远感到痛苦。

---

① 契诃夫对布宁的戏称。

② 契诃夫是指《俄罗斯100个文学家》一书（从18世纪起的100个作家的传略和照片），1891年出版。

③ 引自契诃夫小说《在庄园里》。

他喜欢反复强调，一个人如果不写作，不经常处于那种能打开艺术家眼界的艺术气氛里，那么，即使他有所罗门王的聪明，也会感到自己是空虚和无能的。

有时候，他从抽屉里拿出札记本来，扬起头，夹鼻眼镜闪着光，他把本子在空中摇着说：

"整整100个题材！真的，先生！我不像你们年轻人！我是工作者！您想要吗？卖给您两个题材？"

有一个作家诉苦说：他开始写作时是那么软弱、差劲，他惭愧得简直要流泪。

"唉，您说什么，您说什么啊！"契诃夫叫道，"开始时差劲，这才好！您要知道，如果一个初起的作家马上就写出好作品，那他就没有前途了，写作就完了。"

他热烈地证明道：成熟得又早又快的人只有那些天才；再不就是有能力的人，也就是说，是那些没有独创性的、实际上是无才华的人。因为能力本身多半就是善于适应，它容易生存。而才华却像一切活的东西一样，它生长着，逐步寻找表现它的途径，也常常迷路……

"哎呀，我胡说了些什么呀。上帝啊，我胡扯了些什么呀！"他说。

他一生中有过热烈的、"浪漫主义的"、盲目的爱情吗？

我想，没有。这是很值得注意的。无疑地，他是会渴望这种爱情的。他了解女人的心达到惊人的地步，对女性的感觉是极其敏锐和细致的。他按自己的理想所塑造的形象中，就有许多是很迷人的。很少有人能像他那样跟女人交谈，能那样感动她们并且和她们亲近……

原因是不是就在于上帝给了他一双很锐利的眼睛呢？

他在札记本里写道："爱情，这或者是某种过去曾是伟大的东西的遗迹；或者是将来会变成伟大的东西的因素；而现在呢，它不能满足你的要求，它给你的比你所期待的要少得多。"

他对死是怎样想的呢？

他再三地向我说明，永生以及生命在死后还会以别种形式存在，这都是胡说。

"这是一种迷信。而一切迷信都是可怕的。应当清醒大胆地思考。不管怎么样我得跟您讲清这一点。我跟您说，就像2乘2等于4一样，永生等于胡说。"

可是后来，他又好几次地告诉我一个完全相反的意见：

"无论如何我们是不会毫无痕迹地消失的，我们在死后一定还会活着。永生是事实。您等着瞧吧，我会证实给您看。"

但是他并没有证实这一点。

他在最后的日子里,常常幻想着,甚至说出声音来:

"做一个流浪汉、漂泊者,朝朝圣地,移居到林中湖旁的修道院里,在夏天的傍晚,搬一条凳子在修道院的大门口坐坐,能这样有多好啊……"

直到临死前他的心还是这样!

10年前的6月中旬,我还在乡下住的时候接到他最后的一封信。信很短,差不多跟通常一样的幽默,而且还告诉我,说他感到身体不错,说人家还替他定做了一件白的西装上衣……

7月4日我骑马到村里的邮局去,取了报纸和信,然后绕道到铁匠那儿去给马换掌。这是一个闷热的、令人头晕的草原上的白天,天空灰沉沉的,吹着灼热的南风。我在铁匠小木房的门槛上坐了下来,打开报纸,突然间好像有一把冰刀刺着我的心……

1914年6月

【捷克】塞弗尔特

杨乐云 译

穿着拖鞋出走①

　　这里，又有两位作家离家出走了，他们原本都是去给生病的妻子买药的，结果却人影全无。魏尔伦（1844～1896）是法国象征派诗人，哈谢克（1883～1923）是捷克作家，他们似乎没有托尔斯泰那样强烈的内心冲突，就这么"莫名其妙"地从家里逃出来，在外面逛一圈又回去了。回去后的魏尔伦，诗写得更好了；离家时的哈谢克，写出了誉满全球的名著《好兵帅克》。暂时脱离枯燥的生活秩序，偷窃一点自由的快乐，是作家心灵的润滑剂吗？不然，他们怎么像厌学出走的小学童一样，突然想要逃离既定生活轨道呢？

　　塞弗尔特（1901～1986），捷克诗人，1984年因"他的诗富于独创性、新颖、栩栩如生，表现了人的不屈不挠精神和多才多艺的渴求解放的形象"而获诺贝尔文学奖。

　　1872年7月7日，星期天，保尔·魏尔伦②上街去给患病的妻子玛蒂尔达买药，药店就在附近。在短短的路程中，他不幸遇上了韩波③。韩波没费多少口舌就说服了魏尔伦弃家出走，同他一起去比利时旅行。魏尔伦于是未去药店，却和韩波径直到了火车站。玛蒂尔达徒然地满巴黎找了他3天，走遍朋友家，甚至停尸间都去找过了。后来才知道丈夫同《醉舟》的作者一起，到邻国比利时去了。

　　上街买药——我这里要记述的一件往事使我不由得想起了诗人魏尔伦。看来，有些作家的妻子假如病了，是不宜打发丈夫出去买药的。

　　不过，我得从另一处讲起。

　　第一次世界大战后期，我们住在日什科夫区胡斯大街一栋简陋楼房的一套

　　① 选自李任中、黄中林编《二十世纪巨人随笔·文学家卷·素昧平生的友人》，光明日报出版社，1995年版。

　　② 魏尔伦（1844～1896），法国诗人，象征派诗歌代表。魏尔伦意志薄弱，曾偕同诗人韩波流浪到英国和比利时。后来交恶，魏尔伦枪击韩波，被判处两年徒刑。

　　③ 韩波（1854～1891），法国诗人，著名长诗《醉舟》是他后期的作品。

名人画像

简陋住所里。这栋破旧房屋地处转弯角上，我们那套住所有个莫大的也是唯一的可取之处：阳台和厨房的窗户都对着维特科夫山开阔的山坡。山坡上，从铁路边缘起，长着成片成片的金链花，春天开出浓密艳丽的黄色花朵，虽然不香，但波浪似的满山都是，景色绝美。弗拉尼亚·什拉麦克①曾写过一首优美的咏金链花的诗。金链花谢了之后，铁路两侧洋槐花的甜香便涌进了我家的窗户。整栋房屋、阳台和晦暗的小院子都弥漫着这股甜香。一堵高墙把小院子同铁路的路基隔开。高墙已断裂，墙边建了一些堆煤的木棚屋。春天的芳香在这里很需要，院子又小又阴暗。战争期间，房客们在这儿养了一群母鸡，它们徒劳无益地用小爪子刨着石头地面，啄食墙上的灰泥。在这里，大白天也不时有耗子跑出来同母鸡分食房客们从阳台上扔下的残羹剩菜。到了傍晚天快黑的时候，母鸡便一只只奔到院门旁边，耐心地等待着谁走来给它们开门，然后一窝蜂拥向楼梯，惹人发笑地一级一级蹦上楼去，准确无误地找到各自的楼层和家门。即使快要下蛋了，母鸡也一级一级地蹦，然后慌慌张张钻进家里，接着整座房子便回响着它那欢乐的母性的歌声，歌唱它创造了奇迹：一个小小的但在战时却非常珍贵的宝贝儿。

　　若问母鸡养在哪儿？或者在厨房里，或者绝大多数都在那间狭小、幽暗的食品储藏室里。这里的一扇窗户对着臭烘烘的天窗，无法储存食物。不过，战争期间谈得上什么食物啊！

　　我家一间小屋的窗子朝着嘈杂的街道，正同金天使饭馆隔街相望。饭馆的镀金浮雕挂在它的门额上。那座房子里住着弗朗基谢克·绍埃尔，日什科夫区大名鼎鼎的人物，一个和善的人，晚年还写过一本书，记叙他不平凡的一生。

　　战争结束了。雅罗斯拉夫·哈谢克回国后不久，就同他从俄国带回来的第二个妻子搬进了绍埃尔家。有个从来都喜欢故弄玄虚的人说她是公爵夫人。她看上去不像。我们两家的窗户遥遥相对，我们能看到他们家左面的后屋和舒拉太太——日什科夫的街坊们都这样称呼她，总见她蛮有兴致地瞧着熙熙攘攘的街道上捷克人的生活。

　　隔了一座房子住着我的同学和朋友伊万·苏克。我只要站在阳台上吹一声口哨，苏克就会出现在他家的阳台上。我们两个常常一块儿玩台球。苏克住的那座楼里有一家小饭馆。不知为什么，大伙儿管它叫"顽石饭店"。那里的一位房客是个玩台球的行家，待人和蔼，他教会了我们玩台球的门道。

　　雅罗斯拉夫·哈谢克有时也上这家饭馆里来。他呆不长久，这里离他的妻子太近了。妻子总是徒劳无益地想把哈谢克留在家里。一次，有人问哈谢克为什么不上金天使饭馆，他不以为然地说那里要爬楼。实际上，金天使饭馆只有三级台阶。

---

　　① 弗拉尼亚·什拉麦克（1877～1952），捷克诗人。

一个夏天的晚上，哈谢克衣冠不整地走进了饭馆。他只穿了件衬衫，趿着拖鞋，裤子用手提着。他坦率地告诉大家，说妻子舒拉把他的皮鞋、背带和外套全都锁起来了。他这是上药房去买药，妻子患病，医生开了药方。他随身带了个酒瓶，说是就便捎瓶酒回去。没等店主人把酒瓶灌满，也没等站着把一杯啤酒喝尽，他就同我们玩起台球来了。他玩得非常糟糕。喝完第三杯啤酒之后，他下了决心，说非去买药不可了，舒拉在等着哩，酒瓶嘛先放在这儿，等他买药回来时取走。他没有回来。

两天后，有人果断地敲我们家的大门。门外站着面有愠色的舒拉，她气冲冲地问道：

"雅娄谢克①在哪儿？"

后来她对着我的母亲哭了一会儿，抹抹眼泪走了。

不，哈谢克并没有遇上什么韩波，也没有跑到国外去。一个星期之后他回家了。带回一瓶啤酒，可是没有药。反正药也不需要了。他的妻子已经恢复了健康。甚至健康得过头啰！他大笑着补了一句。

在这段时间里，哈谢克趿着拖鞋、没穿外套，在夏天的布拉格久久地游荡，当然去了所有可能去的饭馆，在朋友和伙伴们中间——他们丝毫没有看重他的创作——写了满满一练习本的《好兵帅克》。他伏在桌子一角写稿，写完几页就由伙伴中的某一个送去给出版商西内克。出版商按交稿数量，付给他相应的稿酬。当然一个克朗也不会多给。哈谢克以此打发一天或一个晚上，第二天他若不愿意对着空杯枯坐，就得提笔再写。

这样的创作条件不禁令人产生疑问：假如哈谢克有个清静的环境，坐在书桌前舒舒服服地写作，他的这部作品可能会是什么样呢？然而，这是永远无法解答的、致命的"假如"。有可能假如哈谢克不是在泼洒着啤酒的桌面上、在酒肆饭馆的喧闹声中，在一群贪杯的朋友之间为了挣几十个克朗买啤酒而从事写作的话，这部作品也许不会问世，哈谢克就不会是誉满欧洲的哈谢克了。

大家知道，哈谢克不久之后就去世了。舒拉太太也去世了。哈谢克忠心耿耿的朋友、很有耐性的弗朗基谢克·绍埃尔也去世了。唯有帅克，这个胖乎乎、性格外向、绝对不懂得粉饰现实的循环性精神病患者——正如封·德拉切克教授给帅克作的诊断中所说的——却活在人间，快活地不仅朝着普津姆②前进，而且几乎远行全世界，走向他从来没有打算要去的地方。

名人画像

① 雅罗斯拉夫的昵称。

② 捷克布杰约维采附近一个小镇。

未经审察过的生活是不值得过的
———— 苏格拉底
己所不欲，勿施于人
———— 孔子

The **voice**
人类的声音
of human being

【古罗马】奥勒留

何怀宏 译

沉思录①

奥勒留（121~180），古罗马皇帝、哲学家。柏拉图在《理想国》里设想的爱哲学甚于爱政治的"哲学家帝王"，似乎在奥勒留身上得到了验证。《沉思录》是一本充满人生智慧的使人高尚的书。

每时每刻都要坚定地思考，就像一个罗马人，像一个赋有完整而朴实的尊严，怀着友爱、自由和正义之情感去做手头要做的事情的人那样。你要摆脱所有的思想。如果你做你生活中的每一个行为都仿佛它是最后的行为，排除对理性命令的各种冷漠态度和强烈厌恶，排除所有虚伪、自爱和对给你的那一份的不满之情，你就将使自己得到解脱。你看到一个人只要把握多么少的东西就能过一种宁静的生活，就会像神的存在一样；因为就神灵来说，他们不会向注意这些事情的人要求更多的东西。

你必须总是把这记在心里：什么是整体的本性，什么是我的本性，两者怎么联系，我的本性是一个什么性质的整体的一部分；没有人阻止你说或者做那符合本性（你是其中的一部分）的事情。

虽然你打算活3000年，活数万年，但还是要记住：任何人失去的不是什么别的生活，而只是他现在所过的生活；任何人所过的也不是什么别的生活，而只是他现在失去的生活。最长和最短的生命就如此成为同一。虽然那已逝去的并不相同，但现在对于所有人都是同样的。所以那丧失的看来就只是一单纯的片刻。因为一个人不可能丧失过去或未来——一个人没有的东西，有什么人能从他手中夺走呢？这样你就必须把这两件事牢记在心：一是所有来自永恒的事物犹如形式，是循环往复的，一个人是在100年还是在两千年或无限的时间里看到同样的事物，这对他都是一回事；二是生命最长者和濒临死亡者失去的是同样的东西。因为，唯一能从一个人那里夺去的只是现在。如果这是真的，即一个人只拥有现在，

① 选自奥勒留《沉思录》，海南出版社，2002年版。

那么一个人就不可能丧失一件他并不拥有的东西。

在人的生活中，时间是瞬息即逝的一个点，实体处在流动之中，知觉是迟钝的，整个身体的结构容易分解，灵魂是一涡流，命运之谜不可解，名声并非根据明智的判断。一言以蔽之，属于身体的一切只是一道激流，属于灵魂的只是一个梦幻，生命是一场战争，一个过客的旅居，身后的名声也迅速落入忘川。那么一个人靠什么指引呢？唯有哲学。而这就在于使一个人心中的神不受摧残，不受伤害，免于痛苦和快乐，不做无目的的事情，而且毫不虚伪和欺瞒，并不感到需要别人做或不做任何事情。此外，接受所有对他发生的事情，所有分配给他的份额，不管它们是什么，就好像它们是从那儿，从他自己所来的地方来的；最后，以一种欢乐的心情等待死亡，把死亡看做不是别的，只是组成一切生物的元素的分解。而如果在一个事物不断变化的过程中元素本身并没有受到损害，为什么一个人竟忧虑所有这些元素的变化和分解呢？因为死是合乎本性的，而合乎本性的东西都不是恶。

【德国】歌德

程代熙 张惠民 译

格言与感想①

　　歌德（1749～1832），德国诗人、思想家、文学巨人。青年时期的书简体小说《少年维特之烦恼》，打动了无数渴望叛逆之爱的青年；中年时期的《威廉·麦斯特的学习时代》是一本最好的教育小说；历时60年到逝世前一年才完成的诗剧《浮士德》是一部关于人性的庄严圣歌。大量的抒情诗烛照人心；自传《诗与真》，生活与艺术漫谈《歌德谈话录》《格言与感想》以丰厚的智慧启迪后学。一生活力充沛，站在德国古典文学乃至世俗生活的顶峰，梅林说歌德对于德国文化，好比太阳对于大地。恩格斯称他为文学的"奥林匹斯山上的宙斯"。

1. 生活与性格

　　凡是值得思考的事情，没有不是被人思考过的；我们必须做的只是试图重新加以思考而已。

　　一个人怎样才能认识自己呢？绝不是通过思考，而是通过实践。尽力去履行你的职责，那你就会立刻知道你的价值。

　　只要你告诉我，你交往的是些什么样的人，我就能说出，你是什么人。我只要知道你是干什么的，我就知道，你能成为什么样的人才。

　　始终不渝地忠实于自己和别人，就能具备最伟大才华的最高贵品质。

　　谁接受纯粹的经验并且按照它去行动，谁就有足够的真理。就这个意义上说，正在成长中的孩子是聪明的。

　　知识的历史犹如一支伟大的复音曲，在这支曲子里依次响起各个民族的声音。

　　并非凡是有水的地方都有青蛙；但是有青蛙的地方总会找到水。

---

　　① 选自《歌德的格言和感想集》，中国社会科学出版社，1982年版。

2. 文学与艺术

现代最有独创性的作家，原来并非因为他们创造出了什么新东西，而仅仅是因为他们能够说出一些好像过去还从来没有人说过的东西。

有许多思想仅仅是从一般的文化修养上产生出来的，就如同幼芽是长在绿枝上一样。在玫瑰开花的时节，你到处都可以看到盛开的玫瑰。

可能有广采各家之言的哲学家，可是却没有采纳各家之言的哲学。

历史给我们的最好的东西就是它所激起的热情。

只要人越来越堕落，文学也就一落千丈。

在每一个艺术家身上都有一颗勇敢的种子。没有它，就不能设想会有才能。

在真正的艺术领域里，是没有什么预备学校的，不过却有一条预备的途径。最好的预备途径就是最低能的学生对老师作品的兴趣。研磨颜料的人常常会成为优秀的画家。

就最高目标本身来说，即使没有达到，也比那完全达到了较低的目标要更有价值。

美是自然的秘密规律的表现，没有美的存在，这些规律也就绝不会显露出来。

要想逃避这个世界，没有比艺术更可靠的途径；要想同世界结合，也没有比艺术更可靠的途径。

3. 科学

我们的忠言是：每个人都应该坚持走他为自己开辟的道路，不被权威所吓倒，不受行时的观点所牵制，也不被时尚所迷惑。

最大的蠢事是：每个人都认为自己必须把人人皆知的事情传给世人。

一个人想欺骗人类，首先必须化腐朽为神奇——这真是一语破的。

时代是在前进，但人人却都是在重新开始。

科学给我们的帮助首先表现在，它多多少少减轻了我们对大自然的惊讶之感；其次，当生活越来越复杂时，科学又以新的技巧使我们可以避祸得福。

4. 人论

自然！她环绕着我们，把我们拥抱在她的怀里：我们既离不开她，又无力更接近她。尽管我们并未请求她，也未命令她，她却带着我们不停地跳舞而且舞步如飞，直到把我们弄得精疲力竭，倒在她的怀里为止。

人是最执著的矛盾事物，你无法强迫他去接受好处，可是对于迫使他受害的一切事物，他却唯命是从。

真理属于个人，谬误属于他的时代。这就是为什么有人说，时代的不幸造成了他的谬误，而他的灵魂的力量却使他体面地摆脱了谬误。

在所有的民族中，希腊人的生活之梦是做得最好的梦。

我们的一切追求和作为都是一个令人厌倦的过程。做一个不识厌倦为何物的人就好。

164

【英国】斯威夫特

王佐良 译

零碎题目随想①

斯威夫特（1667～1745），英国最杰出的讽刺作家。代表作是寓言体小说《格列佛游记》。他的一些零散的短文和时评透视人性，机锋四射，正话歪说，妙语连珠，深受读者喜爱。

1

我们身上的宗教，足够使彼此相恨，而不够使彼此相爱。

3

如何能期望人类接受劝告，当他们连警告都不肯接受。

9

一个真正的天才出现于世界，可以根据下列现象来判断，即所有的笨蛋勾结起来反对他。

12

人受社会指责时，有三种对付方法：不屑一辩，对骂，改正。不屑是假的，改正不可能，所以通常采用第二法。

21

人常被说成是不认识自己的弱点，但恐怕也没有几个人认识自己的长处。这情况有如土地，有的地含有金矿而主人不知。

---

① 选自王佐良主编《并非舞文弄墨——英国散文名篇新选》，三联书店，1996年版。

23

少年之才，在于发明；老年之才，在于判断。值得判断的东西越来越少。判断者也就越来越难讨好。如此变化，贯穿一生。等我们老了，朋友们发现更难于使我们高兴，同时也不在乎我们是否高兴了。

24

没有一个聪明人希望自己变年轻些。

25

即使最好的行为，其动机也不堪细察。人们承认：大多数行为，不论好坏，其原因都可归结为对己之爱。不过有的人因爱己而去使别人高兴，有的人则一心只管自己高兴。这就是德行与恶行之间的大区别。宗教是一切行为的最好动机，但宗教也是爱己的最高范例。

28

许多男人和大多数女人之所以说话流利，是因为他们能说的内容少，能用的词儿也不多。任何人如善于运用语言或有丰富的思想，讲起话来总不免犹豫，因不知选用什么想法或哪个词儿才好；而普通人只有一套想法和一套表达这类想法的词儿，所以总能开口就讲，犹如人们能很快走出一座空的教堂，碰上教堂门口站着一群人就无法快了。

35

大人、小孩以及别的动物的消遣办法，大多数都是模仿打仗。

37

读到一段文章合我之意，我说：作者写得真好；而不合我意时，我就说：作者大谬。

40

问题：教堂是否除了是死者的寝室，也是生者的宿舍？

41

有时我读书，喜其文章而憎其作者。

智者箴言

【英国】斯威夫特

王佐良 译

预拟老年决心①

166

老年人似乎不可避免的那些事情，斯威夫特偏要下决心不做。我们不必追究作者到了晚年是否真的信守诺言，因为他的目的只不过是让中年人小心、让老年人脸红罢了。

不娶年轻老婆。

不同年轻人做伴，除非人家真心要求。

不暴躁、发愣，或多疑。

不嘲笑当今的风气、俏皮话、时装、人物、战争等等。

不亲儿童，或让他们随便接近。

不对同样的人老说同样的故事。

不贪婪。

不可忽略体面、清洁，否则会脏得不堪。

不可对年轻人太严厉，而要谅解他们的蠢事、弱点。

不听不老实的仆人之流搬弄是非的话，更不受他们影响。

不轻易替人出主意，也不麻烦人，除非人家自己愿意。

要请几个好友告诉我这些决心有哪一条我没遵守或忽略了，在哪一点上，并且立即改正。

不可多言，不要老谈自己。

不夸自己以前如何英俊，如何强壮，如何得到小姐太太们的青睐，种种。

不听谄言，不幻想还会有年轻女人爱自己。要憎恨那些伸手来抓遗产的人。

不可武断，或固执己见。

不可摆起一定会遵守所有这些条条的架子，很可能一条也遵守不了。

---

① 选自于晓丹主编《世界散文随笔精品文库·英国卷·玫瑰树》，中国社会科学出版社，1994年版。

【法国】霍尔巴赫
单志澄 周以宁 译

袖珍神学①

　　霍尔巴赫（1723～1789），法国哲学家，无神论者。《袖珍神学或简明基督教词典》是一本揭开教会假面具的讽刺性"魔鬼词典"，采用诠释宗教术语的词典编撰法，嬉笑怒骂，老辣深刻。

　　人　按通常的定义，人是有血有肉的动物，用两足行走，能感觉、思想和判断，但是，在福音书和让–雅克·卢梭看来，人不应该感觉、思想和判断；甚至应该匍匐而行，好让教士轻快地骑在他身上。

　　地狱　是一个炉灶，上面放着僧侣的热锅。它是教士的专用灶。天父、教士的大厨师，很关心改善僧侣的营养，他把自己的那些不规规矩矩地注意僧侣的诫命的孩子放在烤锅上。

　　财富　是得救的道路上的不可克服的障碍。富人通常有一个过于肥大的肚子，进不得天堂的窄门。如果他要向这方面努力，他就应该吃斋，或者把自己交给教士；教士善于取掉他的脂肪，使他瘦削，从而挤进得救的小窗户。

　　驴　是长耳朵的畜牲，其特点是耐心和蠢笨。这是基督徒的真正的原型。基督徒像驴一样，其特点是耐心和蠢笨，应该忍受鞭打和背十字架。耶稣曾骑着肯定不是他的驴驹子光荣地进入耶路撒冷；他想用这一行动宣布：神职人员有权骑在男女基督徒身上，可以鞭打他们，一直到打死。

　　思想自由　它应该受到严厉镇压。教士领取代人思想的报酬，而信徒则是储蓄银钱，以备付给代他们思想的人。

　　科学　这个有害的东西最好从每个基督教国家中除掉。被科学充满的人爬不进天堂的窄门。只有关于救度的科学是必要的；它很容易掌握，只要听僧侣摆布就行了。

　　哲学家　是忠于智慧和健全理智的，因而是坏蛋、贼、骗子。社会应该使仇视教会的人受火刑。这些恶棍竟提醒人们当心：在尘世，不要两眼朝天而被掏走

① 选自保尔·霍尔巴赫《袖珍神学或简明基督教词典》，商务印书馆，1996年版。

钱袋。

逻辑 俗人以此称呼思维的艺术，而神学家则用来称呼使自己糊涂或强迫别人拒绝健全理智的艺术。神学家的逻辑在它以火刑和武器为后盾的时候有特别大的说服力。

【英国】布莱克

飞白 译

地狱箴言①

　　布莱克（1757~1827），英国浪漫主义诗歌的先驱。因为个性不受约束而没有进过正规学校，终身以绘画和雕刻维生，写诗仅仅是个人趣味。生前备受冷落，去世一个世纪以后，声誉渐隆，被追认为大师中的大师。《地狱箴言》是一篇经常被人摘句引用的思想锐利的格言体散文。

　　驱着你的车和犁，在尸骨上碾过去吧。谨慎明智是个有钱而丑陋的老姑娘，被"无能"追求着。有愿望而无行动者，是瘟疫滋生源。被犁断的虫原谅犁头。凡好水者，应把他浸入河里。傻子和智者见到的不是同一棵树。谁脸上不发出光明，他永远不会变成一颗星。永恒爱的是时间的产品。钟能计量愚行的时辰，却不能计量智慧的时辰。一切有益健康的食物都是不用罗网或陷阱捕获的。度量衡要在荒年制定。没有一只鸟会飞得太高，如果它用自己的翅膀飞升。尸体不会为伤害复仇。如果傻瓜坚持他的愚蠢，他就会变聪明。法律之石筑成监狱，宗教之砖砌成妓院。孔雀的骄傲是上帝的荣耀。山羊的淫欲是上帝的智慧。女性的裸体是上帝的创作。狐狸责备捕兽夹，而不责备自己。欢乐受胎，悲哀生育。让男人穿狮皮，女人穿羊毛。鸟需巢，蜘蛛需网，人需情谊。水池蓄，喷泉溢。一个思想能充满无限空间。时刻准备说出你心中的话，卑鄙的人就将躲避你。每件可信之事，都是真理之象。上过你的当的人最了解你。愤怒的虎比善教诲的马聪明。死水有毒。人永远不会懂得什么叫"足够"，除非他懂得了什么叫"过度"。勇气弱者诡计强。苹果树不问山毛榉如何生长，狮子不问马如何猎食。如果别人不曾愚蠢，我们就会愚蠢。懂得甜蜜欢悦的心灵永远不会被玷污。当你看见一只鹰时，你就看见了神灵的一部分；抬起你的头来！毛虫把卵产在最美的叶子上，牧师把诅咒加在最美的欢乐上。创造一朵小花，需要万年之功。诅咒使人激励，祝福使人懈怠。酒是陈旧的好，水是新鲜的好。祷告不能犁地！颂扬不能收割！轻蔑之于卑鄙者，恰于空气之于鸟或大海之于鱼。茂盛即美。狮用狐为谋士，就会变得狡猾。怀着心愿而不实行，等于谋杀摇篮里的婴儿。

---

① 选自乔继堂主编《外国散文金库·阅世卷》，中国广播电视出版社，1993年版。

【奥地利】卡夫卡

叶廷芳 黎奇 译

箴 言①
——对罪愆、苦难、希望和真正的道路的观察

卡夫卡（1883～1924），布拉格一名恪尽职守的保险公司的小职员，深刻地体验到人类"异化"的生存危机，心中装着一个"庞大的世界"，一生在文学圈之外默默无闻地写作，从中感到"巨大的幸福"，去世前却嘱友人把他的作品"统统付之一炬"。友人违背了他的嘱托，为人类保存了一位文学巨匠，卡夫卡成为20世纪现代文学的奠基者之一。作为现代艺术的一个非凡的探险者，他把"荒诞""异化"等哲学观察变成了文学创作的美学原则，他不拘一格的寓言体小说和思维怪异的随笔、箴言刷新了小说的概念，大有席卷20世纪文学之势，至今仍在文坛闪烁。

真正的道路在一根绳索上，它不是绷紧在高处，而是贴近地面的。它与其说是供人行走的，毋宁说是用来绊人的。

一个笼子在寻找一只鸟。

你是作业，举目不见学生。

理解这种幸福：你所站立的地面之大小不超出你双足的覆盖面。

善在某种意义上是绝望的表现。

自我控制不是我所追求的目标。自我控制意味着：要在我的精神存在之无穷放射中任意找一处进行活动。如果不得不在我的周围画上这么一些圈圈，那么最佳办法莫过于：瞪大眼睛一心看着这巨大的组合体，什么也不做。观看相反使我的力量得到增强，我带着这种增强了的力量回家就是。

---

① 选自叶廷芳编《卡夫卡随笔集》，海天出版社，1993年版。

乌鸦们宣称，仅仅一只乌鸦就足以摧毁天空。这话无可置疑，但对天空来说它什么也无法证明，因为天空意味着：乌鸦的无能为力。

他们可以选择，是成为国王还是成为国王们的信使。出于孩子的天性，他们全要当信使。所以世上尽是信使，他们匆匆赶路，穿越世界，互相叫喊，由于不存在国王，他们叫喊的都是些已经失去意义的消息。他们很想结束这种可悲的生活，但由于职业誓言的约束，他们不敢这么做。

在你与世界的斗争中，你要协助世界。

不可欺骗任何人，也不可欺骗世界——隐瞒它的胜利。

人们尽可能少说谎，仅仅由于人们尽可能少说谎，而不是由于说谎的机会尽可能地少。

我们之所以有罪，不仅是由于我们吃了认识之树的果子，而且还由于我们没有吃生命之树的果子。有罪的是我们所处的境况，与罪恶无关。

我们被创造出来，是为了在天堂生活，天堂是为我们的享受而存在的，如今我们的使命已经改变了，天堂的使命是否也随之改变呢？则没有人说出。

生命开端的两个任务：不断缩小你的圈子和再三检查你自己是否躲在你的圈子之外的什么地方。

生的快乐不是生命本身的，而是我们向更高生活境界上升前的恐惧；生的痛苦不是生命本身的，而是那种恐惧引起的我们的自我折磨。

【英国】维特根斯坦

黄正东　唐少杰　译

文化和价值①

维特根斯坦（1889～1951）。在哲学家之中，大概没有比维特根斯坦更言简意赅的了。29岁的成名作《逻辑哲学论》只有薄薄的一小册，如一座格言的庭院，内容却深不可测。他被自己的老师罗素惊为天人，曾说认识维特根斯坦是他生命中最令人兴奋的智慧奇遇，成为一桩师心公正和青出于蓝的双重佳话。维特根斯坦生于奥地利，1911年入读剑桥大学，参加过第一次世界大战，做过乡村教师、剑桥哲学教授，1930年入英国籍，临终遗言："告诉他们，我有过一个美好的人生。"本文选自他1947年的笔记。

人的目光具有赋予事物以价值的魅力，但它也抬高了事物的价格。

每天早晨，你必须重新掀开废弃的碎砖石，碰触到生机盎然的种子。

一个新词犹如在讨论园地里播下的一粒新种。

任何聆听小孩的哭声并知道其意的人都明白，哭声中潜藏着精神力量，一种与人们通常想象的事物截然不同的可怕力量，深深的愤怒、痛苦和毁灭的欲望。

门德尔松是这样的人，当他周围的人都快乐时他才快乐，当他生活于善良的人们之中时他才善良。他没有树完善。无论周围发生什么事，树都执拗地挺立着。我也像树那样，并为它所吸引。

我们所理解的世界前途通常指的是世界沿着我们力所能及的方向发展就能到达的目标。通往将来的道路不一定不是坦途，不一定就是方向多变的羊肠小道。

丑陋的花和动物经常像人工制品一样使人们震惊。"它看上去像……"他们说。这句话阐明了"丑陋""美丽"等词的意义。

---

① 选自维特根斯坦《文化和价值》，清华大学出版社，1987年版。

人体的各个部分的温度不同,可喜的途径。

不得不像一根仅用思维充塞的空管子一样出现,是使人羞愧的。

我们正在与语言搏斗。

我们已卷入与语言的搏斗中。

哲学问题的答案可与神话故事的智慧相比较:它在魔幻般的城堡里显得妩媚动人;但在白昼,它在户外看上去仅是一块普通的铁(或者类似的物)。

必须说新东西,可是它肯定全是旧的。

事实上,你必须限定自己讲旧东西——它肯定仍然是新东西。

不同的解释必须与不同的运用相一致。

科学家的态度是多么奇怪啊——"我们对它仍然无知;但是它是可知的,剩下的只是时间问题!"似乎它的进行不需要说话。

经常问"为什么"的人就像站在一幢建筑物前阅读导游手册的旅行者一样。这些旅行者忙于了解这幢建筑的建造史,以至于妨碍他们观看这幢建筑物本身。

甚至一种被大胆地、清楚地表达的错误思想就是一种已经获得了很多东西的思想。

与仍然只有较小的才能的我相比,作家远远有着更大的才能。

决不要登上荒芜的聪明高峰,而要下到绿色的愚蠢山谷。

我的才能之一常常就是把非做不可的事装成是出于好心做的。

传统不是某种可以了解的东西。当人感到喜欢它时,他不会去拾一根线,正如一个人会选择他自己的祖先一样。

缺乏一种传统的人喜欢有一种传统,就如一个人在爱情中感到不幸一样。

人的最大幸福是爱情。假设你谈到精神分裂病患者:他不爱,他不可能爱,他拒绝爱——不同的是什么呢?

读者所读的东西可能都是他自己留下的东西。

几乎我的全部著作都是我对自己的独白。我所说的种种事情都是我与我自己的密谈。

贪图功名是思想的死亡。

幽默不是一种心情，而是一种观察世界的方式。所以，如果说在纳粹德国幽默被扑灭了是对的话，那么这不是说那里的人民不是兴高采烈的，而是说存在某种更为深刻、更为重要的东西。

虽然作家曾经就是某些人物，但许多作家之所以成为过时的人物，原因之一是他们的作品受到他们同时代的人推动时就会向人们强烈地表明，没有这一推动，他们的作品就会死亡，就好像失去了产生照明的色彩一样。

这一点与机械示范的美之间有某种联系，就像帕斯卡所做过的试验一样。在这种观察世界的方式之内，这些示范具有美——不是那种浅薄的人们所谈的美。再则，结晶体在任何"布景"中都不是优美的——尽管看起来总是吸引人的。

奇怪的是，所有时代都不能使它们自己从某些概念——例如"优美"的概念和"美"的概念——的束缚中解放出来。

我自己关于艺术和价值的思想也许比起100年前某人可能具有的思想更加醒悟。然而，这不是说因此缘故而更加正确。这只是说在我思想的最前方有着种种退化的事例，而当时人们思想最前方或许不是这样。

关于世界的真正基督教启示所看见的东西是不会重现它们自身的。例如，科学技术时代的信仰，对于人类来说是预示结果的先兆。这并不荒谬。这种关于巨大进步的观点，与那种认为真理最终将被认识的观点一起，都是一种幻想。对于科学知识，没有任何善的或称心如意的东西，而追求科学知识的人类将会落入陷阱。明显的是，这就是事物本来存在的方式。

一个人的梦事实上决不会实现。

有人会说，艺术给我们显示了自然界的奇迹。这是基于关于自然界奇迹的概念。（花恰好开放，它有什么奇迹般的东西吗？）我们说："正要看看它的开放！"

有时，一个句子如果只在适当的速度上来读，可能会被理解。我的句子完全应该慢慢地来读。

每一种付出很大代价的思想带来了很多廉价的思想，其中一些还是有价值的。

有时，人们会以天文学家远距离观望星体的方式来看待种种思想。（或者无论怎样看来，好像如此。）

如果我写出一个好句子，它偶尔地变成由两行诗格律构成的句子，那么这一句子就是错误的。

尼采在某一处写道，甚至最优秀的诗人和思想家都写过平庸、低劣的东西，然而它们是与好的作品有所区别的，但并不是大都如此。确实，一位园艺工人与他的玫瑰花一起使他的花园有着肥料、废物和杂草。但是，区别它们不只在于它们的价值，而主要是它们在花园中的作用。

某些事物看来就像坏句子是好句子的胚胎一样。

甚至最为精确的审美力也与创造力无关。

审美力是感觉力的精炼。但是，感受性并不能产生任何东西，它纯粹是接受。

我不能够断定我是仅仅具有审美力呢，还是也具有创造力。我能非常清楚地看到前者，而对后者则不能或只能非常模糊地看到。也许，我们就只能这样，你只能看到你所表明的东西，而不能看到你的本来状况。不会撒谎的人已足以成为具有独创性的人。因为，任何值得向往的创造力毕竟不可能是狡诈奸计或个人的怪癖，而是正如你所喜爱的与众不同的能力。

命运是自然规律的对立面。自然规律是某种人们试图推测并加以利用的东西，但却不是命运。

书籍充满着生活——不是像人的生活，而是像蚂蚁窝的生活。

"智慧是灰色的。"然而，生活和宗教充满了色彩。

上帝准予哲学家去洞悉置于每个人眼前的事物。

生活好似山脊的一条路，路的左右两边很滑。你若不能使自己停下来，就会朝一个方向或别的方向滑下去。我常常看到人们这样滑下去，并说："一个人在这种情况下怎么能自救哟！"随之而来的就是"否定自由意志"。这就是这一信仰所表达的看法。但是，这一信仰不是"科学的"信仰，与科学的信仰毫无共同之处。

懂得很多的人感到撒谎很难。

【德国】卡内蒂

王家新 译

钟的秘密心脏①

　　卡内蒂（1905~1994）出生于保加利亚，一生辗转于欧洲各国求学和避难，最后定居英国，用德语写作。1981年获诺贝尔文学奖，代表作有《迷惘》《获救之舌》等。卡内蒂喜欢用警句思维，语言纤巧鲜嫩，触及特别的感性领域，细心赏读他的文字，可以品味到对生存与语言的敏感之美。1981年，以"作品具有宽广的视野、丰富的思想和艺术力量"获得诺贝尔文学奖。

在他身上一部分变老而另一部分尚未诞生。

在文学中留下许多未说出的事物是重要的。这样才有可能辨别在多大程度上一个作家所知道的多于他所说的，这样他的沉默就不是阴郁的而是智慧的标志。

世界因变老而日益壮大，未来缩小了。

为了一生而知道一个人，并把他保持在秘密里。

修补信件。死者的运动。

为了存在于今天，一个人需要一种对所有各不相同的时代的亲密知识。时代的共有的醒悟。

在音乐中词游泳——而词通常散步。我爱词的步态，它们的小径，它们的停止，它们的驿站。我不信任它们的漂流。

一个人将通过赞美去辨认他不是什么。

在词语开始闪耀之前，他把自己削得更短。

如果你旅行更多，你知道的将更少。

---

① 选自王家新、汪剑钊主编《灵魂的边界——外国思想者随笔经典》，云南人民出版社，1996年版。

为某一特定的时代燃烧，但要弄清楚你是否将被再次点燃。

去经历一头动物的死亡，但是作为一头动物。

他说的总是比他想的更多。他将如何去做？他将削减他自己或是这些句子？
你不如卡夫卡可信赖因为你活得如此久长。
但也许年青一代希望从你那里得到帮助以对抗文学中的死亡的惩罚。
作为一个轻蔑于死亡逐年增长的人，你是有用的。

重写一封信，在多少年过去之后。

说最私人的事物，说它，别无他虑，不要羞怯。一般化的尽可以在报纸上发现。

你是否可以触及你的早年生活而不受到处罚？

有多少事物你要避开为了减少死亡的碰撞？

他把自己扔得如此之远以至于在下一个世纪才被人们接住。

一个仅在夜间的生命：用什么来重新布置早晨？

哲学家由于膨胀：尼采。
由于呼吸：庄周。

他需要那种在他之后能够继续他的痛苦的人。

我生活的故事并不真的关于我。谁能相信这一点？

他回到家。陈设依旧，桌子已经散架。他坐下，并写作于空气里。

只有他阅读时他才是幸福的；他更为幸福当他写作；他最幸福的时刻则是当他读到某些事物他从不知道的时候。

【多国】

公婷 陈峰 译 王沪宁 王元 校译

思想改变历史①

　　一个求学者在年轻时多接触一些名人名言，就像在未开垦的处女地上大量撒播思想种子，有些就悄悄枯萎了，有些则会在人生的某个时段破土而出，长成庇荫心灵的大树。特别保留了个别"反动分子"的言论，以磨砺你的思辨能力。本文选编自美国乔治·塞尔兹编辑的《影响人类历史的名人思想大观》一书，重新做了粗略的分类。

哲学家言

【古希腊】亚里士多德（前384～前322）

《尼可玛可斯伦理学》

赚钱的生活是一种被迫的生活，财富显然不是我们所追求的善，因为它只是因为其他东西才有用的。

《政治学》

人是政治动物。

任何人在本性上不属于自己的人格而从属于别人，则自然成为奴隶。

邦国虽有良法，要是人民不能遵守，仍然不能实现法治。

于是，很明显，最好的政治团体必须由中产阶级执掌政权，凡邦内中产阶级强大，足以抗衡其他两个部分（注：贵族和平民）而有余，那这个城邦就易于统治。

唯一稳定的邦国是法律面前人人平等的邦国。

【法国】伏尔泰（1694～1778）

《哲学通讯》

我憎恨你写的东西，但我以生命来保证你有继续写作的可能。

---

① 选自乔治·塞尔兹编《影响人类历史的名人思想大观》，上海人民出版社，1991年版。标题为编者所拟。

在等待一个更好的定义的同时，我们所能做的只是将真理定义为：对事实的实事求是的陈述。

《论奇迹通信集》（1767）

在我们以4000种方法讨论了4000年的各种疑难中，最安全之路就是不要干任何违背自己良心的事。心怀这一秘诀，我们就能愉快生活，对死亡无所畏惧。

【法国】卢梭（1712~1778）

《社会契约论》（1762）

人生而自由，却无往不在枷锁之中。

放弃自由，就是放弃做人的资格，就是放弃人类的权利，甚至义务。

人民决不会被腐蚀，却往往会受骗。

如果我们探讨，应该成为一切立法体系最终目的的全体人的最大幸福究竟是什么，我们便会发现它可以归结为两大主要目标，即自由与平等。

《爱弥尔》（1762）

教育他如何生活而不是如何躲避死亡，生活不是呼吸而是行动。

《论人类不平等的起源和基础》（1754）

谁第一个把一块土地围起来并想到说"这是我的"，而且找到了一些头脑十分简单的人居然相信他，这位就是文明社会的真正奠基人。假如有人拔掉界桩或填平界沟，并向他的同类大声疾呼："不要相信这个骗子的话，如果你们忘记土地的果实是大家所有的，土地不是属于任何人的，那你们就要遭殃了！"这个人会使人类免去多少罪行、战争和杀害，免去多少苦难的恐怖啊！

【德国】康德（1724~1804）

《纯粹理性批判》（1781）

有两样事物使我心中不断充满惊奇和畏惧：在我头上繁星密布的苍穹和在我心中的道德法则。

我们的时代是批判时代，一切东西都在批判之列。许多人认为宗教的神圣性和立法的权威性可为免受这一法庭审查的根据。但是，如果它们免去审查，它们就会成为合理怀疑的对象，它们就无法要求获得真诚的尊敬。

【德国】黑格尔（1770~1831）

《历史哲学》（1832）

世界的历史就是对自由的意识的发展。

只有服从法则的事物才是自由的，因为它服从自己。它是独立的，从而是自由的。

解释历史就是描述在伟大时代表现出来的人类的激情、天才和活生生的力量。

一个民族发展的至高点是——获得对生活和环境的理解——将法律、正义和道德观念变为科学。

【德国】叔本华（1788~1860）

《作为意志与表象的世界》（1819）

只有通过历史，一个民族才充分地意识到自己，因此，历史应被看做是人类的民族良心……只有通过它，人类才能完整，才能成为人类。这就是历史的真正价值。

生命是短暂的，真理却永存。让我们说真理。

生活就像在痛苦与无聊之间来回摆动的钟摆。

欲望是首先的，是创造者，是一切事物得以发展的原则。

必然是对低级生物的不断惩罚，无聊则是对高级生物的不断惩罚。

《辩论的艺术》（1896）

孤独是一切伟大心灵的命运——尽管是可怕的命运，但总是作为两种罪恶中较轻的为人所择。

《论文集》（1851）

如果没有女人，在我们生命的起点将失去扶持的力量；中年失去欢乐；老年失去安慰。

【美国】桑塔亚那（1863~1952）

《理性生活》（1905~1906）

狂热就是在忘记了目标的情况下的加倍努力。

性格是幸福的基础，幸福是对性格的认可。

理智的生活不在于不偏不倚地再造宇宙，而只是人独有的表达。

掩饰爱情的动物性基础，或否认它的精神升华，都是毫无意义的。因为一切生命都源于动物，其可能的结果却是精神上的。

不信仰爱情是迟钝的严重信号。

艺术的主题是生活，真实的生活；而艺术的功能则是使生活更美满。

《怀疑论与动物式信仰》（1923）

怀疑态度是理智的贞洁，过早地放弃它或将其交付给第一个来者，是令人羞愧的。在一个长长的青春期中，冷峻傲慢地维持它，直到天性和辨别力成熟时，最终以其换取忠诚和幸福，这样才是高贵的。

《附稿》（1936）

人是社会动物而不是政治动物，他可以在无政府状态下生存。

《斯宾诺莎伦理学》（1910）

也许人的唯一尊严在于他能蔑视自己。

一个只在学校中受教育的孩子是一个未受过教育的孩子。

——摘自《为什么我不是马克思主义者》

【英国】罗素（1872~1970）

《哲学文集》（1903）

抛弃为个人幸福而作的奋斗，驱逐对眼前欲望的渴求，满怀激情地追求永恒的事物——这就是解放，这就是自由人的尊严。这一自由是通过对命运的思考而实现的，因为命运本身屈服于这种经得起时间之纯火考验的思想。

《教育与优良生活》（1926）

教师应当比爱国家和爱教会更热爱学生。否则，他就不是一个理想的教师。

人畏惧思想甚于世上万物——甚于死亡。思想具有颠覆性、革命性和破坏性，令人畏惧；思想对特权、陈规陋习毫不宽容；思想不管什么政府，不受法律约束，漠视权威，对世代尊崇的名言古训毫不介意。思想探视痛苦之深渊，无所畏惧。……思想是伟大的、敏捷的和自由的，它是世界的光芒，人类的首要荣耀。但是，如果思想一旦为许多人所有，而非少数人的特权时，我们一定会恐惧。正是恐惧使人们望而却步——惧怕他们怀有的信仰被证明为虚幻；惧怕他们的生活习俗被证明为有害；惧怕他们自己被证明为远不及自己料想的那样值得尊重。

《怀疑论集》（1928）

如果因信奉某些观点而无法生活，那么，思想就不是自由的。

《十诫》（1965）

不要视任何事物为确定。

不要尊崇他人的权威，因为总可以发现相反的权威。

【法国】萨特（1905~1980）

《存在主义》（1947）

如果上帝不存在，一切都不会改变；我们将重新发现诚实、进步和人性的同样规范。

人注定是自由的。注定的，是因为他虽然没有创造自己，却是自由的，从他被抛入这个世界的那一刻起，他就为自己的所作所为负责。

如果上帝存在，人就不存在；如果人存在，上帝就不存在。

——摘自《哥伦比亚广播电视》（1976年11月16日）

政治家言

【美国】潘恩（1737~1809）

《独立宣言草案》

我们认为这些真理是不言自明的：所有的人生而平等，独立。由此，他们具有天赋的不可剥夺的权利，这些权利包括维护生命的权利，自由的权利，追求幸福的权利。政府为了确保这些目的而建立，它们的合法权力来源于被统治者的同意；一旦任何形式的政府破坏了这些目的，人民便有权改变或废除它，从而建立一个新的政府。

《常识》（1776年1月14日）

社会是由我们的欲望产生的，政府则是由我们的邪恶所产生的。

《理性时代》（1793）

当一个人已经堕落并出卖他的圣洁的灵魂，到了公开宣称自己相信那些实际上并不相信的东西的地步，他已经可能犯一切错误。不忠实不在于相信与不相信，而在于声称自己相信那些自己并不相信的东西。

《人权论》(1792)

治理最少的政府是最好的政府。

【美国】杰弗逊(1743~1826)

《独立宣言草案》

我们认为以下权利是神圣的和不可否认的:人生而平等和独立。由生而平等,他们获得了天赋的不可剥夺的权利,其中包括维护生命和自由的权利,追求幸福的权利。

《关于弗吉尼亚州》(1781~1785)

任何只信任统治者的政府都会蜕变。人民才是自己的可靠保障者。

《书信:论出版自由》

我们政府的基础是人民的意见,首要目标应当是保持这一正确基础。如果让我决定我们应该有一个没有报纸的政府还是没有政府的报纸,我会毫不迟疑地选择后者。但我会指出,每个人应当收到这些报纸并能够阅读它们。

——致陆军上校爱德华·凯伦顿(1787年1月16日)

对抗政府的精神在某些场合下是如此的可贵,我希望它永远存在。它常常被错误地运用,但即便错误,也比根本不用好。

——致亚当斯(1787)

我认为,时常有些造反是好事,是政治世界所必需的,就像风暴是自然界必需的一样。

——致麦迪逊(1787年1月30日)

【美国】林肯(1809~1865)

《演说集》

选票比子弹更强有力。

让我们在奴隶庄园前划一条警戒线,这一可恶的制度,就像一条毒害自己的爬虫,将毁于自己的恶名。

——1856年5月19日

什么是我们的自由和独立之保障?并非在于我们厌恶战争,并非在于我们绵延的海岸和战舰上的枪炮,也并非在于我们英勇善战、纪律严明的军队……我们依靠的是对上帝赋予我们的自由的热爱。摧毁了这一精神，便已在自己的门口撒下了专制的种子，使自己熟悉枷锁，让自己的肋骨适合戴之，习惯于践踏他人的权利，你已失去了自己所拥有的独立的精神，从而成为你们之中最先出现的狡猾的暴君的合适臣民。

——1858年9月11日

一旦失去国民的信任，你就再也不会重新得到他们的尊崇。你确实可以在某一个时候欺骗所有的人，你甚至可以永远欺骗某一些人，但你却不能在所有的时候欺骗所有的人。

——摘自亚历山大·麦克勒《林肯轶事》

我对人民有坚定的信仰。一旦被赋予真理，他们能够被依靠来战胜任何国家危机，重要的是要把事实告诉他们。

【英国】约翰·密尔（1806～1873）

《论自由》（1859）

在今天的政治思想中，一般已把"多数人的暴虐"这一条列入社会必须提防的诸种灾祸之内了。

无自由的文化从来没有造就过广博而自由的心灵。

在今天这个时代里，只要仅仅是不屑苟同的一个例子，只要仅仅是拒绝向世俗屈膝，这本身就是一个贡献。

《论政治与文化》

人类分成已经改变的人和依然故我的人，当代的人和过去的人。对前者来说，时代精神是一个可喜的主题，而对后者则是一个可怕的主题。

《政治经济学原理》（1848）

在温饱得以满足以后，人类最主要的需要便是自由（与物质需要不同，随着文明的发展，物质需要变得越来越缓和，越来越容易控制），对自由的需要不是随着智慧和道德的发展而减弱，而是随之增强。

【德国】马克思（1818～1883）

《〈黑格尔法哲学批判〉导言》（1843～1844）

反宗教的批判的根据就是：人创造了宗教，而不是宗教创造了人。就是说，宗教是那些还没有获得自己或是再度丧失了自己的人的自我意识和自我感觉。

《共产党宣言》（与恩格斯合著）（1847年12月~1848年1月）

共产党人可以用一句话把自己的理论概括起来：消灭私有制。

《哥达纲领批判》（1875）

在劳动已经不仅仅是谋生的手段，而且本身成了生活的第一需要之后；在随着个人的全面发展生产力也增长起来，而集体财富的一切源泉都充分涌流之后——只有在那个时候……社会才能在自己的旗帜上写上：各尽所能，按需分配！

【中国】毛泽东（1893~1976）

《战争和战略问题》（1938年11月）

每个共产党员都应懂得这个道理："枪杆子里面出政权。"我们的原则是党指挥枪，而决不容许枪指挥党。

《湖南农民运动考察报告》（1927年3月）

革命不是请客吃饭，不是做文章，不是绘画绣花，不能那样雅致，那样从容不迫，文质彬彬，那样温良恭俭让，革命是暴动，是一个阶级推翻一个阶级的暴烈的行动。

《满江红·和郭沫若同志》（1963年1月9日）

多少事，从来急；天地转，光阴迫。一万年太久，只争朝夕。

【印度】甘地（1869~1948）

说上帝允许这个世界的罪恶也许不大好听；但如果说上帝对善行负责，那么他也应对恶行负责。

我无法以任何理性的方法来解释恶的存在。想做这种解释是将自己等同于上帝。……我知道上帝没有恶行，但是如果有恶行存在的话，是他创造了它，并且对其泰然处之。

——摘自《哈里坚周报》（1946年3月3日）

我信仰作为弱者武器的非暴力主义，我信仰作为武器的非暴力主义，我相信一个敢于手无寸铁直面死亡的人是最强的战士。

——摘自《在马答拉斯的演讲》（1920年8月12日）

对一个饥肠辘辘的人来说，食物就是上帝。

——摘自《致埃德加·斯诺的信》（1938）

【德国】希特勒（1889～1945）

《我的奋斗》（1926）

德国人民不知道在多大程度上他们必须被欺骗，从而被领导。

谎言的大小是是否被相信的决定性因素，因为这个民族在内心深处更容易受欺骗而不会有意识有目的地使坏。他们心灵的质朴，使他们更容易成为大谎言而非小谎言的牺牲品，因为他们自己常常说小谎而羞于说大谎。

一切宣传都必须深入人心，并处于一定的知识水平，使最愚蠢的听众都理解。因此，宣传的知识程度越低，受影响的人民越多。

通过巧妙的和持久的宣传工作，可以使人们视天堂为地狱；或相反，视最痛苦的生活为天堂。

我会给发动战争以宣传上的理由。不必介意其是否似乎有理，胜利者今后是不会被问及他是否说实话的。在发动和进行战争时，重要的不是正义而是胜利。不要怜悯。要冷酷无情。正义在强者一边。

——摘自《对高级官员的演说》（1939年8月22日）

【意大利】墨索里尼（1883～1945）

早年我发现的另一种武器是书面文字打动人心的力量。报纸很快成为我的枪，我的旗帜——一种能够反映我自身的具有灵魂的东西。

"一个独裁者能受到爱戴吗？"我的答复是肯定的：他能够。——即便群众同时也惧怕他，因为大众总是喜欢强人，在这方面他们像一个女人。

大众几乎没有什么时间去思考，现代人的轻信简直令人难以置信。

经济学家言

【英国】马尔萨斯（1766～1834）

《论人口原理》（1798）

人口如果不加以限制的话，就会以几何级数增长，而给养只能以算术级数增长。稍微对算术有所了解就可以知道前者与后者相比，其力量是何等巨大。

【英国】凯恩斯（1883～1946）

《劝导短论》（1931）

当财富积累不再具有社会的重要性时，道德法则会发生重大变化。我们将会摆脱已缠绕我们两百年的许多虚假的道德法则，借助这些法则，我们已把人类品质中最令人厌恶的东西上升到了人类最高美德的位置。

资本主义……是不理智的，不美好的，不正义的，不公正的——它未提供善。

——摘自纽约《时代周刊》（1975年4月27日）

教育家言

【美国】霍勒斯·曼（1796~1859）

现在可以肯定，除了普遍教育外，没有任何东西可以与资本的统治及其对劳动的奴役抗衡。如果一个阶级占有所有财富和教育，而社会的其他人处于愚昧和穷困之中，这不是一个对两者间关系如何称呼的问题，后者将确定无疑地成为前者事实上的奴隶、附庸和臣民。然而，如果教育得以普及，并成为最具有吸引力的东西后，便可以吸取财富。一个聪明能干的人却永远一贫如洗的事将再也不会发生。

教育，超过人类血缘的其他各种馈赠，是人们条件的伟大平衡器——社会机器的摆轮，它比仅仅消除穷人对富者的仇恨更有效：它防止贫困。

——1848年的一份报告

【美国】杜威（1859~1952）

《我的教育思想》（1897）

我认为：

——学校首先是一个社会机构；

——因此，教育是一个生活过程，而不是为将来生活做准备；

——教育是社会进步和改革的基本方法；

——所有教育都是使个人获得对民族的社会意识；

——教育是对参与社会意识的过程的管理。

科学家言

【奥地利】弗洛伊德（1856~1939）

《机智及其与无意识的关系》（1905）

不管文明对个人的限制有多大，人总有办法来对付它。机智是现代人发展起来的最佳安全阀；文明越发展，压抑越多，人们就越需要机智。

精神病的症状本质上是一种未实现的情欲的替代满足。

宗教可比作儿童精神病。

《释梦》（1900）
每一个梦都显示出心理结构，都具有意义。……梦并非无意义的，并非荒谬的……它完全是有根据的现象，实际是一种欲念实现。

梦是被压抑欲念的虚假实现。

《为什么战争（与爱因斯坦对话）》（1932）
任何促进人与人之间感情联系增长的东西，都将反对战争。

第一个以辱骂性语言代替拳头的人是文明的创造者。

—— 摘自《安娜·弗洛伊德在维也纳第27届
国际精神分析联合会上的讲话》（1971）

【美国】爱因斯坦（1879~1955）

《青年》（1932）
只有为他人而生活的生命才是值得的。

《我的世界观》（1934）
一个人的真正价值是由他从自我中解脱出来的程度及意识所决定的。

《书信》
民族主义是一种幼稚病，是人类的麻疹。

人是为了他人而存在的。

下一次世界大战将用石块来打。

—— 摘自《生活哲学》（1949）

决不做违反良心的事，即便这是国家的要求。

—— 摘自《星期六评论》（1955年4月30日）

文学家言

【英国】斯威夫特（1667~1745）

《格列佛游记》（1726）

谁要是能使在原来只能生产一串麦穗和一束草的地方长出两串麦穗和两束草来，他就比所有的政治家都有功于人民，对国家有更大的贡献。

【美国】爱默生（1803~1882）

《随笔集：第一辑》（1841）

对我来说，没有任何事实是神圣的，没有任何事实是污秽的；我只是进行实验，永无止境地追求。在我身后没有过去。

上帝制造的所有东西都有瑕疵。

如果你在一个奴隶的脖子上套上一根锁链，那么锁链的另一端就会缠在你自己的脖子上。

一部迫害史就是一部企图欺骗自然、使江水倒流、以沙搓绳的历史。……烈士不容羞辱。……所有被焚毁的书籍和房屋将照亮世界；所有遭到查禁和删除的语言将回荡在世界的每一个角落。

模仿就是自杀。

《随笔集：第二辑》（1844）

生活中的大事就是遇到使我们的心灵为之一惊的那一天。

【美国】亨利·梭罗（1817~1862）

《瓦尔登湖》（1854）

大多数奢侈品和许多所谓的生活舒适，不仅不是不可缺少的，而且是人类升华的确实障碍。

让我们站定，用双脚插入意见、偏见、流言、欺骗和幻象的淤泥烂浆，插入覆盖地表的这些冲积物，直到触及坚硬的石块底层，对此我们称之为现实。

有多少人通过读一本书而使生活翻开了新的一页！

《无原则的生活》（1863）

我认为，思想会被关注小事的习惯永远地亵渎。

【俄国】陀思妥耶夫斯基（1821~1881）

《克拉马佐夫兄弟》（1880）

如果魔鬼并不存在，而是人创造了它，那么，人是按照自己的形象创造它的。

人间实在太需要荒谬了，世界就是站立在荒谬之上的。

只有当你真正成为每一个人的兄弟之时，博爱才会实现。

美将拯救世界。

——摘自《索尔仁尼琴接受诺贝尔奖的致谢辞》（1970）

【法国】罗曼·罗兰（1866~1944）

《约翰·克利斯朵夫》（1904~1913）

尽其所能的人就是英雄。

除了创造外，别无快乐。只有那些从事创造的人才活着，其余的一切不过是徘徊在大地上的阴影，是生活的陌生人。

【法国】帕斯卡尔

何兆武 等译

人是会思想的芦苇①

帕斯卡尔（1623～1662），法国卓越的数理科学家、哲学家。在近代几何学、计算机制造、大气压力研究、流体静力学、微积分学、概率论等方面都有开创之功，他在科学史上的贡献被誉为阿基米得与牛顿的工作的中间环节。《思想录》是一本未完成的手稿，在以理性批判一切的同时，又在一切理性必然以矛盾的形式而呈现这一主导思想之下，指出理性本身的内在矛盾及其界限，被称为"帕斯卡尔方法"。全书思潮汹涌，文笔清明如水，其中对人的思想尊严的论述已广为流传。

论人的伟大

思想形成人的伟大。

人只不过是一根苇草，是自然界最脆弱的东西；但他是一根能思想的苇草。用不着整个宇宙都拿起武器来才能毁灭，一口气、一滴水就足以致他死命了。然而，纵使宇宙毁灭了他，人却仍然要比致他死命的东西更高贵得多；因为他知道自己要死亡，以及宇宙对他所具有的优势，而宇宙对此却是一无所知。

因而，我们全部的尊严就在于思想。正是由于它而不是由于我们所无法填充的空间和时间我们才必须提高自己。因此，我们要努力好好地思想，这就是道德的原则。

能思想的苇草——我应该追求自己的尊严，绝不是求之于空间，而是求之于自己的思想的规定。我占有多少土地都不会有用；由于空间，宇宙便囊括了我并吞没了我，有如一个质点；由于思想，我却囊括了宇宙。

人既不是天使，又不是禽兽；但不幸就在于想表现为天使的人却表现为禽兽。

① 何译选自郭宏安编《世界散文随笔精品文库·法国卷·那天夜里我看见了巴黎》，中国社会科学出版社，1994年版。朱译选自姚春树主编《外国杂文大观》，百花文艺出版社，1994年版。公译选自乔治·塞尔兹编《影响人类历史的名人思想大观》，公婷、陈峰译，王沪宁、王元校译，上海人民出版社，1991年版。今合为一文，标题为编者所拟。

思想——人的全部的尊严就在于思想。

因此，思想由于它的本性，就是一种可惊叹的、无与伦比的东西。它一定得具有出奇的缺点才能为人所蔑视；然而它又确实具有，所以再没有比这更加荒唐可笑的事了。思想由于它的本性是何等地伟大啊！思想又由于它的缺点是何等地卑贱啊！

然而，这种思想又是什么呢？它是何等地愚蠢啊！

人的伟大之所以为伟大，就在于他认识自己可悲。一棵树并不认识自己可悲。

因此，认识（自己）可悲乃是可悲的；然而认识我们之所以为可悲，却是伟大的。

这一切的可悲其本身就证明了人的伟大。它是一位伟大君主的可悲，是一个失了位的国王的可悲。

我们没有感觉就不会可悲；一栋破房子就不会可悲。只有人才会可悲。Ego vir videns.①

人的伟大——我们对于人的灵魂具有一种如此伟大的观念，以致我们不能忍受它受人蔑视，或不受别的灵魂尊敬；而人的全部的幸福就在于这种尊敬。

人的伟大——人的伟大是那样地显而易见，甚至于从他的可悲里也可以得出这一点来。因为在动物是天性的东西，我们于人则称之为可悲；由此我们便可以认识到，人的天性现在既然有似于动物的天性，那么他就是从一种为他自己一度所固有的更美好的天性里而堕落下来的。

因为，若不是一个被废黜的国王，有谁会由于自己不是国王就觉得自己不幸呢？人们会觉得保罗·哀米利乌斯②不再任执政官就不幸了吗？正相反，所有的人都觉得他已经担任过了执政官乃是幸福的，因为他的情况就是不得永远担任执政官。然而人们觉得柏修斯③不再做国王却是如此之不幸——因为他的情况就是永远要做国王——以致人们对于他居然能活下去感到惊异。谁会由于自己只有一张嘴而觉得自己不幸呢？谁又会由于自己只有一只眼睛而不觉得自己不幸呢？我们也许从不曾听说过由于没有三只眼睛便感到难过的，可是若连一只眼睛都没有，那就怎么也无法慰藉了。

对立性。在已经证明了人的卑贱和伟大之后——现在就让人尊重自己的价值

① ［我是遭遇过的人。］《耶利米哀歌》第三章第一节："我是……遭遇困苦的人。"

② 保罗·哀米利乌斯（Paul Emile, 即Pual Emilius）于公元前182年与前168年曾两度任罗马执政官，第二次任执政官时击败马其顿王柏修斯。

③ 柏修斯（Peresee, 即Perseus），马其顿末代国王，公元前179年~前168年在位，公元前168年为保罗·哀米利乌斯所败后被俘。

吧。让他热爱自己吧，因为在他身上有一种足以美好的天性；可是让他不要因此也爱自己身上的卑贱吧。让他鄙视自己吧，因为这种能力是空虚的；可是让他不要因此也鄙视这种天赋的能力。让他恨自己吧，让他爱自己吧：他的身上有着认识真理和可以幸福的能力；然而他却根本没有获得真理，无论是永恒的真理，还是满意的真理。

因此，我要引人渴望寻找真理并准备摆脱感情而追随真理（只要他能发现真理），既然他知道自己的知识是彻底地为感情所蒙蔽；我要让他恨自身中的欲念——欲念本身就限定了他——以便欲念不至于使他盲目做出自己的选择，并且在他做出选择之后不至于妨碍他。

（何兆武 译）

随感录

人愈有智慧就发现愈多优异的人，平常人见不出人与人的分别。

莫说我没有新鲜话可说：材料的处置总是新鲜的，好比玩手球，你和我们玩的同是一个球，可是我把它摆布得比较好。

自然本色的文章风格令人惊而且喜，因为人本来指望看见一个作家，所发现的却是一个人。

克里奥佩特拉①的鼻子如果短一分，全世界就会为之改观。

这无穷空间的无终寂静使我战栗。

（朱光潜 译）

现在从来不是我们的目标，过去和现在是我们的手段，只有未来才是我们的目标。因此，我们从来没有生活，只有希望生活；由于总是希望、希望，我们不可避免地将没有幸福。

习俗是束缚我们的暴君。……然而，即便被迫在习俗的愚蠢法则下生活，聪明人不会是第一个服从者，也不会是最后一个抱住不放者。

人类的一切痛苦来自同一根源：不懂得如何孤独地生活。

（公婷 陈峰 译）

---

① 克里奥佩特拉，著名的埃及艳后，曾使古罗马统帅恺撒和安东尼为之倾倒。

【德国】马克思
中共中央马克思、恩格斯、列宁、斯大林著作编译局 编译

思想的芳香①

194

马克思（1818~1883）写这篇文章时只有24岁（1842年），针对普鲁士的书报检查令进行了犀利的批驳，是一篇鼓吹思想自由的檄文，文气上高屋建瓴、纵横捭阖，文字上议论风生、讽刺说理、类比漂亮，显示了青年马克思具有出色的政论家的风采。这样的质疑多么有力："你们并不要求玫瑰花和紫罗兰散发出同样的芳香，但你们为什么却要求世界上最丰富的东西——精神只能有一种存在形式呢？"文章的观点在今天读来仍有现实意义，历史的进步并不像人们想象的那么快。

现在我们再回头来看看检查令。

根据这一法律，即根据第二条规定②书报检查不得阻挠人们严肃和谦逊地探讨真理，不得使作家遭受无理的限制，不得妨碍书籍在书市上自由流通。

书报检查不得阻挠对真理的探讨，在这里有了更具体的特征：这就是严肃和谦逊。这两个规定所指的不是探讨的内容，而是内容以外的某种东西。这些规定一开始就使探讨脱离了真理，并迫使它把注意力转移到某种莫名其妙的第三者身上。可是，既然探讨老是去注意法律赋予挑剔权的第三种因素，难道它不会失去真理吗？难道真理探讨者的首要任务不就是直奔真理，而不要东张西望吗？假如我首先必须记住用某种指定的形式来谈论事物，难道这样我就不会忘记事物的本质了吗？

真理像光一样，它很难谦逊；而且要它对谁谦逊呢？对它本身吗？Verum

---

① 选自《马克思恩格斯全集》第一卷。人民出版社，1980年版。标题为编者所拟，原题为"评普鲁士最近的书报检查令"。

② 指根据普鲁士1819年10月18日书报检查法令第二条的规定。

index sui et falsi①.那么，对虚伪谦逊吗？

如果谦逊是探讨的特征，那么，这与其说是害怕虚伪的标志，不如说是害怕真理的标志。谦逊是使我寸步难行的绊脚石。它是上司加于探讨的一种对结论的恐惧，是一种对付真理的预防剂。

其次，真理是普遍的，它不属于我一个人，而为大家所有；真理占有我，而不是我占有真理。我只有构成我的精神个体性的形式。"风格就是人。"②可是实际情形怎样呢！法律允许我写作，但是我不应当用自己的风格去写，而应当用另一种风格去写。我有权利表露自己的精神面貌，但首先应当给它一种指定的表现方式！哪一个正直的人不为这种要求脸红而不想尽力把自己的脑袋藏到罗马式长袍③里去呢？在那长袍下面至少能预料有一个丘比特的脑袋④。指定的表现方式只不过意味着"强颜欢笑"而已。

你们赞美大自然悦人心目的千变万化和无穷无尽的丰富宝藏，你们并不要求玫瑰花和紫罗兰散发出同样的芳香，但你们为什么却要求世界上最丰富的东西——精神只能有一种存在形式呢？我是一个幽默家，可是法律却命令我用严肃的笔调。我是一个激情的人，可是法律却指定我用谦逊的风格。没有色彩就是这种自由唯一许可的色彩。每一滴露水在太阳的照耀下都闪耀着无穷无尽的色彩。但是精神的太阳，无论它照耀着多少个体，无论它照耀着什么事物，却只准产生一种色彩，就是官方的色彩！精神的最主要的表现形式是欢乐、光明，但你们却要使阴暗成为精神的唯一合法的表现形式；精神只准披着黑色的衣服，可是自然界却没有一枝黑色的花朵。精神的实质就是真理本身，但你们却想把什么东西变成精神的实质呢？谦逊。歌德说过，只有叫花子才是谦逊的，你们想把精神变成叫花子吗？也许，这种谦逊应该是席勒所说的那种天才的谦逊？如果是这样的话，那你们就先要把自己的全体公民，特别是你们所有的检察官变成天才。可是天才的谦逊和经过修饰、不带乡音土语的语言根本不同，相反地，天才的谦逊就是要用事物本身的语言来说话，来表达这种事物的本质的特征。天才的谦逊是要忘掉谦逊和不谦逊，使事物本身突出。精神的普遍谦逊就是理性，即思想的普遍独立性，这种独立性按照事物本质的要求去对待各种事物。

其次，根据特利斯屈兰·善第所下的定义：严肃是掩盖灵魂缺陷的一种伪装。如果严肃不应当适合这一个定义，如果严肃的意思应当是对待事物的严肃，

---

① "真理是它自己和虚伪的试金石"：拉丁文。引自荷兰著名哲学家斯宾诺莎（1632~1677）的《伦理学》。

② 法国启蒙运动时期的自然科学家、作家德·布封（1707~1788）的名言。

③ 古代罗马贵族所穿的长袍，又宽又大。

④ 丘比特是古代罗马神话中最高的神、雷神；相当于希腊神话中的宙斯。据说他的脑袋是万能的，能包容万物，智慧女神敏纳娃就是从他的脑袋里跳出来的。

那么整个命令就会失去意义。我把可笑的事物看成是可笑的，这就是对它采取严肃的态度；对不谦逊仍然采取谦逊的态度，这也就是精神的最严肃的不谦逊。

严肃如谦逊！这是多么不固定、多么相对的概念啊！严肃在哪里结束，诙谐又从哪里开始呢？谦逊在哪里结束，不谦逊又从哪里开始呢？我们的命运不得不由检察官的脾气来决定。给检察官指定一种脾气和给作家指定一种风格一样，都是错误的。要是你们想在自己的美学批评中表现得彻底，那就得禁止过分严肃和过分谦逊地去探讨真理，因为过分的严肃就是最大的滑稽，过分的谦逊就是最辛辣的讽刺。

最后，这里是以根本歪曲和抽象地理解真理本身为出发点的。作家的一切活动对象都被归结为"真理"这个一般的概念。可是，同一个对象在不同的个人身上会获得不同的反映，并使自己的各个不同方面变成同样多不同的精神性质；如果我们撇开一切主观的东西即上述情况不谈，难道对象本身的性质不应当对探讨发生一些即使是最微小的影响吗？不仅探讨的结果应当是合乎真理的，而且引向结果的途径也应当是合乎真理的。真理探讨本身应当是合乎真理的，合乎真理的探讨就是扩展了的真理，这种真理的各个分散环节最终都相互结合在一起。难道探讨的方式不应当随着对象改变吗？当对象欢笑的时候，探讨难道应当严肃吗？当对象悲痛的时候，探讨难道应当谦逊吗？因此，你们就像损害主体的权利那样，也损害了客体的权利。你们抽象地理解真理，把精神变成了枯燥地记录真理的检察官。

也许这些形而上学的奥妙东西都是多余的吧？凡是政府的命令都是真理，而探讨只不过是一种既多余又麻烦的因素，可是由于礼节关系又不能把它完全取消，也许应该这样来理解真理吧？看来探讨差不多就是如此。因为探讨一开始就被理解成一种和真理对立的东西，因此，它就要在可疑的官方侍从——严肃和谦逊（实际上这是俗人对待牧师的态度）的跟随下出现。政府的理智是国家的唯一理性；诚然，在一定的时间条件下，这种理智也不得不向另一种理智及其空谈作某种让步，但到那时候一种理智就应当知道：别人已向它让了步，而它本来是无权的，因此，它应当表现得谦逊恭顺，严肃乏味。伏尔泰说过："除了乏味的体裁之外，其余的一切体裁都是好的。"但在这里，乏味的体裁却排斥了其他一切体裁，"莱茵省等级会议记录"就足以证明这一点。既然如此，为什么不干脆恢复那美好的旧式的德国公文体裁呢？请随意写吧，可是写出来的每一个字都得服从那查验你们的意见是不是既严肃又谦逊的自由主义的书报检查，只是不要失去崇拜的情感啊！

法律强调的并不是真理，而是谦逊和严肃。因此，在这里，关于严肃和谦逊，首先是关于真理所谈的一切，都值得考虑，因为在这种真理的不确定的宽度背后隐藏着一种非常确定而又模棱两可的真理。

【法国】蒙田
梁宗岱 黄建华 译

热爱生命①

　　蒙田（1533～1592），法国作家，冷峻的人间观察家和评论家，启蒙运动以前法国最负盛名的怀疑论智者。蒙田的名言是："我知道什么？"接续了苏格拉底的表白："自知无知。"蒙田做过法官和市长，但他更喜欢平静的个人生活，认为"最美好的生命……是过普普通通、合乎人道的生活"，长年归隐在自己的城堡里读书写作，结果就有了三卷本《随笔集》，被人誉为"正直人的枕边书"。作者在《致读者》中说："读者，这是一本真诚的书……我自己是这部书的材料。"这里节选的两则文字，可以看出蒙田对生命的达观与从容。

一

　　我对某些词语赋予特殊的含义。拿"度日"来说吧，天色不佳，令人不快的时候，我将"度日"看做是"消磨光阴"；而风和日丽的时候，我却不愿意去"度"，这时我是在慢慢赏玩、领略美好的时光。

　　坏日子，要飞快去"度"；好日子，要停下来细细品尝。"度日""消磨时光"的常用语令人想起那些"哲人"的习气。他们以为生命的利用不外乎在于将它打发、消磨，并且尽量回避它，无视它的存在，仿佛这是一件苦事、一件贱物似的。至于我，我却认为生命不是这个样的，我觉得它值得称颂，富有乐趣，即便我自己到了垂暮之年也还是如此。我们的生命来自自然的恩赐，它是优越无比的，如果我们觉得不堪生之重压或是白白虚度此生，那也只能怪我们自己。

　　"糊涂人的一生枯燥无味，躁动不安，却将全部希望寄托于来世。"②

---

　　① 选自梁宗岱、黄建华译《蒙田随笔》，湖南人民出版社，1987年版。原为"热爱生命"与"要生活得写意"，今两篇合一。

　　② 古罗马哲学家塞内加语。

　　不过，我却随时准备告别人生，毫不惋惜。这倒不是因生之艰辛或苦恼所致，而是由于生之本质在于死。因此只有乐于生的人才能真正不感到死之苦恼。享受生活要讲究方法。我比别人多享受到一倍的生活，因为生活乐趣的大小是随我们对生活的关心程度而定的。尤其在此刻，我眼看生命的时光无多，我就愈想增加生命的分量。我想靠迅速抓紧时间，去留住稍纵即逝的日子；我想凭时间的有效利用去弥补匆匆流逝的光阴。剩下的生命愈是短暂，我愈要使之过得丰盈饱满。

二

　　跳舞的时候我便跳舞，睡觉的时候我就睡觉。即便我一人在幽美的花园中散步，倘若我的思绪一时转到与散步无关的事物上去，我也会很快将思绪收回，令其想想花园，寻味独处的愉悦，思量一下我自己。天性促使我们为保证自身需要而进行活动，这种活动也就给我们带来愉快①。慈母般的天性是顾及这一点的。它推动我们去满足理性与欲望的需要。打破它的规矩就违背情理了。

　　我知道恺撒与亚历山大就在活动最繁忙的时候，仍然充分享受自然的也就是必需的、正当的生活乐趣。我想指出，这不是要使精神松懈，而是使之增强，因为要让激烈的活动、艰苦的思索服从于日常生活习惯，那是需要有极大的勇气的。他们认为，享受生活乐趣是自己正常的活动，而战事才是非常的活动。他们持这种看法是明智的。我们倒是些大傻瓜。我们说："他一辈子一事无成。"或者说："我今天什么事也没有做……"怎么！您不是生活过来了吗？这不仅是最基本的活动，而且也是我们诸种活动中最有光彩的。"如果我能够处理重大的事情，我本可以表现出我的才能。"您懂得考虑自己的生活，懂得去安排它吧？那您就做了最重要的事情了。天性的表露与发挥作用，无须异常的境遇。它在各个方面乃至在暗中也都表现出来，无异于在不设幕的舞台上一样。我们的责任是调整我们的生活习惯，而不是去编书；是使我们的举止井然有序，而不是去打仗，去扩张领地。我们最豪迈、最光荣的事业乃是生活得惬意，一切其他事情，执政、致富、建造产业，充其量也只不过是这一事业的点缀和从属品。

---

　　① 例如饮食、睡眠、性爱，既满足人类自身生存和繁殖的需要，同时也给人带来愉快。

【英国】培根

何新 译

论读书①

　　培根（1561~1626），英国哲学家、科学家、思想家。以《新工具论》把"归纳法"引入哲学界，拓展了人类思维模式。积极倡导"有用的知识"，把科学观念转化为生产力，被马克思称为"近代实验科学的真正始祖"。最受一般读者欢迎的是《论说文集》（一译《人生论》），在最陈旧的话题上，培根也能说出别开生面的创见。诗人雪莱的观感是："他的文字有一种优美而庄严的韵律，给感情以动人的美感，他的论述中有超人的智慧和哲学，给理智以深刻的启迪。"蒙田的《随笔集》、培根的《人生论》和帕斯卡尔的《思想录》被评论家称作近代哲理散文的三大代表作。培根直到临终都留给世人一个智者的形象——他因为实验用雪防止肉类腐败的成效而感染风寒，从此一病不起。他的临终绝笔是："这次实验……相当成功。"他的遗嘱独特而自信："我把灵魂馈赠给上帝……把躯体留给一抔无名的黄土；把名字留赠给未来的时代和异国他乡的民族。"

　　读书可以作为消遣，可以作为装饰，也可以增长才干。

　　孤独寂寞时，阅读可以消遣。高谈阔论时，知识可供装饰。处世行事时，正确动用知识意味着才干。懂得事物因果的人是幸运的。有实际经验的人虽能够处理个别性的事物，但若要综观整体，运筹全局，却唯有学识方能办到。

　　读书太慢会弛惰，为装潢而读书是欺人，只按照书本办事是呆子。

　　求知可以改进人性，而经验又可以改进知识本身。人的天性犹如野生的花草，求知学习好比修剪移栽。学问虽能指引方向，但往往流于浅泛，必须依靠经验才能扎下根基。

　　狡诈者轻鄙学问，愚鲁者羡慕学问，聪明者则运用学问。知识本身并没有告诉人怎样运用它，运用的智慧在于书本之外。这是技艺，不体验就学不到。

　　读书的目的是为了认识事物原理，为挑剔辩驳去读书是无聊的。但也不可

---

① 选自何新译《培根论人生》，上海人民出版社，1983年版。

过于迷信书本。求知的目的不是为了吹嘘炫耀，而应该是为了寻找真理，启迪智慧。

书籍好比食品。有些只须浅尝，有些可以吞咽，只有少数需要仔细咀嚼，慢慢品味。所以，有的书只要读其中一部分，有的书只须知其中梗概，而对于少数好书，则要通读，细读，反复读。

有的书可以请人代读，然后看他的笔记摘要就行了。但这只应限于不太重要的议论和质量粗劣的书，否则一本书将像已被蒸馏过的水，变得淡而无味了。

读书使人充实，讨论使人机敏，写作则能使人精确。

因此，如果有人不读书又想冒充博学多知，他就必须很狡點，才能掩饰无知。如果一个人懒于动笔，他的记忆力就必须强而可靠。如果一个人要孤独探索，他的头脑就必须格外锐利。

读史使人明智，读诗使人聪慧，演算使人精密，哲理使人深刻，道德使人高尚，逻辑修辞使人善辩。总之，"知识能塑造人的性格"。

不仅如此，精神上的各种缺陷，都可以通过求知来改善——正如身体上的缺陷，可以通过适当的运动来改善一样。例如打球有利于腰背，射箭可扩胸利肺，散步则有助于消化，骑术使人反应敏捷，等等。同样，一个思维不集中的人，他可以研习数学，因为数学稍不仔细就会出错。缺乏分析判断力的人，他可以研习形而上学，因为这门学问最讲究繁琐辩证。不善于推理的人，可以研习法律案例，如此等等。这种种心灵上的缺陷，都可以通过求知来治疗。

【德国】叔本华

陈晓南 译

读书与书籍①

　　叔本华（1788~1860），德国哲学家，西方现代悲观主义哲学先驱。30岁写下代表作《作为意志和表象的世界》，与黑格尔的逻辑思维体系相对抗，提出自己的"唯意志论"，但无人问津，当时大部分存书只能作废纸处理。他一生中大部分时间都是在无亲无友、无家无国的孤寂状态中，孤傲而坚忍地期待着人类对他的认可。认可终于在晚年来临，从他那些犀利而美妙的散文被普通读者接受开始，到他的哲学思想撞开学术界的大门，一场由下至上的"叔本华热"蔓延欧洲。叔本华晚年的乐趣就是阅读对于自己著作的好评，并为"肯定还有许多没有读到"而遗憾。他的墓碑按照遗愿只刻着名字"阿瑟·叔本华"，他知道这就足够了。

　　读叔本华，常常要掩卷小憩，那种锐利的思想锋芒迫使你不敢滑溜溜地顺读下去，以免自己被割伤。

1

　　愚昧无知如伴随着富豪巨贾，更加贬低了其人的身价。穷人忙于操作，无暇读书无暇思想，无知是不足为怪的。富人则不然，我们常见其中的无知者，恣情纵欲，醉生梦死，类似禽兽。他们本可做极有价值的事情，可惜不能善用其财富和闲暇。

2

　　我们读书时，是别人在代替我们思想，我们只不过重复他的思想活动的过程而已，犹如儿童启蒙习字时，用笔按照教师以铅笔所写的笔画依样画葫芦一般。我们的思想活动在读书时被免除了一大部分。因此，我们暂不自行思索而拿书来读时，会觉得很轻松，然而在读书时，我们的头脑实际上成为别人思想的运动场了。所以，读书愈多，或整天沉浸于读书的人，虽然可借以休养精神，但他的思维

---

　　① 选自王家新、汪剑钊主编《灵魂的边界——外国思想者随笔经典》，云南人民出版社，1996年版。

能力必将渐次丧失，此犹如时常骑马的人步行能力必定较差，道理相同。有许多学者就是这样，因读书太多而变得愚蠢。经常读书，有一点闲空就看书，这种做法比常做手工更会使精神麻痹，因为在做手工时还可以沉湎于自己的思想中。我们知道，一条弹簧如久受外物的压迫，会失去弹性，我们的精神也是一样，如常受别人的思想的压力，也会失去其弹性。又如，食物虽能滋养身体，但若吃得过多，则反而伤胃乃至全身；我们的"精神食粮"如太多，也是无益而有害。读书越多，留存在脑中的东西越少，两者适成反比。读书多，他的脑海就像一块密密麻麻、重重叠叠、涂抹再涂抹的黑板一样。读书而不加以思考，决不会有心得，即使稍有印象，也浅薄而不生根，大抵在不久后又会淡忘丧失。以人的身体而论，我们所吃的东西只有五十分之一能被吸收，其余的东西，则因呼吸、蒸发等作用而消耗掉。精神方面的营养亦同。

况且被记录在纸上的思想，不过是像在沙上行走者的足迹而已，我们也许能看到他所走过的路径；如果我们想要知道他在路上看见些什么，则必须用我们自己的眼睛。

3

作家们各有其所专擅，例如雄辩、豪放、简洁、优雅、轻快、诙谐、精辟、纯朴、文采绚丽、表现大胆等等，然而，这些特点，并不是读他们的作品就可学得来的。如果我们自己天生就有着这些优点，也许可因读书而受到启发，发现自己的天赋。看别人的榜样而予以妥善地应用，然后我们才能也有类似的优点。这样的读书可教导我们如何发挥自己的天赋，也可借以培养写作能力，但必须以自己有这些禀赋为先决条件。否则，我们读书只能学得陈词滥调，别无利益，充其量只不过是个浅薄的模仿者而已。

4

如同地层依次保存着古代的生物一样，图书馆的书架上也保存着历代的各种古书。后者和前者一样，在当时也许曾洛阳纸贵，传诵一时，而现已犹如化石，了无生气，只有那些"文学的"考古学家在鉴赏而已。

5

据希罗多德（Herodotus，希腊史学家）说，薛西斯（Xerxes，波斯国王）眼看着自己的百万雄师，想到百年之后竟没有一个人能幸免黄土一抔的厄运，感慨之余，不禁泫然欲泣。我们再联想起书局出版社那么厚的图书目录中，如果也预想到十年之后，这许多书籍将没有一本还为人所阅读时，岂不也要兴起泫然欲泣的感觉？

6

文学的情形和人生毫无不同，不论任何角落，都可看到无数卑贱的人，像苍蝇似的充斥各处，为害社会。在文学中，也有无数的坏书，像蓬勃滋生的野草，伤害五谷，使它们枯死。他们原是为贪图金钱，营求官职而写作，却使读者浪费时间、金钱和精神，使人们不能读好书，做高尚的事情。因此，它们不但无益，而且为害甚大。大抵来说，目前十分之九的书籍是专以骗钱为目的的。为了这种目的，作者、评论家和出版商，不惜同流合污，朋比为奸。

许多文人，非常可恶又狡猾，他们不愿他人企求高尚的趣味和真正的修养，而集中笔触很巧妙地引诱人来读时髦的新书，以期在交际场中有谈话的资料。如斯宾德连[1]、布维（Bulwer）及尤金·舒[2]等人都很能投机，而名噪一时。这种为赚取稿费的作品，无时无地都存在着，并且数量很多。这些书的读者真是可怜极了，他们以为读那些平庸作家的新作品是他们的义务，因此而不读古今中外的少数杰出作家的名著，仅仅知道他们的名姓而已——尤其那些每日出版的通俗刊物更是狡猾，能使人浪费宝贵的时光，以致无暇读真正有益于修养的作品。

因此，我们读书之前应谨记"决不滥读"的原则，不滥读有方法可循，就是不论何时凡为大多数读者所欢迎的书，切勿贸然拿来读。例如正享盛名，或者在一年中发行了数版的书籍都是，不管它属于政治或宗教性还是小说或诗歌。你要知道，凡为愚者所写作的人是常会受大众欢迎的。不如把宝贵的时间专读伟人的已有定评的名著，只有这些书才是开卷有益的。

不读坏书，没有人会责难你，好书读得多，也不会引起非议。坏书有如毒药，足以伤害心神——因为一般人通常只读新出版的书，而无暇阅读前贤的睿智作品，所以连作者也仅停滞在流行思想的小范围中，我们的时代就这样在自己所设的泥泞中越陷越深了。

7

有许多书，专门介绍或评论古代的大思想家，一般人喜欢读这些书，却不读那些思想家的原著。这是因为他们只顾赶时髦，其余的一概不理会；又因为"物以类聚"的道理，他们觉得现今庸人的浅薄无聊的话，比大人物的思想更容易理

---

① 斯宾德连（Spindlen，1579～1688），德国小说家。

② 尤金·舒（Eugen Sue，1804～1857），法国小说家。

解，是以古代名作难以入目。

我很幸运，在童年时就读到了施勒格尔^①的美妙警句，以后也常奉为圭臬。

"你要常读古书，读古人的原著：

今人论述他们的话，没有多大意义。"

平凡的人，好像都是一个模型铸成的，太类似了！他们在同时期所发生的思想几乎完全一样，他们的意见也是那么庸俗。他们宁愿让大思想家的名著摆在书架上，但那些平庸文人所写的毫无价值的书，只要是新出版的，便争先恐后地阅读。太愚蠢了！

平凡的作者所写的东西，像苍蝇似的每天产生出来，一般人只因为它们是油墨未干的新书，而爱读之，真是愚不可及的事情。这些东西，在数年之后必遭淘汰，其实，在产生的当天就应当被遗弃的才对，它只可作为后世的人谈笑的资料。

无论什么时代，都有两种不同的文艺，似乎各不相悖地并行着。一种是真实的，另一种只不过是貌似的东西。前者成为不朽的文艺，作者纯粹为文学而写作，他们的进行是严肃而静默的，然而非常缓慢。在欧洲一世纪中所产生的作品不过半打。另一类作者，文章是他们的衣食父母，但它们却能狂奔疾驰，受旁观者的欢呼鼓噪，每年送出无数的作品于市场上。但在数年之后，不免令人发生疑问：它们在哪里呢？它们以前那喧嚣的声誉在哪里呢？因此，我们可称后者为流动性的文艺，前者为持久性的文艺。

8

买书又有读书的时间，这是最好的现象，但是一般人往往是买而不读，读而不精。

要求读书的人记住他所读过的一切东西，犹似要求吃东西的人，把他所吃过的东西都保存着一样。在身体方面，人靠所吃的东西而生活；在精神方面，人靠所读的东西而生活，因此变成他现在的样子。但是身体只能吸收同性质的东西，同样的道理，任何读书人也仅能记住他感兴趣的东西，也就是适合于他的思想体系，或他的目的物。任何人当然都有他的目的，然而很少人有类似思想体系的东西，没有思想体系的人，无论对什么事都不会有客观的兴趣，因此，这类人读书必定是徒然无功，毫无心得。

Repetitio est Mater Studioun（温习乃研究之母）。任何重要的书都要立即再读一遍，一则因再读时更能了解其所述各种事情之间的联系，知道其末尾，才能

① 施勒格尔（Schlegel, 1767~1845），德国作家。

彻底理解其开端；再则因为读第二次时，在各处都会有与读第一次时不同的情调和心境，因此，所得的印象也就不同，此犹如在不同的照明中看一件东西一般。

作品是作者精神活动的精华，如果作者是一个非常伟大的人物，那么他的作品常比他的生活还有更丰富的内容，或者大体也能代替他的生活，或远超过它。平庸作家的著作，也可能是有益和有趣的，因为那也是他的精神活动的精华，是他一切思想和研究的成果。但他的生活际遇并不一定能使我们满意。因此，这类作家的作品我们也不妨一读。何况，高级的精神文化，往往会使我们渐渐达到另一种境地，从此可不必再依赖他人以寻求乐趣，书中自有无穷之乐。

没有别的事情能比读古人的名著更能给我们精神上的快乐。我们一拿起一本这样的古书来，即使只读半小时，也会觉得无比的轻松、愉快、清净、超逸，仿佛汲饮清冽的泉水似的舒适。这原因，大概一则是由于古代语言之优美，再则是因为作者的伟大和眼光之深远，其作品虽历数千年，仍无损其价值，我知道目前要学习古代语言已日渐困难，这种学习，如果一旦停止，当然会有一种新文艺兴起，其内容是以前未曾有过的野蛮、浅薄和无价值。德语的情况更是如此。现在的德语还保留有古代的若干优点，但很不幸的是有许多无聊作家正在热心而有计划地予以滥用，使它渐渐成为贫乏、残废，或竟成为莫名其妙的语言。

文学界有两种历史：一种是政治的，一种是文学和艺术的。前者是意志的历史；后者是睿智的历史。前者的内容是可怕的，所写的无非是恐惧、患难、欺诈及可怖的杀戮等等；后者的内容都是清新可喜的，即使在描写人的迷误之处也是如此。这种历史的重要分支是哲学史。哲学实在是这种历史的基础低音，这种低音也传入其他的历史中。所以，哲学实在是最有势力的学问，然而它的发挥作用是很缓慢的。

9

我很希望有人来写一部悲剧性的历史，他要在其中叙述：世界上许多国家，无不以其大文豪及大艺术家为荣，但在他们生前，却遭到虐待；他要在其中描写，在一切时代和所有的国家中，真和善常对着邪和恶作无穷的斗争；他要描写，在任何艺术中，人类的大导师们几乎全都遭灾殉难；他要描写，除了少数人外，他们从未被赏识和关心，反而常受压迫，或流离颠沛，或贫寒饥苦，而富贵荣华则为庸碌卑鄙者所享受，他们的情形和创世记中的以扫（Esau）相似（旧约故事，以扫和雅各为孪生兄弟。以扫出外为父亲击毙野兽时，雅各穿上以扫的衣服，在家里接受父亲的祝福）。然而那些大导师们仍不屈不挠，继续奋斗，终能完成其事业，光耀史册，永垂不朽。

【德国】尼采

周国平 译

看哪，这人①

哲人快语

　　尼采（1844～1900），德国哲学家、文学家、思想家。他一出场就带着酒神狄俄尼索斯的狂欢醉意，宣布"上帝死了"，要"重估一切价值"。他重估了宗教、历史、哲学、文学、音乐、道德、种族、民主、自由、妇女解放等等，以一人之力向本时代的道德体系挑战，试图用"强力意志"颠覆世界。他像一场暴风雨横扫过人类的精神上空，痛痛快快地撕破层层压抑的精神疑云，虽不免泥沙俱下，但毕竟使人类的思想获得了一次清新、洁净的深呼吸，使后来的思想者多了一份怀疑和批判的勇气。尼采活着时，承受着世界的一片嘘声，这迫使他越加独步狂啸、傲视人间。可能是他的头颅已盛不下他不断爆炸的思想，最后，尼采疯了。很少有人为自己的天才付出过如此巨大的代价。他在疯人院里听人谈到书时，苍白的脸上顿时神采飞扬："啊！我也写过一些好书。"他的《圣经》风格的道德宣言和人类预言之书《查拉图斯特拉如是说》，是19世纪世界文学中最伟大的散文诗。

我为何如此聪明

3

　　营养的选择；气候和地方的选择；——一个人万不可大意的第三件是他的休养方式的选择。在这里，允许他的精神独特（sui generis）的界限，即有益的范围，也是狭窄的，并且是更加狭窄的。对我来说，一切阅读都是我的休养，从而使我从我自己放松，任我优游于陌生的学科和灵魂——我不再严肃处之。阅读恰使我从我的严肃中得以复元。埋头工作之时，在我这里看不到一本书：我禁止任何人在我旁边说话甚或默想，而这就叫阅读……人们可曾注意到，在那种因孕育而使精神和整个机体所陷入的至深紧张中，偶然事件和外来刺激会产生格外猛烈的作用，会造成格外深重的"打击"？一个人必须尽可能避开偶然事件或外来刺

① 选自周国平译《悲剧的诞生——尼采美学文选》，三联书店，1986年版。

激；自筑壁垒是精神孕育的第一本能和第一智慧。我要让一种别人的思想偷偷越过壁垒吗？——而这就叫阅读……在工作和丰收的时辰之后，便是休养的时辰：你们来吧，愉快的书籍，机智的书籍，聪颖的书籍！——那会是德国书籍吗？……我必须回溯到半年前，我随手抓到了一本书。那是一本什么书？——维克多·勃罗查德（Victor Brochard）的杰作《希腊怀疑论者》（Les Sceptiques Grecs），我的《第欧根尼·拉尔修》①在其中也很好地得到了运用。怀疑论者，模棱两可的哲学家民族中唯一可尊敬的类型！……我历来几乎总是避难于这些人的书籍，避难于为数甚少的恰好为我提供的书籍。读得多而杂也许不合我的天性：一间阅览室会使我生病。爱得多而杂同样不合我的天性。提防甚至仇视新书，比起仇视"容忍"、"心胸开阔"（Largeur ducoeur）以及别的"邻人爱"，更早化作了我的本能……归根到底，只有少数几个过去的法国人使我流连忘返：我只相信法国教养，而把欧洲自称为教养的一切看做误会，更不必说德国教养了。我在德国所遇见的少数高等教养的例子，全都是法国血统，尤其是柯西马·瓦格纳夫人，在趣味问题上绝对是我所知道的第一流的。——我不是读过，而是爱上了帕斯卡尔，爱他之作为基督教精神的富有教益的牺牲品，慢慢地被宰割，先是在肉体上，然后是在心灵上，这惨无人道的恐怖程式的整个逻辑；在我的心灵里，谁知道呢，或许也在我的肉体里，有一些蒙田的任性；我的艺术家趣味捍卫着莫里哀、高乃依和拉辛的名字，而对莎士比亚这样粗暴的天才不无痛恨。最后，这一切并不妨碍我也把新近的法国人看做可爱的友伴。我完全不知道，历史上有哪一个世纪，如此好奇又如此精微的心理学家济济一堂，像今日的巴黎那样。我试着举出——因为他们的人数实在不少——保罗·布尔热、皮埃尔·洛蒂、吉普、梅雅克、阿那托尔·法朗士、朱尔·列梅特尔诸位先生，或者为了突出强健种族中的一员，举出我特别喜欢的一位真正的拉丁人，居伊·德·莫泊桑。我偏爱这一代人，即我们之中的人，乃至其大师，这些大师全都被德国哲学败坏了（例如泰纳先生被黑格尔败坏了，他因为黑格尔而误解了伟大人物和伟大时代）。德国伸展到哪里，就败坏了哪里的文化。战争才"拯救"了法国的精神……司汤达，我生命中最美好的邂逅之一——因为在我的生命中划时代的一切，都是来自邂逅，从来不是来自一种建议——他的心理学家的先见之明，他对事实的把握，都是不可估价的，令人想起最伟大的事业家（指拿破仑）；最后，并非最不重要的，作为正直的无神论者，一个在法国罕见的，并且几乎未曾遇见过的类型——则是光荣的普罗斯佩·梅里美……莫非我竟至于嫉妒司汤达？他夺走了无神论者所能说出的最巧妙的俏皮话，这话本来正该由我说出的："上帝唯一可宽恕之处，就是他并不存在"……我

---

① 尼采在莱比锡大学读书时写的一篇论文。第欧根尼·拉尔修是3世纪中叶的哲学史家，编纂十卷本的《著名哲学家的生平、学说及嘉言钞》，为后人留下了有关希腊罗马哲学的宝贵资料。

自己在什么地方也说过：迄今为止什么是对生命的最大非难？上帝……

4

给我以抒情诗人的最高概念的是亨利希·海涅。我在许多世纪的一切领域中徒劳地寻找着一种同样甜蜜而又热情的音乐。他具有那种神圣的恶意，没有这种恶意，我就不能想象完满——我估量人和种族的价值，就看他们如何不由自主地结合着牧神去理解上帝。——而且他是怎样运用德语的啊！有一天人们会说，海涅和我绝对是德国语言的第一流艺术家——距离纯粹德国人的德语水平无限遥远。——我和拜伦的曼弗雷德必定有很深的血缘关系，我在自己身上发现了其一切深渊——13岁时，我于这部作品已经成熟了。谁当着曼弗雷德的面，敢于提起浮士德，我实在无话可说，只有瞥他一眼。德国人对于伟大的任何概念都是低能的，舒曼就是证据。我本人出于对这个甜腻腻的撒克逊人的痛恨，曾经给曼弗雷德写过一段反序曲，汉斯·冯·彪罗①说，他从未见过与此相似的乐谱：这是对欧忒耳珀②的渴念。——当我寻求我对于莎士比亚的最高公式时，我找到的始终是：他塑造了恺撒这个典型。一个人是不能猜透这种典型的——他或者就是它，他或者不是它。这位大诗人只能发掘他的亲身经历——以至于他后来不能再忍受他的作品了……当我望了一眼我的查拉图斯特拉，我在屋子里踱躞了半个钟头，再也控制不住难以忍受的悲怆的抽搐。——我不知道还有比读莎士比亚更令人心碎的事情了：一个人何以必须如此受苦，以致不能不做一个小丑！——人们理解哈姆雷特了吗？不是怀疑，而是确信，会逼人发狂……可是要有这体会，一个人必须深刻，成为深渊、哲学家……我们都害怕真理……

5

谈到我的生命的休养，我在这里不能不赞一词，以表达我对那在我的一生中最深沉最亲切地使我复原的事情的谢忱。这无疑就是和理查德·瓦格纳的亲密交往。我可以轻易放弃我的人间关系的零头；但没有什么代价可以使我从我的生命中缴出特里伯辛（Tribschen）的日子，那信任而明朗的日子，有着微妙的意外——有着深邃的瞬间……我不知道别人和瓦格纳一起有何感觉；不曾有过一朵云影掠过我们的天空。——因此我再次返回法国——对于瓦格纳派以及其余诸如此类的人物（et hoc genus omne），我不屑置辩，只是轻蔑地一撇嘴角，这些人满以为瓦格纳与己同类，借此信念而向他致敬……依我至深的天性，我和一切德国的东西如此格格不入，以致只要接近一个德国人，就足以阻碍我的消化，和瓦格纳的初次接触乃是我生命中第一回扬眉吐气：我感到，我尊敬他如同尊敬异国，如同尊敬一切"德国德行"的对立面和对之有血有肉的抗议。——我们，在50年代的

---

① 彪罗（Hans von Bülow），19世纪德国著名指挥家。

② 欧忒耳珀（Euterpe），希腊神话中司音乐的女神。

瘴气中度过了童年的我们，对于"德国的"这个概念必不可免地是悲观者；我们除了做革命者别无可能——我们不能容忍伪君子高高在上的情景。无论这伪君子如今怎样乔装变色，他是纤金拖紫，抑或披盔挂甲，于我全然一样……好吧！瓦格纳是一位革命者——他逃离了德国人……作为艺人，一个人在欧洲除了巴黎便无家可归。瓦格纳艺术的前提，那五种艺术官能的精致，对于细微差别（nuances）的把握，心理的病态，只有在巴黎才能找到。任何别处都不会有对于形式问题的狂热，对于舞台调度（mise en scène）的认真——巴黎人的认真是卓越的（par excellence）。在德国，人们对于活跃在一位巴黎艺术家灵魂中的那种巨大野心甚至形不成概念。德国人是驯顺的——而瓦格纳却根本不是驯顺的……然而，关于瓦格纳何所归属，谁是他最近的亲属，我已经说得够多了（见《善恶的彼岸》第二卷）：这就是法国后期浪漫派，那个腾云驾雾的艺术家类型，例如德拉克洛瓦，柏辽兹，具有一种疾病的、不治之症的性格基础，是表情的公开热衷者，彻头彻尾的明星……一般来说，谁是瓦格纳的第一个自觉的追随者？夏尔·波德莱尔，他最先理解了德拉克洛瓦，是一个典型的颓废派，整个艺人家族都在他身上重新认识了自己——他或许还是其中最后一人……我决不原谅瓦格纳的是什么？就是他屈尊俯就德国人——他成了德国国民……德国伸展到哪里，就败坏了哪里的文化。

6

细想起来，没有瓦格纳的音乐，我就不可能忍受住我的青年时代。因为我已经被判决为一个德国人。当一个人想摆脱一种无法忍受的压迫时，必须有麻醉品。好吧，我必须有瓦格纳。瓦格纳是一切德国事物的卓越的抗毒剂——我不否认他也是毒剂……自从听到《特里斯坦》钢琴片断的那一刹那起——多谢冯·彪罗先生！——我就成为一个瓦格纳派了。我看瓦格纳以前的作品都在我之下——还太平庸，太"德国气"……可是今天我还在寻找一部作品，与《特里斯坦》有着同样危险的魅惑力，同样可怕而甜蜜的无穷意味——我在一切艺术中徒劳地寻找着。只要响起《特里斯坦》的第一个音符，列奥纳多·达·芬奇的全部奇特都失去了魔力。这部作品绝对是瓦格纳的顶峰（non plus ultra）；他的《名歌手》和《指环》已是从顶峰跌落了。变得更健康——这在瓦格纳这样的天性反是一种退步……生逢其时，并且恰好生在德国人中间，以求成熟于这部作品，我以为是头等的幸运：我身上的心理学家的好奇心走得如此之远。对于从未病得足以沉溺于这种"地狱之狂欢"的人来说，世界是贫乏的，应当准许甚至命令在这里运用一种秘仪形式。——我认为，我比任何人更了解瓦格纳的奇伟怪诞，除了他无人能展翅飞抵的狂喜的50重天；况且我足够强壮，可以使最可疑最危险的事物于我有益，并且变得更为强壮，所以我称瓦格纳为我的生命的大恩人。使我们结成亲缘的是，比起本世纪人们所能忍受的痛苦来，我们受苦更深，而且互从对方受苦，这将使我们的名字永远重新联结在一起；在德国人中间，瓦格纳必定是一个纯粹的误解，我也必定如此，且将永远如此。——我的日耳曼同胞，你们首先得受两百年的心理学和艺术的训练！……然而这一课是没法补上的了。

我为何写出如此杰作

4

我还要一般地谈谈我的风格之艺术。用符号以及这些符号的节拍传达一种状态，一种内在的激情之紧张——这是每种风格的意义；由于我的内在状态异常繁多，我就具有风格的多种可能性——一般来说，乃是一个人所曾掌握过的最多样化的风格之艺术。一种风格若能真实地传达内在状态，不错用符号、符号的节拍以及表情（一切修辞都是表情的技巧），便是好的风格。我的本能在这方面是不会错的。——自在的好风格是十足的愚蠢，是纯粹的"理想主义"，如同"自在之美""自在之善""自在之物"一样……前提始终是要有听取的耳朵——有懂得并且配得上这种激情的人，有可以向之传达的人。—— 例如，我的《查拉图斯特拉如是说》目前还在寻找这样的人——唉！它还将久久地寻找！——人必须配得上受它的考验……在那个时辰到来之前，不会有人理解我耗费在这本书中的技巧；也不曾有人致力于如此崭新的、闻所未闻的、真正首创的艺术手段。在德语中能够有这样的东西，这一点一直有待证明，我本人从前对此也坚决否认。在我之前，人们不知道，用德语能够做成什么—— 一般来说用语言能够做成什么。伟大节奏的技巧，修辞的伟大风格，以表达高尚的超人的激情之澎湃起伏，首先被我发现了；凭借《七印记》（《查拉图斯特拉如是说》第三卷最后一节）这样的颂诗，我翱翔在迄今所谓诗歌之上1000英里。

【德国】荷尔德林

伯杰 译

论美与神性①

　　荷尔德林（1770～1843），德国诗人。丹麦文学史家勃兰兑斯称之为
"当代（19世纪）最高尚、最优雅的心灵之一"。荷尔德林从希腊人身上看
见最丰富的人性，他所有的创作都是对失去的希腊的眷恋和悲悼。他说：
"尽管我满怀好意，以我的行动和思想追随着世界上这些无与伦比的人
们，可是我在我的全部言行中却常常显得更加笨拙可笑，因为我像鹅一样以
平足立于现代的水波之中，软弱无力地向希腊的天空振翅欲飞。"现代人是
无法重现古希腊的纯美与辉煌了，但现代人可以活得比当下更有人性。荷尔
德林说："人一旦成其为人，也就是神。而他一旦成了神，他就是美的。"

　　长久以来，在狄奥蒂玛②的影响下，我的灵魂更加趋于平衡；今天，我倍感到
这个平衡的纯洁，那些四处飘游的分散的力量都集聚在一个黄金般的中心里。

　　我们彼此谈论着古代雅典娜民族的出类拔萃，讨论这种优越的成因，和使这
个民族得以存在的条件。

　　一个人说道，这气候造就了这个民族；另一个说：是艺术和哲学孕育了雅
典；第三个则说：是宗教和国家的形式使然。

　　是谁对我说气候造就了这一切，那么请想一想，我们可是也生活在同样的气
候里啊。

　　比之地球上其他任何一个民族，雅典娜的子民在任何方面都更加不受干
扰，更加免受强制的影响地成长起来了。没有征服者能够削弱这个民族，任何战
争的胜利都不会使她飘飘然忘乎所以；即使不得不侍奉异族的神祇，她也不至于
丧失理智；无论怎样的浅薄世故，也不能催她过早成熟。就像贝壳里正在成长的
珍珠一样，这个民族的童年不受外界的任何干扰。直到进入皮西斯特拉图斯和希

---

　　① 选自刘晓枫主编《人类困境中的审美精神——哲人、诗人论美文选》，东方出版中心，1995年版。原文出自
荷尔德林的《许佩里翁》。

　　② 荷尔德林创作的小说《许佩里翁》中的女主人公。

帕卡斯的时代，她才为人所知。就连特洛伊战争，这个把大多数希腊民族过早催熟并使之生气勃勃的战事——就像温室一般——她也极少涉足。——任何超乎寻常的机遇都不能造就人。这样一个母亲的儿子们是伟大的，轰轰烈烈的，然而却永远不会成为美的生命，或者换言之，成为人，否则只有在很久以后，当畸形的发展经过痛苦的斗争缓和下来，虽然还远远没有造就最终的和平，他们才会成为人。

拉斯戴门人以其充溢的力量，赶在了雅典人的前头，也正是由于这个原因而过早地涣散解体了，即使吕促克部族没有出现，没有用它那缰绳套住这个莽撞的家伙。从那时起，斯巴达人又异军突起，靠着勤奋和具有自我意识的追求而争得、换取了一切优点。所以在某种意义上可以说斯巴达人是单纯质朴的，然而——这也很自然——他们根本就没有真正的孩童的质朴。拉斯戴门人过早地打乱了本能的秩序，他们过早地长得出了格，于是也不得不过早地把他们束缚住；因为每一种束缚，每一种艺术，在人的自然还未成熟之前就出现，那么就是过早了。完美的自然必然生活在还没有入学的孩童心里，以便童年的图像给他指出从学校到完美的自然的归途。

斯巴达人永远只是一个发展不完备的残片；因为，谁若不曾是完美的儿童，也就很难长成完美的男子汉。

当然，苍天和大地所施与雅典人的，跟它们施与所有希腊人的都一样，没有加给他们贫困，也没有踢给他们富足。上天的光芒也并不是如同大雨一般浇到他们身上。大地也并没有用爱抚和过多的才分陶醉他们，给他们以温柔，就像愚昧的母亲经常做的一样。

啊！把这样一颗种子撒进这个民族的心田里，必定会长出一片荡漾着金穗的大洋。这颗种子很久很久还在雅典人中起着明显的作用。还苗壮地成长着。

我再重复一遍，雅典人一点没有受到任何种类的强制影响，吃着中庸适度的饮食成长起来，这使他们超群出众，也只有这样才会造就他们！

从摇篮时代起就不要去干扰人吧！不要把人从他本质的紧密的蓓蕾中驱赶出来吧！不要把他从童年的小屋里驱赶出来吧！不要撒手不管，使他与你们产生隔阂，觉得他与你们有所不同；也不要插手太多，以致他都感觉不到你们或他的力量，使他觉得你们和他有所不同。简言之，让人知道得晚一些，在他之外还存在一些其他的东西，其他的人。因为只有这样，他才会成人。人一旦成其为人，也就是神。而他一旦成了神，他就是美的。

多奇妙！朋友中有一人叫起来。

你还从来没有这样说出我的心里话，狄奥蒂玛喊了起来。

我这都是得之于你，我回答道。

　　所以雅典人是人，我继续说，他必然成为人。他美妙绝伦地出自自然的双手，躯体中、灵魂里都是美的，人们常这么说。

　　美，人性的美，神性的美，她的第一个孩子是艺术。在艺术中，神性的人青春重返，再获生命。他想要感觉自己本身，于是他面对着自己的美。于是人给自己造出了众多的神祇。因为在万事之初，人与他的众神本为一体，就是在那里，在还未认识到自己的时候，才有永恒的美。——我真是在说天书，但是的确如此。

　　神性的美生育的第一个孩子是艺术。在雅典人那里尤其是这样。

　　美养育的第二个女儿是宗教。宗教就是美的爱。智者爱宗教自身，爱这个无限的、包罗万象的宗教；民众爱宗教的子女们，以变幻无穷的形象对民众显现的众神。还是在雅典人那里尤其如此。而且没有这种美的爱，没有这样的宗教，国家便只是一副没有生命和精神的干枯骨架，所有思想和行动便只是一棵无梢的树，柱头已经滑落的柱子。

　　在希腊人，尤其是在雅典人那里，情况的确如此。他们的艺术和宗教的确是永恒的美——完美的人性——的真正的孩子，而且这些孩子只可能出自完美的人性，人们只要用不抱成见的眼光看看他们神圣的艺术的对象，看看他们的宗教，就一目了然了。希腊人正是抱着这样的态度来爱、来尊重他们的对象的。

【法国】加缪

杜小真 译

西西弗的神话①

哲人快语

加缪（1913～1960），法国存在主义作家。1957年"由于他重要的著作，在这著作中他以明察而热切的眼光照亮了我们这时代人类良心的种种问题"而获诺贝尔文学奖。代表作有《局外人》《鼠疫》。加缪以明澈的认真态度阐明了现代人类处境的"荒诞"，并试图强烈地唤起人们背叛荒诞的意志。他说："在这个时代巨变中，和我同时代的人们一样绝望得迷惘的我，只有一件事支持着我：一种深藏在内心的感情，因为今天的写作是一种信奉，而信奉并不只是为了写作，所以写作成了一种荣耀。"最能简明表达他的"荒诞哲学"和"忍受着悲惨和怀着希望的信奉"的写作观的，莫过于这篇哲学笔记——《西西弗的神话》。在古希腊神话中，被罚苦役的西西弗每天推巨石上山，巨石到山顶后又滚下来，然后再推……如此循环往复，没有了时。这个故事就是人类与荒谬世界对抗的寓言：人类或许改变不了世界，但人类从未放弃憧憬幸福，总是在反抗命运，这种荒诞的人类行为其实就孕育着欢乐和幸福。问题是，这种荒诞是偶然的，还是永恒的？

诸神处罚西西弗不停地把一块巨石推上山顶，而石头由于自身的重量又滚下山去。诸神认为再也没有比进行这种无效无望的劳动更为严厉的惩罚了。

荷马说，西西弗是最终要死的人中最聪明最谨慎的人。但另有传说说他屈从于强盗生涯。我看不出其中有什么矛盾。各种说法的分歧在于是否要赋予这地狱中的无效劳动者的行为动机以价值。人们首先是以某种轻率的态度把他与诸神放在一起进行谴责，并历数他们的隐私。阿索玻斯的女儿埃癸娜②被朱庇特劫走。父亲对女儿的失踪大为震惊并且怪罪于西西弗。深知内情的西西弗对阿索玻斯说，他可以告诉他女儿的消息，但必须以给柯兰特城堡供水为条件。他宁愿得到水的圣浴，而不是天火雷电。他因此被罚下地狱。荷马告诉我们西西弗曾经扼

---

① 选自加缪《西西弗的神话》，杜小真译，三联书店，1998年版。

② 阿索玻斯是希腊神话中的河神，埃癸娜是他的女儿。——译注

住过死神的喉咙。普洛托①忍受不了地狱王国的荒凉寂寞，他催促战神把死神从其战胜者手中解放出来。

还有人说，西西弗在临死前冒失地要检验他妻子对他的爱情。他命令她把他的尸体扔在广场中央，不举行任何仪式。于是西西弗重堕地狱。他在地狱里对那恣意践踏人类之爱的行径十分愤慨。他获得普洛托的允诺重返人间以惩罚他的妻子。但当他又一次看到这大地的面貌，重新领略流水、阳光的抚爱，重新触摸那火热的石头、宽阔的大海的时候，他就再也不愿回到阴森的地狱中去了。冥王的召令、气愤和警告都无济于事。面对起伏的山峦、奔腾的大海和大地的微笑，他又在地球上生活了多年。诸神于是进行干涉。墨丘利②跑来揪住这冒犯者的领子，把他从欢乐的生活中拉了出来，强行把他重新投入地狱，在那里，为惩罚他而设的巨石已准备就绪。

我们已经明白：西西弗是个荒谬的英雄。他之所以是荒谬的英雄，还因为他的激情和他所经受的磨难。他藐视神明，仇恨死亡，对生活充满激情，这必然使他受到难以用言语尽述的非人折磨：他以自己的整个身心致力于一种没有效果的事业。而这是为了对大地的无限热爱必须付出的代价。人们并没有谈到西西弗在地狱里的情况。创造这些神话是为了让人的想象使西西弗的形象栩栩如生。在西西弗身上，我们只能看到这样一幅图画：一个紧张的身体千百次地重复一个动作：搬动巨石，滚动它并把它推至山顶；我们看到的是一张痛苦扭曲的脸，看到的是紧贴在巨石上的面颊，那落满泥土、抖动的肩膀，沾满泥土的双脚，完全僵直的胳膊，以及那坚实的满是泥土的人的双手。经过被渺渺空间和永恒的时间限制着的努力之后，目的就达到了。西西弗于是看到巨石在几秒钟内又向着下面的世界滚下，而他则必须把这巨石重新推向山顶。他于是又向山下走去。

正是因为这种回复、停歇，我对西西弗产生了兴趣。这一张饱经磨难近似石头般坚硬的面孔已经自己化成了石头！我看到这个人以沉重而均匀的脚步走向那无尽的苦难。这个时刻就像一次呼吸那样短促，它的到来与西西弗的不幸一样是确定无疑的，这个时刻就是意识的时刻。在每一个这样的时刻中，他离开山顶并且逐渐地深入到诸神的巢穴中去，他超出了他自己的命运。他比他搬动的巨石还要坚硬。

如果说，这个神话是悲剧的，那是因为它的主人公是有意识的。若他行的每一步都依靠成功的希望所支持，那他的痛苦实际上又在哪里呢？今天的工人终生都在劳动，终日完成的是同样的工作，这样的命运并非不比西西弗的命运荒谬。但是，这种命运只有在工人变得有意识的偶然时刻才是悲剧性的。西西弗，这诸

---

① 普洛托：罗马神话中的冥王。——译注

② 墨丘利：罗马神话中的商业神。——译注

神中的无产者，这进行无效劳役而又进行反叛的无产者，他完全清楚自己所处的悲惨境地：在他下山时，他想到的正是这悲惨的境地。造成西西弗痛苦的清醒意识同时也就造就了他的胜利。不存在不通过蔑视而自我超越的命运。

如果西西弗下山推石在某些天里是痛苦地进行着的，那么这个工作也可以在欢乐中进行。这并不是言过其实。我还想象西西弗又回头走向他的巨石，痛苦又重新开始。当对大地的想象过于着重于回忆，当对幸福的憧憬过于急切，那痛苦就在人的心灵深处升起：这就是巨石的胜利，这就是巨石本身。巨大的悲痛是难以承担的重负。这就是我们的客西马尼①之夜。但是，雄辩的真理一旦被认识就会衰竭。因此，俄狄浦斯不知不觉首先屈从命运。而一旦他明白了一切，他的悲剧就开始了。与此同时，两眼失明而又丧失希望的俄狄浦斯认识到，他与世界之间的唯一联系就是一个年轻姑娘鲜润的手。他于是毫无顾忌地发出这样震撼人心的声音："尽管我历尽艰难困苦，但我年逾不惑，我的灵魂深邃伟大，因而我认为我是幸福的。"索福克勒斯的俄狄浦斯与陀思妥耶夫斯基的基里洛夫都提出了荒谬胜利的法则。先贤的智慧与现代英雄主义汇合了。

人们要发现荒谬，就不能不想到要写某种有关幸福的教材。"哎，什么！就凭这些如此狭窄的道路……"但是，世界只有一个。幸福与荒谬是同一大地的两个产儿。若说幸福一定是从荒谬的发现中产生的，那可能是错误的。因为荒谬的感情还很可能产生于幸福。"我认为我是幸福的"，俄狄浦斯说，而这种说法是神圣的。它回响在人的疯狂而又有限的世界之中。它告诫人们一切都还没有也从没有被穷尽过。它把一个上帝从世界中驱逐出去，这个上帝是怀着不满足的心理以及对无效痛苦的偏好而进入人间的。它还把命运改造成为一件应该在人们之中得到安排的人的事情。

西西弗无声的全部快乐就在于此。他的命运是属于他的。他的岩石是他的事情。同样，当荒谬的人深思他的痛苦时，他就使一切偶像哑然失声。在这突然重又沉默的世界中，大地升起千万个美妙细小的声音。无意识的、秘密的召唤，一切面貌提出的要求，这些都是胜利必不可少的对立面和应付的代价。不存在无阴影的太阳，而且必须认识黑夜。荒谬的人说"是"，但他的努力永不停息。如果有一种个人的命运，就不会有更高的命运，或至少可以说，只有一种被人看做是宿命的和应受到蔑视的命运。此外，荒谬的人知道，他是自己生活的主人。在这微妙的时刻，人回归到自己的生活之中，西西弗回身走向巨石，他静观这一系列没有关联而又变成他自己命运的行动，他的命运是他自己创造的，是在他的记忆的注视下聚合而又马上会被他的死亡固定的命运。因此，盲人从一开始就坚信一切人的

---

① 客西马尼：福音书中所说的耶稣被犹大出卖而遭大祭司抓捕前所在的地方，位于橄榄山下。耶稣在此作最后的祷告，而门徒们都在沉睡。——译注

东西都源于人道主义，就像盲人渴望看见而又知道黑夜是无穷尽的一样，西西弗永远行进。而巨石仍在滚动着。

　　我把西西弗留在山脚下！我们总是看到他身上的重负。而西西弗告诉我们，最高的虔诚是否认诸神并且搬掉石头。他也认为自己是幸福的。这个从此没有主宰的世界对他来讲既不是荒漠，也不是沃土。这块巨石上的每一颗粒，这黑黝黝的高山上的每一颗矿砂唯有对西西弗才形成一个世界。他爬上山顶所要进行的斗争本身就足以使一个人心里感到充实。应该认为，西西弗是幸福的。

【美国】爱因斯坦

李宝恒等 译

探索的动机①

为什么世界上总有些人不老老实实地种地、做工，而是用毕生的精力去探索心灵的隐秘和自然的奥秘呢？叔本华认为，这些人是要逃避日常生活中令人厌恶的粗俗和使人绝望的沉闷，并在这个充满着由我们创造的形象的世界中寻求避难所。爱因斯坦认为，人们闯进科学神殿的动机各不相同，有人为了获得智力上的快感，有人带着纯粹的功利目的，还有一小部分杰出的人，"总想以最适合于他自己的方式画出一幅简单的和可理解的世界图像；然后他就试图用他的这种世界体系来代替经验的世界，并征服后者"。这是寻求"先天的和谐"，普朗克如此，爱因斯坦如此，所有伟大的思想家、艺术家和科学家莫不如此。

在科学的神殿里有许多楼阁，住在里面的人真是各式各样，而引导他们到那里去的动机也各不相同。有许多人爱好科学是因为科学给他们以超乎常人的智力上的快感，科学是他们自己的特殊娱乐，他们在这种娱乐中寻求生动活泼的经验和对他们自己雄心壮志的满足；在这座神殿里，另外还有许多人是为了纯粹功利的目的而把他们的脑力产物奉献到祭坛上的。如果上帝的一位天使跑来把所有属于这两类人都赶出神殿，那么集结在那里的人数就会大大减少，但是，仍然会有一些人留在里面，其中有古人，也有今人，我们的普朗克就是其中之一，这也就是我们所以爱戴他的原因。

我很明白在刚才的想象中被轻易逐出外的人里面也有许多卓越的人物，他们在建筑科学神殿中作出过很大的也许是主要的贡献；在许多情况下，我们的天使也会觉得难以决定谁该不该被赶走。但有一点我可以肯定，如果神殿里只有要被驱逐的那两类人，那么这座神殿决不会存在，正如只有蔓草就不成其为森林一样。因为对于这些人来说，只要碰上机会，任何人类活动的领域都是合适的；他们究竟成为工程师、官吏、商人还是科学家，完全取决于环境。现在让我们再来

---

① 选自黎先耀主编《智慧的星光——诺贝尔自然科学奖获奖者文萃》，经济日报出版社，2000年版。

看看那些得到天使宠爱而留下来的人吧。他们大多数是沉默寡言的、相当怪僻和孤独的人，但尽管有这些共同特点，他们之间却不像那些被赶走的一群那样彼此相似。究竟是什么力量把他们引到这座神殿中来的呢？这是一个难题，不能笼统地用一句话来回答。首先我同意叔本华所说的，把人们引向艺术和科学的最强烈的动机之一，是要逃避日常生活中令人厌恶的粗俗和使人绝望的沉闷，是要摆脱人们自己变化不定的欲望的桎梏。一个修养有素的人总是渴望逃避个人生活而进入客观知觉和思维的世界，这种愿望好比城市里的人渴望逃避熙来攘往的环境，而到高山上享受幽寂的生活。在那里透过清净纯洁的空气，可以自由地眺望、沉醉地欣赏那似乎是为永恒而设计的宁静景色。

除了这种消极的动机外，还有一种积极的动机。人们总想以最适合于他自己的方式画出一幅简单的和可理解的世界图像；然后他就试图用他的这种世界体系来代替经验的世界，并征服后者。这就是画家、诗人、思辨哲学家和自然科学家各按自己的方式去做的事。各人把世界体系及其构成作为他的感情生活的中枢，以便由此找到他在个人经验的狭小的范围内所不能找到的宁静和安定。

在所有可能的图像中，理论物理学家的世界图像占有什么地位呢？在描述各种关系时，它要求严密的精确性达到那种只有用数学语言才能达到的最高的标准。另一方面，物理学家必须极其严格地控制他的主题范围：他必须满足于描述我们经验领域里的最简单事件。对于一切更为复杂的事件企图以理论物理学家所要求的精密性和逻辑上的完备性把它们重演出来，这就超出了人类理智所能及的范围。高度的纯粹性、明晰性和确定性要以完整性为代价。但是当人们胆小谨慎地把一切比较复杂而难以捉摸的东西都撇开不管时，那么能吸引我们去认识自然界的这一渺小的部分的，究竟又是什么呢？难道这种谨小慎微的努力结果也够得上宇宙理论的美名吗？

我认为，够得上的。因为，作为理论物理学结构基础的普遍定律，应当对任何自然现象都有效。有了它们，就有可能借助于单纯的演绎得出一切自然过程（包括生命过程）的描述，也就是它们的理论，只要这种演绎过程并不超出人类理智能力太多。因此，物理学家放弃他的世界体系的完整性，倒不是一个什么根本原则问题。

物理学家的最高使命是要得到那些普遍的基本定律，由此世界体系就能用单纯的演绎法建立起来。要通向这些定律，没有逻辑推理的途径，只有通过建立在经验的同感的理解之上的那种直觉才能得到这些定律。由于这种方法论上的不确定性，人们将认为这样就会有多种可能同样适用的理论物理学体系，这个看法在理论上无疑是正确的。但是物理学的发展表明，在某一时期，在所有可想到的解释中，总有一个比其他的一些都高明得多。凡是真正深入研究过这一问题的人，都不会否认唯一决定理论体系的实际上是现象世界，尽管在现象和他们的理论原理之间并没有逻辑的桥梁。这就是莱布尼茨非常中肯地表述的"先天的和谐"。物理学家往往责备研究认识论的人没有充分注意这个事实。我认为，几年前马赫和普朗克的论战，根源就在这里。

渴望看到这种先天的和谐，是无穷的毅力和耐心的源泉。我们看到，普朗克就是因此而专心致志于这门科学中最普遍的问题，而不使自己分心于比较愉快的和容易达到的目标上去的人。我常常听说，同事们试图把他的这种态度归因于非凡的意志和修养，但我认为这是错误的。促使人们去做这种工作的精神状态是同宗教信奉者或谈恋爱的人的精神状态相类似的，他们每日的努力并非来自深思熟虑的意向或计划，而是直接来自激情。我们敬爱的普朗克今天就坐在这里，内心在笑我像孩子一样提着第欧根尼的风灯闹着玩。我们对他的爱戴不需要作老生常谈的说明。我们但愿他对科学的热爱将继续照亮他未来的道路，并引导他去解决今天物理学的最重要的问题，这问题是他自己提出来的，并且为了解决这问题他已经做了很多工作。祝他成功地把量子论同电动力学、力学统一于一个单一的逻辑体系里。

【美国】爱因斯坦

李宝恒等 译

科学与社会①

那么,科学对人类有什么作用呢?爱因斯坦说:科学改变了人类的生活,也作用于人类的心灵。科学不断解析自然规律,消除人们的不安全感;科学技术的发展又使劳动力贬值,并且构成了人类生存的威胁。但是,科学最终不是潘多拉的魔盒,而应该是人类的福音。爱因斯坦保持一种最低限度的信心:"相信人类的思维是可靠的,自然规律是普天之下皆准的。"

科学对于人类事务的影响有两种方式。第一种方式是大家都熟悉的:科学直接地,并且在更大程度上间接地生产出完全改变了人类生活的工具。第二种方式是教育性质的——它作用于心灵。尽管草率看来,这种方式好像不大明显,但至少同第一种方式一样锐利。

科学最突出的实际效果在于它使那些丰富生活的东西的发明成为可能,虽然这些东西同时也使生活复杂起来——比如蒸汽机、铁路、电力和电灯、电报、无线电、汽车、飞机、炸药等的发明。此外,还必须加上生物学和医药在保护生命方面的成就,特别是镇痛药的生产和贮藏食物的防腐方法。所有这些发明给予人类的最大实际利益,我看是在于它们使人从极端繁重的体力劳动中解放出来,而这种体力劳动曾经是勉强维持最低生活所必需的。如果我们现在可以宣称已经废除了苦役,那么我们就应当把它归功于科学的实际效果。

另一方面,技术——或者应用科学——却已使人类面临着十分严重的问题。人类的继续生存有赖于这些问题的妥善解决。这是创立一种社会制度和社会传统的问题,要是没有这种制度和传统,新的工具就无可避免地要带来最不幸的灾难。

机械化的生产手段在无组织的经济制度中已产生这样的结果:相当大的一部分人对于商品生产已经不再是必需的,因而被排除在经济循环过程之外。其

---

① 选自徐葆耕、齐家莹编《二十世纪巨人随笔·自然科学家卷·我们都是未解之谜》,光明日报出版社,1995年版。

直接后果是购买力降低，劳动力因激烈竞争而贬值，这就要引起周期越来越短的商品生产严重瘫痪的危机。另一方面，生产资料的所有制问题带来了一种为我们政治制度传统的保卫者所无法与之抗衡的力量。人类为了适应这种新的环境而卷入了斗争——只要我们这一代显示出能够胜任这项任务，斗争就会带来真正的解放。

技术也使距离缩短了，并且创造出新的非常有效的破坏工具，这种工具掌握在要求无限制行动自由的国家的手里，就变成了对人类安全和生存的威胁。这种情况要求对我们这整个行星有一个唯一的司法和行政的权力机构，而这种中央政权的创立受到民族传统的拼命反对。这里我们也处在一种斗争之中，这种斗争的结局将决定我们大家的命运。

最后，通讯工具——印刷文字的复制过程和无线电——同现代化武器结合在一起时，已有可能使肉体和灵魂都置于中央政权的束缚之下——这是人类危险的第三个来源。现代的暴政及其破坏作用，清楚地说明了我们还远未能为人类利益而有组织地来利用这些成就。这里的情况也需要一种国际的解决办法，但这种解决办法的心理基础还没有奠定。

现在让我们转到科学对于理智所产生的影响。在科学出现以前的时代，单凭思考是不可能得到全人类都会认为是确定的和必然的结果的，更不用说要使人相信自然界所发生的一切都是受着确定不易的规律支配的。原始的观察者所看到的自然规律的片断性，正好引起他对鬼神的信仰。因此，即使在今天，原始人还是生活在经常的恐惧之中，害怕超自然的和专横的力量会干扰他的命运。

科学的不朽的荣誉，在于它通过对人类心灵的作用，克服了人们在自己面前和在自然界面前的不安全感。在创造初等数学时，希腊人最早作出了一种思想体系。它的结论是谁也回避不了的。然后文艺复兴时代的科学家把系统的实验同数学方法结合起来。这种结合，使得人们有可能如此精密地表述自然规律，并且有可能如此确定地用经验来检验它们。结果使得自然科学中不再有意见的根本分歧的余地。从那个时候起，每一代都增加了知识和理解的遗产，而丝毫没有碰到过危及整个结构的危险。

一般公众对科学研究细节的了解也许只能达到一定的程度，但这至少能标示出这样一个重大的收获：相信人类的思维是可靠的，自然规律是普天之下皆准的。

【美国】爱因斯坦

许良英等 译

社会和个人①

> 人是群居动物，每个人都受益于社会；而社会的进步却取决于有创造才能的个人——那些"第一流人物"——这是爱因斯坦常用的一个词，充满精英贵族气。"文明"进步得太急，损害了个人的自由发展，于是，世界人口激增，"第一流的人物却不相称地减少了"，这是"有雄心壮志的人类的幼稚病"。

只要我们全面考察一下我们的生活和工作，我们就马上看到，几乎我们全部的行动和愿望都同别人的存在密切联系在一起。我们看到我们的全部自然生活很像群居的动物。我们吃别人种的粮食，穿别人缝的衣服，住别人造的房子。我们的大部分知识和信仰都是通过别人所创造的语言由别人传授给我们的。要是没有语言，我们的智力就会真的贫乏得同高等动物的智力不相上下；因此，我们应当承认，我们胜过野兽的主要优点就在于我们是生活在人类社会之中。一个人如果生下来就离群独居，那么他的思想和感情中所保留的原始性和兽性就会达到我们难以想象的程度。个人之所以成为个人，以及他的生存之所以有意义，与其说是靠着他个人的力量，不如说是由于他是伟大人类社会的一个成员，从生到死，社会都支配着他的物质生活和精神生活。

一个人对社会的价值首先取决于他的感情、思想和行动对增进人类利益有多大作用。我们就根据他在这方面的态度，说他是好的还是坏的。初看起来，好像我们对一个人的评价完全是以他的社会品质为根据的。

但是这样的一种态度还是会有错误的。显而易见，我们从社会接受的一切物质、精神和道德方面的有价值的成就，都是过去无数世代中许多有创造才能的个人所取得的。有人发明了用火，有人发明了栽培食用植物，并且有人发明了蒸汽机。

只有个人才能思考，从而能为社会创造新价值，不仅如此，甚至还能建立起

---

① 选自许良英译《爱因斯坦文集》第三卷，商务印书馆，1979年版。

那些为公共生活所遵守的新的道德标准。要是没有能独立思考和独立判断的有创造能力的个人，社会的向上发展就不可想象，正像要是没有供给养料的社会土壤，人的个性的发展也是不可想象的一样。

因此，社会的健康状态取决于组成它的个人的独立性，也同样取决于个人之间的密切的社会结合。有人这样正确地说过：希腊—欧洲—美洲文化，尤其是它在那个结束中世纪欧洲停滞状态的意大利文艺复兴时的百花盛开，其真正的基础就在于个人的解放和个人的比较独立。

现在让我们来考察我们所生活的这个时代。社会情况怎么样？个人怎么样？文明国家的人口比以前稠密得多了；欧洲今天的人口大约是100年前的3倍。但是第一流人物的数目却不相称地减少了。只有很少的人，通过他们的创造性的成就才作为个人为群众所知。组织已在某种程度上代替了第一流人物，这在技术领域里特别突出，而在科学领域里也已达到很显著的程度。

出色人物的缺少，在艺术界里特别惊人。绘画和音乐确实已经退化，并且大部分已失去了对群众的感染力。在政治方面，不仅缺乏领袖，而且公民的独立精神和正义感也已大大衰退了。建立在这种独立性上的民主议会制度，在很多地方已动摇了；由于人们对个人尊严感和个人权利感已不再足够强烈，独裁制度已经兴起，并且被容忍了下来。任何国家的像绵羊般的群众，在两个星期内就能为报纸煽动到这样一种激昂狂怒的状态：人们准备穿上军装，为着少数谋私利的党派的肮脏目的去厮杀。在我看来，义务兵役制是今天文明人类丧失个人尊严的最可耻的症状。怪不得有不少预言家预言，我们的文明不久就要黯然失色。我不是这样的一个悲观论者；我相信更好的时代就要到来。让我扼要地讲一讲我所以有这个信心的理由。

照我的见解，目前出现的衰落可由这样的事实来解释：经济和技术的发展大大加强了生存竞争，严重地损害了个人的自由发展。但技术的发展意味着个人为满足社会需要，所必须进行的劳动愈来愈少，有计划的分工愈来愈成为迫切的需要，而这种分工会使个人的物质生活有保障。这种保障加上可供个人自由支配的空闲时间和精力，就能用来发展他的个性。这样，社会就可以恢复健康，而且我们可以希望，未来的历史学家会把目前社会不健康的症状，解释为有雄心壮志的人类的幼稚病，它完全是由于文明进步得太快所造成的。

【德国】玻恩
李宝恒 译

我的见解①

225

玻恩的"见解"令人汗不敢出,请听他的惊天宏论:"在我看来,自然界所做的在这个地球上产生一种能思维的动物的尝试,也许已经失败了。"它的罪魁祸首就是"人类最高的理智成就之一"——"科学"。"如果人类没被核战争所消灭,它就会退化成一种处在独裁者暴政下的愚昧的没有发言权的生物,独裁者借助于机器和电子计算机来统治他们。"事情总是这样:公众对科学一知半解却崇拜科学,科学家卓有建树之时也洞悉科学的危害。玻恩要打破科学迷信,虽然对于他个人而言,科学是除艺术之外"比在其他职业方面做创造性工作更有乐趣"。科学已经给人类生存打下一个死结——"所有伦理原则的崩溃":现代技术已经摧毁了人的工作尊严;现代战争则是向看不见的敌人揿动按钮,人的同情和理智可以荡然无存;现代教育把人分成文理两科,受人文教育的人缺乏科学思维,受科学教育的人缺乏伦理观念。这一切,都是科学惹的祸,"是科学兴起的必然结果"。玻恩的冷言热心,让人心寒面热。这是一个理智的科学家留给人类的科学遗嘱,但愿,这只是一个人类可以自行摇醒的"噩梦"。

玻恩(1882~1970),德国理论物理学家,因在量子力学和玻恩波函数的统计解释方面的贡献,并用哲学观点来理解物理学的新发现,获得1954年诺贝尔物理学奖。

我想就科学对于我以及对于社会的意义提出一些见解,而且我要先说一句平凡肤浅的话来开头,这句话就是:生活中的成就和胜利,在很大程度上依赖于好运气。就我的双亲,我的妻子,我的孩子,我的老师,我的学生和我的合作者来说,我是幸运的。在两次世界大战和几次革命中,我都幸运地活下来了,其中包括希特勒的那一次,对于一个德国犹太人来说,这是非常危险的。

① 选自徐葆耕、齐家莹编《20世纪巨人随笔·自然科学家卷·我们都是未解之谜》,光明日报出版社,1995年版。

　　我希望从两个角度来观察科学，一个是个人的角度，另一个是一般的角度。正如我已经说过的那样，我一开始就觉得研究工作是很大的乐事，直到今天，仍然是一种享受。这种乐趣有点像解决十字谜的人所体会到的那种乐趣。然而它比那还要有趣得多。也许，除艺术外，它甚至比在其他职业方面做创造性的工作更有乐趣。这种乐趣就在于体会到洞察自然界的奥秘，发现创造的秘密，并为这个混乱的世界的某一部分带来某种情理和秩序。它是一种哲学上的乐事。

　　我曾努力阅读所有时代的哲学家的著作，发现了许多有启发性的思想，但是没有朝着更深刻的认识和理解稳步前进。然而，科学使我感觉到稳步前进：我确信，理论物理学是真正的哲学。它革新了一些基本概念，例如，关于空间和时间（相对论），关于因果性（量子理论），以及关于实体和物质（原子论）等等，而且它教给我们新的思想方法（互补性），其适用范围远远超出了物理学。最近几年，我试图陈述从科学推导出来的哲学原理。

　　当我年轻的时候，工业中需要的科学家很少。他们谋生的唯一途径是教学。我觉得在大学里教书是最有趣的。以有吸引力的和有启发性的方式来提出科学问题，是一种艺术工作，类似于小说家甚至戏剧作家的工作。对于写教科书来说也是同样情况。最愉快的是教研究生。我很幸运，在我的研究生中间有许多有天才的人。发现人才并把他们引导到内容丰富的研究领域是件了不起的事情。

　　因此，从个人观点来看，科学已经给了我一个人所能期望于他的职业的一切可能的满意和愉快。但是，在我一生的时间里，科学已经成为公众关心的事情，我青年时期那种"为艺术而艺术"的观点，现在已经过时了。科学已经成为我们文明的一个不可缺少的和最重要的部分，而科学工作就意味着对文明的发展作出贡献。科学在我们这个技术时代，具有社会的、经济的和政治的作用，不管一个人自己的工作离技术上的应用有多么远，它总是决定人类命运的行动和决心的链条上的一个环节。只是在广岛事件以后，我才充分认识到科学在这方面的影响。但是后来科学变得非常非常重要了，它使我考虑在我自己的时代里科学在人类事务中引起的种种变化，以及它们会引向哪里。

　　尽管我热爱科学工作，可是我考虑的结果是令人抑郁的。在很少几行文字里不可能论述这个重大问题。但是，如果不简要地提一下我的观点，那么，对我一生的素描就会是不完备的。

　　在我看来，自然界所做的在这个地球上产生一种能思维的动物的尝试，也许已经失败了。其理由不仅在于核战争也许会爆发，毁灭地球上的一切生命，这种可能性是相当大的，而且总是在增长。即使这样一场浩劫可以避免，对于人类来说，除了黑暗的未来以外，我什么也看不到。人因为有大脑，所以相信自己比所有其他动物都优越；而就他的意识状态来看，人是否比其他哑巴牲畜更快乐呢？这却是可以怀疑的。人类历史已经有几千年了。这部历史充满着激动人心的事件，但总的来说却是千篇一律的，那就是和平与战争，建设与破坏，发展与衰落的交替。在人类历史上总是有某些由哲学家发展的基本科学，和某些实际上不依赖于科学而掌握在技工手里的原始技术。两者都发展得很慢，慢得在一个长时期里几乎看不出变化，而且对人类舞台也没有多大影响。但是，大约在300年前突然间爆发了智力活动：现代科学和技术诞生了。从那时以来，它们以不断增长的速度发展着，大概比指数还快，它们现在把这个人类世界已经改变得使人认不出了。但是，这种改变虽然是由精神造成的，却不受精神的控制。这几乎不需要举例说明。医学已经战胜了许多瘟疫和流行病，而且仅仅在一代人的时间里使人的平均寿命增加了一倍：其结果出现了灾难性的人口过剩的前景。城市里挤满了人，同自然界完全失去了接触。野生动物式的生活在迅速地消失。从地球的一个地方到其他地方几乎立即可以通讯，旅行已经加速到难以置信的程度。其结果是，这世界的一个角落里的每一个小小的危机，都会影响到其余所有的角落，并且使合理的政治成为不可能了。汽车使整个农村成为所有人都可以到达的地方，但是道路被堵塞了，休养地被污损了。可是，这种技术上的误用可以由技术上的和行政上的补救办法来及时纠正。

真正的痼疾更为深刻。这种痼疾就在于所有伦理原则的崩溃，从前即使在残酷的战争和大规模的破坏时期，这些原则也曾在历史进程中进化并保持一种有价值的生活方式。传统的伦理因技术而瓦解的问题，只要举两个例子就够了：一个是和平时期的，另一个是战争时期的。

在和平时期，艰苦的工作是社会的基础。人类因自己学会了做什么以及用自己的双手所生产的东西而感到骄傲。技巧和专心受到高度重视。今天这种情况所剩无几了。机器和自动化已经贬低了人的工作并已摧毁了这种工作的尊严。今天这种工作的目的和报酬是金钱。为了购买别人为金钱而生产的技术产品，就需要金钱。

在战争时期，体力和勇气，对战败了的敌人的宽大，对没有防御能力者的同情，昔日是模范战士的特征。现在这些东西什么也没有剩下了。现代的大规模毁灭性武器没有为伦理上的约束留下余地，并且使士兵沦为有技术的屠杀者。

这种伦理上的贬值是由于人类的行动要经过漫长而复杂的道路才能达到其最终效果的缘故。大多数工人在生产过程的一个特殊部门里，只熟悉自己很小范围内的专门操作，而且几乎从来没有看到过完整的产品，自然他们就不会感到要对这个产品或对这个产品的使用负责。这种使用无论是好还是坏，是无害还是有害，是完全在他们的视野以外的。行动和效果的这种分割的最可怕的结果是在德国的纳粹统治时期消灭了几百万人；艾希曼式的屠杀者不服罪，因为他们在"干他们的工作"，而与这种工作的最终目的无关。

使我们的伦理规范适应于我们这个技术时代的形势的一切尝试都已经失败了。就我所见，传统的道德观的代表们、基督教教会，已经找不到补救办法。共产主义国家只是抛弃了对每个人都适用的伦理规范的观念，而代之以国家法律代表道德规范这个原则。

乐观主义者也许希望，从这个丛林里将会出现一种新的道德观，而且将会及时出现，以避免一场核战争和普遍的毁灭。但是，与此相反，这个问题很可能由于人类思想中科学革命的性质本身而不能得到解决。

关于这个问题，我已详细论述过，在这里只能指出主要的几点。

普通人都是朴素实在论者：就像动物一样，他把自己的感官印象当作实在的直接信息来接受，而且他确信人人都分享这种信息。他没有意识到，要证实一个人的印象（例如，一棵绿树的印象）和另一个人的印象（这棵树的印象）是否一样，是没有办法的，甚至"一样"这个词在这里也没有意义的。单个感官经验没有客观的，即能表达的和可证实的意义。科学的本质在于发现两个或者更多的感官印象之间的关系，特别是相同的陈述，是可以由不同的个人来表达和检验的，如果人们只限于使用这样一些陈述，那么就得到一个客观的世界图景，尽管它是没有色彩的和平淡无味的。这就是科学所特有的方法。这种方法是在所谓物理学的古典时期（1900年以前）时，慢慢地发展起来的，而在现代原子物理学里，成了占优势的方法。这种方法在宏观宇宙里和在微观宇宙里一样，大大地拓宽了认识的范围，惊人地增强了支配自然力的能力。但是，这种进步是付出了惨痛的损失的。科学的态度对传统的、不科学的知识，甚至对人类社会所依赖的正常的、单纯的行动，都容易造成疑问和怀疑。

还没有一个人想出过不靠传统的伦理原则而能把社会保持在一起的手段，也没有想出过用科学中运用的合理方法来得出这些原则的手段。

科学家本身是不引人注目的少数；但是令人惊叹的技术成就使他们在现代社会中占有决定性的地位。他们意识到，用他们的思想方法能得到更高级的客观必然性，但是他们没有看到这种客观必然性的极限。他们在政治上和伦理上的判断因而常常是原始的和危险的。

非科学的思维方式，当然也取决于少数受过教育的人们，如法学家、神学家、历史学家和哲学家，他们由于受训练的限制，不能理解我们时代最强有力的社会力量。因此，文明社会分裂为两个集团，其中一个是由传统的人道主义思想指导的，另一个则是由科学思想指导的。最近，许多著名的思想家，例如C.P.斯诺（《科学和政府》，伦敦，牛津大学出版社，1961年，英文版），已经讨论了这种形势。他们一般认为，这是我们的社会制度的一个弱点，但是相信，这可以由完全平

科学福音

衡的教育来补救。

朝这个方向改进我们的教育制度的建议很多，但是到目前为止仍然无效。我的个人经验是，很多科学家和工程师是受过良好教育的人们，他们有文学、历史和其他人文学科的某些知识，他们热爱艺术和音乐，他们甚至绘画或演奏乐器；另一方面，受过人文学科教育的人们所表现出来的对科学的无知，甚至轻蔑，是令人惊愕的。以我自己为例，我熟悉并且很欣赏许多德国和英国的文学和诗歌，甚至尝试过把一首流行的德文诗歌译成英文（威廉·比施：《画家克莱克赛儿》，纽约，弗雷德里克·昂加尔书店，1965年，英文版）；我还熟悉其他的欧洲作家：即法国、意大利、俄国以及其他国家的作家。我热爱音乐，在我年轻的时候钢琴弹得很好，完全可以参加室内乐的演奏，或者同一个朋友一起，用两架钢琴演奏简单的协奏曲，有时甚至和管弦乐队一起演奏。我读过并且继续在读关于历史以及我们现今社会的经济的和政治的形势方面的著作。我试图通过写文章和发表广播讲话来影响政见。我的许多同事都有这些爱好和活动——爱因斯坦是一个很好的小提琴家，普朗克和索末菲是出色的钢琴家，海森伯和其他许多人也是如此。关于哲学，每一个现代科学家，特别是每一个理论物理学家，都深刻地意识到自己的工作是同哲学思维错综地交织在一起的，要是对哲学文献没有充分的知识，他的工作就会是无效的。在我自己的一生中，这是一个最主要的思想，我试图向我的学生灌输这种思想，这当然不是为了使他们成为一个传统学派的成员，而是要使他们能批判这些学派的体系，从中找出缺点，并且像爱因斯坦教导我们的那样，用新的概念来克服这些缺点。因此，我认为科学家并不是和人文学科的思想割裂的。

关于这个问题的另一方面，在我看来是颇为不同的。在我碰到过的受过纯粹人文学科教育的人当中，有非常多的人对真正的科学思想没有一点知识。他们常常知道各种科学事实，有些甚至是我也没有听到过的很难懂的科学事实，但是他们不知道我上面所说的科学方法的根源；而且他们似乎不能掌握这种思索的要点。在我看来，巧妙的、基本的科学思维是一种天资，那是不能教授的，而且只限于少数人。

但是，在实际事务中，特别是在政治中，需要把人类相互关系中的经验和利益同科学技术知识结合起来的人物。而且，他们必须是行动的人而不是沉思的人。我有这样一种印象：没有一种教育方法能产生具备所需要的一切特性的人们。

由于科学方法的发现所引起的人类文明的这种破裂也许是无法弥补的。这种思想时常萦绕在我脑际。虽然我热爱科学，但是我感到，科学同历史和传统的对立是如此严重，以致它不可能被我们的文明所吸收。我在我的一生中目睹的政治上的和军事上的恐怖以及道德的完全崩溃，也许不是短暂的社会弱点的征候，而是科学兴起的必然结果，而科学本身就是人的最高的理智成就之一。如果是这样，那么人最终将不再是一种自由的、负责的生物。如果人类没被核战争所消灭，它就会退化成一种处在独裁者暴政下的愚昧的没有发言权的生物，独裁者借助于机器和电子计算机来统治他们。

　　这不是预言，而只是一个噩梦。虽然我没有参与把科学知识用于像制造原子弹和氢弹那样的破坏目的，但我感到我自己也是有责任的。如果我的推理是正确的，那么人类的命运就是人这个生物的素质的必然结果，在他身上混合着动物的本能和理智的力量。

　　但是，我的推理也许完全错了。我希望如此。也许有朝一日有一个人显得比我们这一代人中的谁都聪明能干，他能把这世界引出死胡同。

科学福音

【美国】费曼

周惠民等 译

科学的价值①

　　杰出的科学家常常对科学抱有忧患意识，但像玻恩那样近于绝望的毕竟不多，比如费曼就比较乐观，除了制造物品和提供智力乐趣之外，他认为科学的价值正是保留了人类自我拯救的希望，那就是：怀疑的自由。"为了前进，我们必须知道我们的无知，并且给怀疑留有余地。"质疑现实社会、质疑科学本身、质疑过去以便合理地开创未来，这就是科学精神给人类希望所留下的余地。高层次的科学思想所提供的审美愉悦真是别开生面，作者在海边的诗意沉思美得深刻，足可以让诗人们羞愧得跳海。

　　理查德·费曼（1918～1988），美国科学家。1965年获诺贝尔物理学奖。1986年参与美国"挑战者号"宇宙飞船失事调查，在全国电视节目上，当场演示证明爆炸的起因出在橡皮环上——火箭的密封圈因低温失去弹性、燃料泄漏，引起了爆炸。费曼多才多艺、兴趣广泛，性情如天马行空，特立独行，总爱玩一些聪明的恶作剧，人称"科学顽童""天才中的小飞侠""本世纪最聪明的科学家"。他的口述自传《别闹了，费曼先生》收集了许多生平轶事，让你窥探"笑闹中的真智慧"。

　　常常有人对我说，科学家应该对社会问题给予更多的关注，科学家对科学在社会中的作用要有更多的责任感。一般似乎都相信，如果科学家留心这些非常困难的社会问题，而不是迷恋细琐的科学问题，就会带来更大的成就。

　　对我来说，也常常思考这些问题，可是对它并不竭尽全力。有几个原因。一是知道我们对解决社会问题没有任何锦囊妙计。二是知道社会问题比科学问题要困难得多。三是当我们实地考虑它的时候，常常毫无成效。

　　我相信当一个科学家看待非科学事物时，他就像马路上任意找来的一个平常人那样愚蠢。谈论某个非科学的问题，他会像任何一个未曾受过有关训练的人

---

　　① 选自刘易斯·托马斯《最年轻的科学——观察医学的札记》附录二，周惠民、石珍荣、周云译，青岛出版社，1996年版。

谈论得那么幼稚。因为科学的价值这个问题并不是个科学问题，所以我这次演讲的目的就是以实例来证明我的这个论点。

科学有价值的第一个方面是大家熟悉的。是科学的知识使我们去从事各种工作，并使我们制造各种物品。当然，如果我们做出了好事，功劳不仅在于科学，也要将它归于引导我们去做好事的理性选择。科学知识的力量既能做好事，也能做坏事，它并不带有如何去使用它的说明。这种力量有明显的价值，即使这个力量可能被使用此力量的人的所作所为所抵消。

在一次去檀香山的旅游中，我学到了表达这个普通人类问题的一个方法。在一座佛教寺庙里，那里的住持为游客略微解释了一点佛教的教义。在结尾的时候，他说他要告诉游人一些他们再也不会忘记的事……此后我一直也没有忘掉。那是佛教的一句箴言：

开启天堂大门的钥匙已在你们每人的手中，但它也能打开地狱的大门。

那么，开启天堂大门的这把钥匙有什么价值？如果没有能够使我们区别哪是天堂大门，哪是地狱大门的清楚指导，使用这把钥匙就可能十分危险。

可是这把钥匙的确具有价值：如果没有它，我们怎么进入天堂？

如果没有这把钥匙，指导说明就没有价值。所以，很明显，尽管科学能在世界上造成很大的恐怖，它还是具有价值，因为它能够造就出些什么。

科学的第二个价值在于称为智力享受的乐趣。有些人是从对科学的阅读、学习和思考中取得了这种乐趣，有些人是由从事科学而取得了乐趣。这点很重要。那些对我们说我们有责任去反映科学对社会作用的人，对这一点并没有足够的考虑。

对整个社会来说，难道这只是个人享受的价值？不是！可是探讨社会的目的的本身也是一种责任。是不是要安排事物，才能够让人们去享受事物？如果是这样，那么享受科学也像对任何事物一样重要。

但是我并不想低估由于科学的成就而得到的对于世界看法的价值。我们一直被引导着去对各种事物进行想象，想象得比诗人和梦想家所想象的更是美妙无穷。看来大自然的想象比人的想象还要奇特。让我们举个例子。曾有人想象，说人类都是住在一头大象的背上，大象由一个大龟驮着，这只龟正在无底的海洋之上游来游去；还有另外一个想象：我们所有的人，都由一种莫名其妙的力量吸着贴在旋转了亿万年之久的一个太空球体上，而且半数的人还是头朝下脚朝上；这两种想象，究竟哪一个更使人感到惊奇？

我曾独自对这些情况反复多次思考，所以希望在座的不要怪我提起各位许多人一定也有的想法，而这些想法过去的人是不会有的，因为他们不具备现在具有的对世界的知识。

例如，我独自站立在海边，思考起：

奔腾的海浪
无穷的分子
分子都在无聊地各行其是
相距万里
但白色的浪花却因此而起。

世纪连着世纪
眼睛尚未出现
年复一年
轰隆冲击着岸边，恰如今天。
为着谁来，为着何来？
在这死寂的星球上
并无生命需要抚安。

从不休闲
被能量折磨
因太阳毫不吝啬地挥霍
倾入空间。
使大海咆哮的小不点。

在海洋深处
分子都在重复
其他分子的形式
直到复杂崭新的分子出现。
它们制造自己的同类
新的舞蹈从此开端。

逐渐变大，变得更为复杂
生命的物质
原子的聚集
DNA，蛋白质
舞蹈的形式从未如此旖旎

离开了摇篮

登上了陆地
在这里
已经站起：
具有意识的原子集结
能够好奇的物质加叠。

站立在海边
对奇迹不断惊叹：我，这
原子集结的宇宙
宇宙之中的原子小结。

　　在我们对任何问题思考得足够深远的时候，这种动人心弦，使人敬畏，高深莫测的感觉就会一再出现。有了更多的知识，就会出现更为深奥美妙的迷幻，诱使着人们去进一步深入探索。从来也不在乎结果是否会使人失望，我们愉快地、满有信心地翻动每块没有翻过的石头，寻找从未料到的奇异景物，从中导出更多美好的问题和疑问。这真是伟大的探究！

　　的确，科学界以外的人很少会有这种特别的宗教般的经历。我们的诗人不为此作诗；我们的画家也不为这种特别的事作画。我不明白这是什么缘故。难道今天我们为宇宙所勾画出的图像，没有给任何一个人以灵感？歌唱家还没有唱出科学的这个价值曲调：大家今晚不是来欣赏一支歌曲，一首诗歌，而是降低到听一次关于它的演说。科学的年代还没有到来。

　　造成这种沉默的原因之一，可能是人们必须知道如何去阅读这种音乐。譬如说，科学文章会说："大鼠大脑中磷的含量，在两周之内会减少一半。"这是什么含义？

　　它的意思是：大鼠的，也包括你的，我的，咱们现在脑髓里面的磷，和两周以前里面的磷已不完全相同；是说脑子里面的这种原子是在不断地被替换着：以前存在于其中的那些已经离开了。

　　那么，我们的脑髓，那些具有意识的原子是些什么？上星期的土豆！它们现在能够记忆起一年以前我脑子里进行的事情，而我那时的脑子是早已替换了的。

　　所谓一个人的个人特性，只不过是一种舞步；当我们发现脑内的那些原子在多久就被其他原子所替换的时候，指的就是那个。那些原子进入我的脑子，跳了那种舞步，然后退下场去，总有新的原子，但是总记得去跳昨天的那种舞步。

　　当我们在报纸上看到它的时候，它说："科学家说此项发现对解决癌症的治疗可能十分重要。"报纸只是对这个概念的应用，而不是对这个概念本身感兴趣。除非有些孩子跟了上来。在某个孩子跟上了这样的一个概念之后，我们就有了一个科学家。当他们进入了我们的大学之后再让他们取得这种精神，那已为时过晚。所以我们必须努力向儿童讲解这种概念。

现在让我们来看看科学的第三个价值。它不太直接，可也不是太不直接。科学家对未知、愚昧、疑虑、怀疑和没有把握等有很多的经验。我认为这种经验非常重要。当科学家不了解某个问题的答案时，他是无知的。当他预感到结果可能是怎样的时候，他是没有把握的。当他比较相信结果会是怎样的时候，他仍然存有一些疑虑。人们发现，为了前进，我们必须知道我们的无知，并且给怀疑留有余地，这一点至为重要。科学知识就是具有不同程度把握的一些陈述的集合体——有些很没有把握，有些几乎是很有把握，但是没有一个有绝对的把握。

现在我们科学家对此已经习以为常，认为没有把握是理所当然的，在无知的情况下，我们还可以生存。可是我不知道是否每一个人都曾意识到这是实际的情况。我们怀疑的自由来自科学的早期对权威的斗争。那是非常深沉非常激烈的斗争：要准许我们提出问题，表示怀疑，认为没有把握。要紧的是我们不要忘记这个争论，并且因而失去我们已经得到的成果。在这里，蕴藏着对社会的一种责任。

想到人类似乎具有的那些美妙巨大的本领，与他们微小的成就对照鲜明，我们都感到悲伤。人们一再认为我们可以做得更好。过去的人在他们的时代的噩梦之中向往着对未来的理想。我们已经是他们的未来，看到他们的理想虽然在某些方面已经实现，但在许多方面依然仍是理想。今天我们的希望，在很大份额上仍然还是过去的希望。

过去一度认为人类具有潜能，之所以没有开发出来，是因为大多数人没有受到教育。普遍受了教育，每个人就都能成为伏尔泰？学好和学坏同样便当。教育是个强大的力量，可是它既可为善，也可为恶。

国家之间的交流必然会促进了解，这是另一个理想。可是交流的机件会被人做了手脚。交流的可以是实情，但也可以是谎言。交流也是个强大的力量，它同样可以为善，也可以为恶。

应用科学至少可以使人们解决物质上的问题。医学能防治疾病。记录的似乎都是为善的。可是今天有些人非常耐心地在为明天的战争研制可怕的瘟疫和毒物。

几乎所有的人都厌恶战争。我们今天的理想是和平。在和平之中，人类才可能最佳地发挥他身上可能具有的巨大能力。可是未来的人也可能发现和平也有好有坏。和平的人也许会借酒浇除无聊和枯燥。这时酒精就会成为严重的问题，使人不能取得他认为他所具有的能力所能取得的。

显然，和平是一个强大的力量，冷静自制也是，物质的力量，交流，教育，诚实，很多理想家的理想，这些也都是强大的力量。我们比我们的先人把握着更多这一类的力量。也许我们所做到的比他们可能做到的也好些。可是我们应该能够做到的似乎远远大于我们胡乱的那些成就。

这是为什么？我们为什么不能战胜我们自己？

因为我们发现即使是强大的力量和能力，似乎也未曾带有清楚明了的使用说明。例如，对物质世界行为所积累的大量知识，只不过能够使我们相信这个行为似乎并无意义。科学并不直接教导哪是好，哪是坏。

在过去的那些世代里，人们一直在探求生命的意义。他们体会到，如果能够将我们的所作所为都给予某种说明或意义，那么，人类巨大的力量就会释放出来。因此，对生命意义的问题，曾经有过很多的答案。那些答案十分不同。信仰某个答案并按它行动的人，对另一种答案会深恶痛绝。之所以深恶痛绝，是由于从那不同意的角度来看，我们这个种族的所有潜能都被引进了一个错误的死胡同。事实上，正是由于错误的信念所孕育出的巨大怪物的历史，哲学家才发现了人类所具有的无际而又美妙的能力。我们的理想是寻找一条出路。

那么，它所有的意义是什么？我们能说些什么来解除存在之谜？

如果我们把一切都计算在内，所谓的一切不仅指过去的人所知道的，也包括他们所不知道而我们今天已经知道的，那么我想我们必须实实在在地承认："我们不知道。"

但是，在我们承认这一点的时候，我们可能就发现了那条出路。

这并不是一个新的观念；它是理性时代的观念。它是引导着创造了我们于其中生活的民主的人类的哲学。认为没有哪一个人真正懂得如何去经营一个政府。管理机构的观念，演化出另一个概念，就是我们要安排出一个系统，一个可以产生、试验、在需要的时候可以扬弃从而带来更多新的概念的系统，一个尝试—错误—改正的反馈行动系统。这种方法是科学在18世纪末已经自我表现为一个成功的事业的结果。甚至在那个时候，有社会头脑的人也认识到机会在于对可能性进行开放，为了进入到未知之中，必须进行怀疑和讨论。如果我们要解决过去未曾解决过的问题，我们必须微微开启通入未知的大门。

我们是在人类的初始时代。如果我们不遇到艰难困惑，那是难以理解的。可是前面仍来日方长。我们的责任是为我之所能为，学我之所能学，改善解决的办法，并且向下传递。使将来的人有自由的双手，是我们的责任。在人类的急躁莽撞的幼年，我们会犯严重的错误，会长期阻碍我们的生长。在我们如此年幼，如此无知的今天，如果认为自己已经取得了答案，我们就会犯同样的错误。如果我们压制所有的讨论、所有的批评，而声称："朋友们，这就是答案。人类已经得救了！"我们就注定要长期把人类捆绑在权威之下，禁锢于我们今天的想象的范围之中。在过去，我们何止几次重复过这样的情况！

科学家都知道从"自知无知"这个令人满意的哲学里取得了多么巨大的成绩，而这个巨大的成绩是来自思考的自由。所以作为科学家，我们有责任让人知道这种自由的价值；告诉别人"有所怀疑"并不可怕，而是应该对它欢迎，对它进行讨论；并且为了对未来的世纪负责，要坚决要求拥有这个自由。

【奥地利】薛定谔

全增嘏 译

吠檀多哲学的崇高意境①

　　生命是有记忆的，基因科学已证实，一个细胞就可以复制出一个生物整体，一个生物则承载着一个种族的信息。在这个意义上，所有的生物（包括人类）没有"我"，只有"我们"。但一个人活着，他一生所做的事情，似乎就是在确立"自我"：满足我的需要，建立我的功业，建立我的形象，形成我的人格……这里既有满足我本能的遗传的（也就是祖先的）需求，也有一点点微弱的只属于"我"的东西。在此基础上，我们得以重新审视"我"和"他人"的关系。一生多，多合一，"老子"有过这样的预见，印度吠檀多的经典《奥义书》中也有类似玄妙的观念，东方哲学的魅力，由此可见一斑。

　　薛定谔（1887~1961），奥地利理论物理学家，因创立波动力学理论，获1933年诺贝尔物理学奖。

　　那么对哲学来说，真正的困难在于观察和思考的个人在时间上和空间上的众多性。如果所有事件都发生在一个意识里，整个情况就变得十分简单。如果那样，就会有某种给定的东西，就会有一个简单数据，而这个不管结构怎样不一样，决不会给我们带来像我们手中实际有的那样大的困难。

　　我认为这样的困难不能在我们的理智范围里，运用无矛盾的思想来逻辑地克服。但是解决的办法很容易用语言来表达，那就是：我们所知觉的众多性只是一种现象，而并非实在。这也就是古印度吠檀多哲学学派的主要教义。吠檀多派用了许多譬喻来说明它，其中最吸引人的譬喻是把实在比作一粒有许多刻面的晶体；这粒晶体虽把一件东西表现为几百个小图像，但并不真正把这东西由一变为多。我们这些现代知识分子不习惯于把一个形象化的比拟当作哲学洞见；我们坚持要有逻辑推演。但对这种要求，逻辑思维也许能够至少向我们揭示这么多：要通过逻辑思维来掌握现象的基础，很可能根本做不到，因为逻辑思维本身就是现

---

　　① 选自徐葆耕、齐家莹编《二十世纪巨人随笔·自然科学家卷·我们都是未解之谜》，光明日报出版社，1995年版。

象的一个部分，和现象完全牵连在一起。既然如此，我们也就不妨问，我们是否仅仅因为一个形象化的比拟不能被严格证明，就逼得不能够运用它呢？在相当多的情况下，逻辑思维引导我们达到某一点之后，就丢下我们不管我们的死活了。所以，当我们面临的一个领域是这些思想路线直接打不进去，但又仿佛是它们所指引的方向时，我们就可以设法这样地充实这个领域，即使这些思想路线不是随便消失或中断，而是聚集到这一领域某一中心点上；这样做的结果无异于使我们有了一幅极其可贵的世界图景全貌，其价值是不能以我们开始时的那种严格的绝对不许含糊的标准来衡量的。科学运用这种程序的例子有几百种之多，而且长久以来就被认为这样做是正确的。

稍后我们将试行举例来为吠檀多的基本真理意境辩护，主要是指出现代科学一些具体思想路线都聚集到吠檀多哲学上面来。首先让我们形象化地描绘一下可能引导我们达到这种见解的经验。下面所述的开头的那种具体情形换上一个别的也同样合适。我只是用来提醒读者，这种意境必须通过经验才能体会到，不能单靠在概念上认可一下就算数的。

试想你在高山上，坐在山路旁边一张长凳上，周围都是有岩石错落其间的草坡；山谷对面斜坡上乱石纵横，长了些矮桤木；山谷两边林木森森，沿着陡峻的山坡一直升到山上那片树木不生的牧羊场，就在你面前，从山谷最下面矗立起一座冰川覆顶的高峰，它的光滑的雪原和嶙峋的石面在这傍晚时分，正被落日的余晖点染上一层柔和的淡红色；所有这一切被明朗蔚蓝的天空一衬，显得异常清晰。

根据一般的看法，你现在看见的这一切，除了些微的变化而外，在你以前就已存了千千万万年。不多年以后你就不存在了。但是森林岩石天空还会继续存在千千万万年不会发生什么变化。

是什么使你忽然从无到有来暂时欣赏一下这片始终对你漠不相关的景色呢？你的存在的条件和岩石一样悠久。几千年来，人类已在奋斗，已在生儿育女。100年前也许有另一个人坐在这地方，和你一样凝望着冰川上的夕照，心中感到敬畏和向往。这个人和你一样也是父母所生；和你一样感到痛苦和短暂的快乐。难道他是另一个人吗？难道不就是你自己吗？你这个自我又是什么呢？是什么使这次怀孕的是你，而且刚好是你而不是别的人，这里的必要条件是什么呢，这个"别的人"能真正有什么明白易晓的科学意义可言呢？如果你的母亲没有嫁给你的父亲，而你的父亲没有娶你的母亲，你还会有吗？还是说，你早就活于你父母里面，而且活在你父亲的父亲里面……几千年来就已如此呢？但就是这样，为什么你不是你的兄弟，为什么你的兄弟不是你，为什么你不是你的一个远房堂兄弟？根据什么理由硬要找出这种不同——你和别人的不同，然而客观地说，一切存在都是同一的，为什么呢？

　　这样思索下去，你会忽然间悟出吠檀多学派的基本信念是非常有道理的。你叫做属于你自己的这种知识、情感和意志的统一，会在不久前某一时刻忽然从无到有，这是不可能的。毋宁说，这种知识、情感和意志本质上是永恒和不变的，在所有的人中（事实上在有感觉的万物中）在数量上都是一。但这不是说，你是永恒无限的实在的一个部分，或一个片断，或者是它的一个方面或变形，像斯宾诺莎的泛神论中讲的那样。因为那样说，我们将会碰到同样令人困惑的问题：这里哪一部分，哪一方面是你呢？客观上使你和其他部分区别开来的又是什么？不能这样说。你是一切的一切，而且所有其他有意识的东西也是如此，尽管从一般理智看来这似乎是不可想象的。因此你现在生活着的这个生命并不仅仅是整个存在的一个片段，而是在某种意义上就是全部；只是这个全部的构成并不是一目了然的。以我们所知，这也正是婆罗门先哲们所常讲的那个神圣而且神秘然而实际上又很简单明了的箴言"彼即汝"的意义。或者用另外的话来说，"我在东也在西，在下也在上，我是这整个世界。"

　　因此，你可以平躺在地上伸直身体睡在你的母亲大地身上，确信你和她、她和你是一体。你和她一样牢固和不受侵害，事实上你比她还要牢固，还要不受侵害到1000倍。明天她肯定会把你吞没掉，但同样肯定地还会使你重生，重新争斗，重新受苦。而且不仅是"某一天"，而是现在，今天，和天天日日再生你出来；不是生一次，而是千千万万次，就像天天日日吞没掉你千万次那样。因为永恒而长久存在的，只有现在；一个唯一的同样的现在；只有它才是无穷无尽的。

　　这个真理的意境是一切具有道德价值的活动的基础。它使一个高尚的人为一个他认为或信为善良的目的，不但去冒生命的危险，甚至在少数没有指望拯救自己的情况下，能从容就义。还有，可能是更难得的，它会引导那行善的人，在没有希望获得未来报酬的情况下，不惜牺牲自己的幸福来拯救一个陌生人的苦难。

【美国】托马斯·刘易斯
李绍明 译 徐培 校

细胞生命的礼赞①

托马斯·刘易斯（1913~1993），美国医学家、作家。凭着两本深入浅出的科普读物赢得大量的读者，它们是《细胞生命的礼赞》《水母和蜗牛》，文字漂亮得让人嫉妒，他别致的想象力举重若轻，叫人拍案惊奇。他长于从生物学观察角度披露生命的构件与运作，由生物学推导出生命的诗意。

有人告诉我们说，现代人的麻烦，是他一直在试图使自己同自然相分离。他高高地坐在一堆聚合物、玻璃和钢铁的尽顶上，悠晃着两腿，遥看这行星上翻滚扭动的生命。照这样的描绘，人成了巨大的致命性力量，而地球则是某种柔弱的东西，像乡间池塘的水面上袅袅冒上的气泡，或者像一群小命娇弱的鸟雀。

但是，任何认为地球的生命是脆弱的想法，都是人的幻觉。实际上，地球的生命乃是宇宙间可以想象到的最坚韧的膜，它不理会几率，也不可能让死亡透过。而我们倒是那膜的柔弱的部分，就像纤毛一样短暂、脆弱。而且，人早就在杜撰一种存在，他认为这种存在使自己高于其他生命。几千年来，人就这么脑汁绞尽，用心独专地想象着。因为是幻觉，所以，这种想象今天如同过去一样没有使他满足。人乃是扎根在自然中的。

近年来的生物科学，一直在使人根植于自然之中，这一点成为必须赶紧正视的事实。新的、困难的问题，将是如何对付正在出现的、人们越来越强烈地意识到的观念：人与自然是多么密切地联锁在一起。我们大多数人过去牢牢抱有的旧观念，就是认为我们享有主宰万物的特权这种想法正在从根本上动摇。

事例。可以满有理由地说，我们并不是实际存在的实体，我们不像过去一向设想的那样，是由我们自己的一批批越来越复杂的零件逐级顺序组合而成的。我们被其他生命分享着，租用着，占据着。在我们细胞的内部，驱动着细胞、通过氧化方式提供能量，以供我们出门去迎接每一个朗朗白天的，是线粒体。而严格地

---

① 选自托马斯·刘易斯《细胞生命的礼赞》，湖南科学技术出版社，1992年版。

说，它们不是属于我们的。原来它们是单独的小生命，是当年移居到我们身上的殖民者原核细胞的后裔。很有可能，是一些原始的细菌，大量地拥进人体真核细胞的远古前身，在其中居留了下来。从那时起，它们保住了自己及其生活方式，以自己的样式复制繁衍，其DNA（脱氧核糖核酸）和RNA（核糖核酸）都与我们的不同。它们是我们的共生体，就像豆科植物的根瘤菌一样。没有它们，我们将没法活动一块肌肉，敲打一下指头，转动一个念头。

线粒体是我们体内安稳的、负责的寓客。我愿意信任它们。但其他一些小动物呢？那些以类似方式定居在我细胞里的生物，协调我、平衡我、使我各部分凑合在一起的生物，又是怎样的呢？我的中心粒、我的基体、很可能还有另外许许多多工作在我细胞之内的默默无闻的小东西，它们各有自己的特殊基因组，都像蚁丘中的蚜虫一样，是外来的，也是不可缺少的。我的细胞们不再是使我长育成人的纯种的实体。它们是些比牙买加海湾还要复杂的生态系统。

我当然乐于认为，它们是为我工作，它们的每一气息都是为我而呼吸的；但是否也有可能，是它们在每天早晨散步于本地的公园，感觉着我的感觉，倾听着我的音乐，思想着我的思想呢？

然而我心下稍觉宽慰，因为我想到那些绿色植物跟我同病相怜。它们身上如果没有叶绿体，就不可能是植物，也不可能是绿色的。是那些叶绿体在经营着光合工厂，生产出氧气供我们大家享用。但事实上，叶绿体也是独立的生命，有着它们自己的基因组，编码着它们自己的遗传信息。

我们细胞核里携带的大量DNA，也许是在细胞的祖先融合和原始生物在共生中联合起来的年月里，不知什么时候来到我们这儿的。我们的基因组是从大自然所有方面来的形形色色指令的集结，为应付形形色色的意外情况编码而成。就我个人而言，经过变异和物种形成，使我成了现在的物种，我对此自是感激不尽。不过，几年前还没有人告诉我这些事的时候，我还觉得我是个独立实体，但现在却不能这样想了。我也认为，任何人也不能这样想了。

事例。地球上生命的同一性比它的多样性还要令人吃惊。这种同一性的原因很可能是这样的：我们归根结底都是从一个单一细胞衍化而来。这个细胞是在地球冷却的时候，由一响雷电赋予了生命。是从这一母细胞的后代，我们才成了今天的样子。我们至今还跟周围的生命有着共同的基因，而草的酶和鲸鱼的酶之间的相似，就是同种相传的相似性。

病毒，原先被看做是一心一意制造疾病和死亡的主儿，现在却渐渐现出活动基因的样子。进化的过程仍旧是遥无尽期、冗长乏味的生物牌局，唯有胜者才能留在桌边继续玩下去，但玩的规则似乎渐趋灵活了。我们生活在由舞蹈跳荡的病毒组成的阵体中，它们像蜜蜂一样，从一个生物蹿向另一个生物，从植物跳到昆虫跳到哺乳动物跳到我又跳回去，也跳到海里，拖着几片这样的基因组，又拉上几条那样的基因组，移植着DNA的接穗，像大型宴会上递菜一样传递着遗传特征。它们也许是一种机制，使新的、突变型DNA在我们中间最广泛地流通着。如果真是这样，那么，我们在医学领域必须如此集中注意的奇怪的病毒性疾病，就可被看做是意外事故，是哪里出了点疏漏。

事例。近来，我一直想把地球看做某一种生物，但总嫌说不通。我不能那样想。它太大，太复杂，那么多部件缺乏可见的联系。前几天的一个晚上，驱车穿过新英格兰南部树木浓密的山地时，我又在琢磨这事儿。如果它不像一个生物，那么它像什么，它最像什么东西呢？我忽而想出了叫我一时还算满意的答案：它最像一个单个的细胞。

【印度】钱德拉塞卡

朱志芳等 译

科学中的美和对美的追求①

杨振宁在中国招收留美物理学博士生时，曾向一个非常聪明的考生提问："这些量子力学问题，哪一个你觉得是妙的？"考生茫然不知，杨振宁对他的发展前途不抱"最乐观的态度"，他说："假如一个人在学了量子力学以后，他不觉得其中有的东西是重要的，有的东西是美妙的，有的东西是值得跟人辩论得面红耳赤而不放手的，那我觉得他对这个东西并没有学进去。他只是学了很多可以参加考试得好分数的知识，这不是真正做学问的精神。"杰出的科学家都注重一个人对科学的审美素质。阅读这篇旁征博引的演讲词，或许可以健全我们对科学的非功利看法。

钱德拉塞卡（1910～1995），印度天体物理学家，留学英国，任职美国，他因年轻时在天体物理学做出的发现，于50年后获得诺贝尔奖。

我们对于自然之美都深有感受。这种美有些方面为自然和自然科学所共有，这样说不是没有道理的，但有人也许要问，在何种程度上追求美是科学研究的目的之一？对于这个问题，彭加莱是毫不含糊的。他在一篇文章中写道：

科学家不是因为有用才研究自然的。他研究自然是因为他从中得到快乐；他从中得到快乐是因为它美。若是自然不美，知识就不值得去求，生活就不值得去过了……我指的是根源于自然各部分的和谐秩序、纯理智能够把握的内在美。

彭加莱继续说：

正因为简洁和浩瀚都是美的，所以我们优先寻求简洁的事实和浩瀚的事实；所以我们追寻恒星的巨大轨道，用显微镜探察奇异的细小（这也是一种浩瀚），在地质年代中追踪过去的遗迹（我们所以受吸引是因为它遥远），这些活动都给我们带来快乐。

---

① 选自朱长超编《世界著名科学家演说精粹》，百花洲文艺出版社，1994年版。

对于彭加莱的这些话，牛顿和贝多芬的传记作者J.W.N.沙利文写道（《雅典娜神庙》，1919年5月）：

> 由于科学理论的首要目的是表达人们发现的自然中存在的和谐，所以我们一眼就能看到这些理论一定具有美学价值，对一个科学理论的成功与否的衡量事实上就是对它的美学价值的衡量，因为这就是衡量它给原本是混乱的东西带来多少和谐。

> 科学理论的辩护要从它的美学价值上去寻找，科学方法的辩护要借助它的美学价值去获得。没有定律的事实是无意义的，没有理论的定律充其量只具有实践功效，所以我们看到指引科学家的动机从一开始就是美学冲动的显现……没有艺术的科学是不完善的科学。

优秀的艺术批评家R.福雷有一篇很有见地的文章《艺术和科学》，该文开始引用了沙利文的一段话，接着说：

> 沙利文大胆地说："科学理论的辩护要从它美学价值上去寻找，科学方法的辩护要借助它的美学价值去获得。"这里我想向沙利文提一个问题：一个无视事实的理论与一个符合事实的理论是否具有同样的科学价值？我想他会说不；依我之见，为什么不，是没有纯美学理由的。

我将在后面讨论福雷提出的问题并提出一个不同于福雷以为沙利文会提出的回答。

现在我从这些泛泛的论述转向具体的实例，看看科学以何为美。

我的第一个例子与福雷的话有关，他说到有些东西数学天才感到是真的而又没有明显的理由。印度数学家拉马努詹留下了大量的笔记（其中一本是几年前才发现的）。在这些笔记中，拉马努詹记下了几百个公式和等式。其中有许多最近由拉马努詹用无从知道的方法证明了。G.N.华生（Watson）花了数年时间证明拉马努詹的许多等式，他写道：

> 研究拉马努詹的著作以及他所提出的问题不禁想起拉梅读到埃尔米特的模函数论文时说的话，"真让人惊心动魄"。而我自己的态度不是一句话能表达的，像这样的公式使我激动和震颤，正如当我走进美第奇教堂新圣器收藏室，看到"昼""夜""晨""暮"诸神（米开朗琪罗作，立于G.美第奇和L.美第奇的陵墓之上）的庄严之美时感到的震颤，这两种感受是没法区分开来的。

再举一个大不相同的例子，说的是玻耳兹曼对麦克斯韦一篇论述气体动力理论的文章的反应，在那篇文章中，麦克斯韦阐明了如何精确求解气体迁移系数（在那里分子间力是分子间距离的负5次幂的函数）。玻尔兹曼说：

> 一个音乐家听出几个小节就能认出莫扎特、贝多芬还是舒伯特，同样，一个数学家读几页就能看出是柯西、高斯、雅可比、赫姆霍茨还是基尔霍夫。法国数学家以形式优雅超群，而英国人，特别是麦克斯韦，则具有戏剧性的感觉。例如谁不知道麦克斯韦关于气体动力学理论的论文？……首先是对速度变化的庄严壮丽的论述，然后状态方程从一边进入，有心场中的运动方程从另一边进入。公式的混乱程度越来越高。突然，我们就好像听到定音鼓，鼓槌四击"敲定N=5"。邪恶的精灵V（两个分子的相对速度）消失了；就像在音乐中一样，一直突出的低音突然沉寂了，似乎不可超越的东西好像被魔术般的一声鼓鸣超越了……这不是问为何这个或那个代之而起的时候。如果你不能与那音乐一道同行同止，那就把它放在一边吧。麦克斯韦不写注释的标题音乐……一个结果紧随另一个结果，连绵不断，最后，像一阵意外的旋风，热平衡条件和迁移系数的表示式突然出现在我们面前，紧接着幕落了！

我一开始就举这两个简单的例子是想强调，不一定要在最宏大的画布上寻找科学美。但最宏大的画布确实提供最好的实例，这里我就举两例吧。

爱因斯坦广义相对论的发现被赫尔曼·韦尔称之为思辨思维力量的最高典范，而朗道和栗夫西茨认为广义相对论大概是现有物理学理论中最壮美的。爱因斯坦本人在他论述场方程的第一篇文章的末尾写道："任何充分理解这个理论的人都难逃避它的魔力。"我回头再讨论这种魔力的根本所在。现在我要拿海森伯发现量子力学时的感受与爱因斯坦表达的对他自己的理论的反应相对照。幸运的是，海森伯有自述，他写道：

> ……我明白了到底要用什么取代专门研究可观察量级的原子物理学中的玻尔——索末菲量子条件。有了这个补充假定，我给量子论引入了一个关键的限定。然后我注意到能量守恒原理的适用性还没有保证……于是我致力于阐明守恒定律成立；一天晚上我达到了这样一点：就要确定能量表（能量矩阵）中的各个单项了……第一项似乎合乎能量守恒原理，我激动不已，于是开始犯无数的算术错误。结果当我算出最后结果时已是凌晨三点了。能量守恒原理对于所有的项都成立，我不能再怀疑我的计算显示的那种量子力学的数学一致性和协调性。起先，我惊得目瞪口呆。我感到我透过

原子现象的表面看到了奇美无比的内景，想到我现在就要探察自然如此慷慨地展列在我面前的数学结构之财富，我几乎觉得飘飘欲仙了。

看到爱因斯坦和海森伯的这些关于自己发现的言论，回想海森伯记下的海森伯与爱因斯坦的谈话，那是很有意思的。以下是一个摘录：

> 当自然把我们引向具有极大的简洁性和优美性的数学形式——形式指一个由假说、公理等构成的融会贯通的系统——引向前所未见的形式时，我们不禁要想到它们是"真的"，它们揭示了自然的真实特性……你一定也有这种感想：自然突然在我们面前展现各种关系几乎令人生畏的简洁性和整体性，我们之中没有一个人有丝毫的准备。

海森伯的这些话与济慈的几句诗前呼后应：

> 美就是真，
> 真就是美；
> 这是一切你知道的，
> 这是一切你应该知道的。

现在我想回头讨论我前面说到的福雷的问题。即如何看待一个美学上令人满意同时又相信它不真的理论。

戴森曾引用韦尔的话："我的劳作是努力把真和美统一起来；如果我不得不选择其中之一，我常常选择美。"我要问一问戴森：韦尔是否举过他为了美而牺牲真的例子？我了解到韦尔举的例子是他的引力度规论，这个理论是在他的《时空问题》中提出来的。显然，韦尔确信这个理论作为一个引力理论是不真的；但它是那样美以至他不愿意放弃它，因此他为了它的美不让它消亡。但很久之后，度规不变性的形式系统被纳入量子电动力学，证明韦尔的本能直觉是完全正确的。

另一个韦尔不曾提到但戴森注意到了的例子是韦尔的两分量中微子相对性波动方程。韦尔发现了这个方程，但由于它违背宇称不变性原则，约有30年未受到物理学界的重视。但结果再一次证明韦尔的直觉是正确的。

因此我有证据说明，一个科学家凭异常高超的审美直觉提出的理论即使起初看起来不对，终究能够被证明是真的。正如济慈在很久以前看到的："凡想象认作美的东西一定是真理，不论它以前存在与否。"

确实，人类心灵最深处看做美的东西变成外部自然中的现实，这是一个令人难以置信的事实。

凡是可理解的，同时也是美的。

【苏联】普里什文

叶尔淇 潘安荣 译

大地的眼睛①

自然清音

普里什文（1873～1954），苏联作家。农艺师出身，对观察自然有浓厚的兴趣，30岁左右决定弃农从文，背上背包、猎枪和笔记本，用双脚丈量河山，一路走一路写日记式"诗体随笔"，散文诗的语言加上学者的思考，创造了一种动人的自然散文。作者自言："我的笔记是不受任何约束的、我所喜爱的文学形式，这些笔记确实是在春天的口授下写的——后来几乎没有作任何加工，只根据自然界生活的运动力结集起来，这种运动力，在人的心灵中也引起了相应的运动。"普里什文所写的大自然的日历，也是人的心灵的日历。他自称为"钉在十字架上的人"，可见他对待文学的庄严姿态。代表作有《大自然的日历》《林中水滴》《人参》等。

大地的眼睛

从早到晚风风雨雨，寒气袭人。我不止一次地听失去爱人的妇女说起，仿佛人的眼睛往往要比知觉死得早，有时，临终的人竟会说："怎么啦，我亲爱的，我看不见你们啦。"——这是说，眼睛已经死了，说不定下一个时刻舌头也会不听使唤了。且说我脚边的湖吧，也正是这样：在民间传说中，湖就是大地的眼睛。这一点，我是早已知道的：大地的眼睛要比万物更早地逝去，更早地感到日光的消失，在森林中刚刚展开争夺落日余晖的奇景的时候，在有些树木的梢头燃起了熊熊的火焰，宛如树木本身放光的时候，湖水却好似死了一般，就像一座埋着冷鱼的坟墓。

雨，使得庄稼汉苦恼万分。雨燕早已飞走了。泥燕群集在田野上。天气已经冷过两回。椴树自根到梢完全发黄。马铃薯也变黑了。遍地铺满了亚麻。鹬鸟已经出现。夜晚变长了……

（潘安荣 译）

① 潘译选自普里什文《林中水滴》，百花文艺出版社，1984年版。叶译选自《真爱·世纪名家品荐经典大系·散文卷》，长春出版社，1995年版。

一只深红色的眼睛

滴水成冰，万汇更加寂静了。暮色沉沉。光秃秃的灌木林黑了下来，仿佛这是树林本身在全神贯注地准备过夜。夕阳像一只深红色的眼睛透过灌木林中的黑暗俯视着下界。隔着灌木林这只红色的眼睛不比人的眼睛大。

亮晶晶的水滴

阳光和微风。春雪遍地。山雀和交嘴雀唱着求偶的歌。溪床上的冰层好似玻璃那样，劈啪有声地碎裂。小白桦被阳光抹上了玫瑰红的色彩，跟深色的松林相映成趣。阳光在铁皮屋顶上建造了一个像山顶上的冰川那样的水源。从那里，就像从真正的冰川中那样，源源不断地淌下水来，于是冰川便一步步后退。冰川和屋檐之间的那片晒热的铁皮屋面泛出乌油油的颜色，变得越来越宽。屋顶上暖烘烘的，而在寒冷的背阴处，屋檐上悬着冰锥。从屋顶上淌下的细细的水流，流向冰锥。这水流一碰到冰锥就冻住了，因此到了早晨冰锥连接屋檐的一头就会粗上一大圈。当太阳覆满屋顶，照着冰锥的时候，寒气消失了，于是由冰川流出的水便沿着冰锥往下流淌，滴下金黄色的雪水。所有的屋顶都是这样，入暮前，全城处处都在滴落招人喜欢的金黄色的雪水。

在太阳落山前很久，背阴处就上冻了，虽说屋顶上的冰川仍在后退，雪水仍沿着冰锥往下流淌，但总有一些水在背阴处的冰锥尖尖上冻牢，天色越晚，冻牢的越多，于是冰锥在黄昏时分变长了。次日旭日再升之后，冰川再度后退，冰锥在早晨进一步加粗，而在黄昏时分进一步加长。就这样一天粗似一天，一天长似一天。

春 装

再过几天，至多一个礼拜左右吧，树林中这座不可思议的自然界的殿堂就将长满鲜花、芳草、青苔和纤细的萌芽枝。看着自然界如何一年两度精心打扮它的死气沉沉的枯黄的骨骼，不能不为之感动：一次是春天，用鲜花遮没它的骨骼，免得叫我们看见，一次是秋天，用雪。

核桃和赤杨还在开花，即使此刻，它们金灿灿的荑蕤花序一被小鸟碰着，仍会扬起花粉，然而现在的天下已不是它们的了。它们虽然还活着，可它们的时代已经过去。现在有一种像繁星一般的蓝色小花，以其数量之多和姿色之美，令人惊讶地主宰着世界。偶尔可以见到瑞香，也叫人叹为观止。

林间道路上的冰已融化一尽，而牲口粪还留在那里，松球和杉球中的许多种子好像嗅到了粪便的气味，纷纷飞落到路上。

初 秋

今天拂晓，一棵胖嘟嘟的白桦，像是穿着用细骨支起的钟式裙，由树林里走到了林中旷地上，另一棵羞怯、瘦弱的白桦把叶子一片接一片地洒落到黑压压的云杉上。随着天越来越亮，继这两棵白桦之后，其他各种树木也都纷纷向我展示千奇百怪的本来面目。每年初秋都会出现这样的情景。其时，千人一面的苍润华滋的夏季宣告结束，巨大的转折开始，树木以千差万别的姿态开始落叶。

其实人也是如此，人在快活时都十分相似，人只有在痛苦的时候和在改善处境的搏斗中，才各各不同。如果用人的观点来看，秋天的树林向我们显示了个性的诞生。

怎么能不这么看呢？这个一闪而过的类比使我极为高兴，我全神贯注，以一种亲人般的关怀环顾着我四周。瞧这个被黑琴鸡用爪子耙遍了的小草丘。过去，在小草丘的坑坑洼洼中总会有黑琴鸡或者松鸡的一两片羽毛，如果羽毛是有花斑的，那就是说，是只母鸡在这儿翻过地，如果羽毛是黑色的，那就是说，是公鸡。可现在，落在小草丘的坑坑洼洼中的已不是鸡毛，而是枯叶。瞧，有一株很老很老的红菇，大得像只碟子，上下通红，由于太老，四边都卷了起来，形成一只碟子，碟子中注满了水，水上漂着白桦小小的枯叶。

林中的树木

积起了厚厚一层新雪。林子里非常之静，而且那么暖和，积雪差点儿要融化。树林被雪团团箍住，云杉粗大的枝梢沉甸甸地凌空悬着，白桦却被雪压得弯了下来，有的甚至弯得树梢碰到了地面，形成了一个雕花的拱门。树木也跟人一样：任何一棵云杉，不管压在身上的雪有多重，宁肯断裂也不弯腰，而白桦只稍稍有一点压力便弯下腰来了。云杉和它参天的树梢以王者的气度主宰着树林，而白桦只知哭鼻子。

在林子里白雪皑皑的寂静中，由树上的积雪形成的雪像那么栩栩如生，以至我觉得奇怪："它们相互间为什么不交谈，难道它们看到了我，害羞了？"又纷纷扬扬飘起了雪花，这时我似乎听到雪花在低语，听到那些千奇百怪的雪像在悄声交谈。

丢失的思想

在闷热的天气里，走进松林，就像来到了一座大厦的屋顶下。在林子里低着头漫步，不停地漫步，就会有人从旁观察你，并且心里想："他肯定在找什么东西，是什么呢？羊肚菌，春天生的蘑菇，如今都已经过季了，铃兰花？可铃兰花还没长成呢？你是丢了什么东西吗？"

"是的，"我回答，"我丢失了自己的思想，我现在觉得就快能找到它们了，你瞧，在前方的红景天那儿，就能找到它们……"

思想的飞鸟

当你刚一走进森林，思绪灵感就如同一群小鸟，被自由地放飞。周围的一切也都在眼前活动了起来，此刻，你开始明白：我是万物的主宰，甚至可以托载起树林，和思想的飞鸟一起飞向天空。

可树林静止着不动，依旧是那一棵棵的云杉、松树和白桦树。当然了，树林静止，树林依旧。森林的美妙恰恰在于你自己，伴着思想的飞鸟在向上升腾，融入绿色的涛声，而森林静止不动。

（以上叶尔滗 译）

求偶飞行

在这本该是山鹬求偶飞行的时日里，一切都很美好。但是山鹬没有飞来。我沉浸在回忆之中：现在没有飞来的是山鹬，而在那遥远的过去，没有来的却是她。她是爱我的，但是她觉得，爱还不足以充分报答我对她的激情，所以她没有来。我也从此脱离了这"求偶飞行"，永远不再见到她了。

此刻是如此美妙的黄昏，百鸟争鸣，万类俱在。唯独山鹬不曾飞来。两股水流在小河中相遇，发出泼溅声，随即又归于沉寂。河水依旧沿着春天的草原缓缓地流动。

后来我发觉自己在寻思：由于她没有来，我一生的幸福却降临了。原来她的形象，随着岁月的流逝逐渐消失了，但留在我心中的感情，使我永远去寻找她的形象，却又总是找不到——尽管我热切地关注着普天下的万象。于是，普天下的一切，都像是人的面孔似的映现在她一个人的面孔上，而这副宽阔无边的面孔的姿容，就足够我一辈子欣赏不尽，而且每逢春天，总有一些新的美色映入我的眼帘。我是幸福的，唯一觉得美中不足之处，是没有让大家都像我一样地幸福。

我的文学生涯所以不衰的原因，正是在于我的文学生涯就是我自己的生命。我觉得，任何人都能够做到像我一样：且试着吧，忘掉你在情场上的失意事，把感情移注到字里行间，你一定会受到读者的喜爱的。

此刻我还在想：幸福完全不依赖于她之来或不来，幸福仅仅依赖于爱情，依赖于有没有爱情，爱情本身就是幸福，而这爱情是和"才情"分不开的。

　　就这样我一直想到了天黑，突然我明白了，山鹬再也不会来了。于是一阵刀割似的剧痛刺穿了我的心，我低声自语道："猎人啊猎人，那时候你为什么不把她留住呢！"

（潘安荣　译）

【法国】布封
任典 译

动物素描①（2则）

　　布封（1707～1788），法国科学家、作家。年轻时在朋友的诱导下钟情于博物学，后被任命为国王御花园和书房的总管。布封由此开始了持续一生的《自然史》的写作生涯，将精要的解说与优雅的修辞合成高雅的文风，他的著作就是他的名言"风格就是人本身"的证明。时至今日，浩繁15卷《自然史》的文学价值已经超出了他的科学价值，似乎又证明风格比事实更有生命力。在布封临终前一年，皇家花园里立起一座布封铜像，镌刻的铭文是："献给和大自然一样伟大的天才。"

天 鹅

　　在任何社会里，不管是禽兽的或人类的社会，从前都是暴力造成霸主，现在却是仁德造成贤君。地上的狮、虎，空中的鹰、鹫，都只以善战称雄，以逞强行凶统治群众；而天鹅就不是这样，它在水上为王是凭着一切足以缔造太平世界的美德，如高尚、尊严、仁厚等等；它有威势，有力量，有勇气，但又有不滥用权威的意志、非自卫不用武力的决心；它能战斗，能取胜，却从不攻击别人：它是水禽界里爱好和平的君王，却又敢与空中的霸主对抗；它等待着鹰来袭击，不招惹它，却也不惧怕它；它的强劲的翅膀就是它的盾牌，它依靠羽毛的坚韧、翅膀的频繁扑击对付着鹰的嘴爪，打退鹰的进攻，它奋力的结果常常是获得胜利。而且，它也只有这一个骄傲的敌人，其他善战的禽类没一个不尊敬它，它与整个自然界都是和平共处的：在那些种类繁多的水禽中，它与其说是以君主的身份监临着，毋宁说是以朋友的身份照看着，而那些水禽仿佛个个都服服帖帖地归顺它；它只是一个太平共和国的领袖，是一个太平共和国的首席居民，它赋予别人多少，也就只向别人要求多少，它只要求宁静与自由。对这样的一个元首，全国公民自然是无可畏惧的了。

---

　　① 选自何承伟主编《世界文学随笔精品大展》，上海文化出版社，1992年版。

天鹅的面目优雅、形状妍美，与它那种天性的温和正好相称；它叫谁看了都顺眼；凡是它所到之处，它都成了这地方的点缀品，使这地方美化；人人喜悦它，人人欢迎它，人人赞赏它。任何禽类都不配这样地受人怜爱：原来大自然对于任何禽类都没有赋予这样多的高贵而柔和的优美，使我们意识到它创造物类竟能达到这样妍丽的程度。俊秀的身段，圆润的形貌，优美的线条①，皎洁的白色②，宛转的、传神的动作，忽而兴致勃发、忽而悠然忘形的姿态，总之，天鹅身上的一切都散布着我们欣赏优雅与妍美时所感到的那种舒畅、那种陶醉，一切都使人觉得它不同凡俗，一切都画出它是爱情之鸟③；古代神话把这个媚人的鸟说成为天下第一美女的父亲④，一切都证明这个富有才情与风趣的神话是很有理由的。

我们看见它那种雍容自在的样子，看见它在水上活动得那么轻便、那么自由，就不能不承认它不但是羽族里第一名善航者，并且是大自然提供给我们的航行术的最美的模范⑤。可不是么，它的颈子高高的，胸脯挺挺的、圆圆的，就仿佛是船头，冲开着波浪；它的宽广的腹部就像船底；它的身子为了便于疾驶，向前倾着，渐渐向后就渐渐高，最后翘起来就像船艄；尾巴真正是舵；脚就是宽掌桨；它的大翅膀在风前半张着，轻轻地鼓起来，这就是帆，帆推着这艘活的船舶，自己漂行，自己操纵。

天鹅知道自己高贵，所以很自豪，知道自己美丽，所以很自好，它仿佛故意摆出它的全部优点：它那样儿就像是要听到人家赞美，引得人家注目；而事实上它也真是令人百看不厌的，不管是我们从远处看它们成群地在浩荡的波涛中，和有翅的船队一般，自由自在地游着，或者是它们应着召唤的信号，独自离开船队，游近岸旁⑥，以种种柔和、宛转、妍媚的动作，显出它的美色，展开它的娇态，供人们仔细欣赏。

天鹅既有天生的美质，又有自由的美德；它不在我们所能强制或关闭的那些奴隶之列⑦：它无拘无束地生活在我们的池沼里，如果它不能享受到足够的独立，

① 古希腊诗人奥维德（Ovide，前43～16）形容美女迦拉蒂（Galate）说："比天鹅的羽毛还柔美"（见《变形记》，第十三）。——原注。

② "白如天鹅"，各民族都有这样一个成语。古希腊人是这样说的。古罗马诗人维吉尔（Virgile，前70～前19）也说"迦拉蒂白得赛天鹅"。在古叙利亚人的语言里，"白"和"天鹅"两词语就是一个字。——原注。

③ 古罗马诗人贺拉斯（Horace，前65～前8）说，爱神之母——美神维纳斯（Vénus）用天鹅拉车。——原注。

④ 据古代传说，美女海伦（Hélène）是丽达（Léda）和一只天鹅交配而生的，原来这只天鹅就是天神朱庇特（Jupiter）的幻形。希腊悲剧家欧里庇德斯（Euripide，前480～前406）形容海伦，她具有"天鹅一般的体貌"。——原注。

⑤ "古时的船舶上画着天鹅的最多。天鹅出现在船前，舵手就认为是好兆头。"——原注。

⑥ "天鹅游得很优雅，它愿意的时候，也能游得很快；招招呼它，它就游到谁的跟前。"——原注。

⑦ "院子里关着的天鹅经常是愁苦的；沙砾会伤它的脚，它费尽心力要逃走、要飞掉，如果它每次换毛时你不剪短它的翅膀，它就真个扬长而去了。"——原注。

使它无奴役俘囚之感，它就不会停留在那里，不会在那里安顿下去：它要任意地在水上遍处游，或到岸旁着陆，或离岸游到水中央，或者沿着水边，来到岸脚下躲荫凉，藏到灯芯草里，钻到最偏僻的湾汊里，然后又离开它的幽居，回到有人的地方，享受着与人相处的乐趣——它似乎是很欢喜接近人的，只要它在我们这方面发现的是它的居停主人和朋友，而不是它的主子和暴君。

天鹅在一切方面都高于家鹅一家，家鹅只以野草和籽粒为生，天鹅却会找到一种较精美的、不平凡的食料；它不断地用妙计捕捉鱼类；它做出无数的不同姿态以求捕捉的成功，并尽量利用它的灵巧与气力；它会避开或抵抗它的敌人：一只老天鹅在水里，连一匹最强大的狗它也不怕；它用翅膀一击，连人腿都能打断，其迅疾、猛烈可想而知。总之，天鹅似乎是不怕任何暗算、任何攻击的，因为它的勇敢程度不亚于它的灵巧与气力。

驯天鹅的惯常叫声与其说是响亮的，毋宁说是浑浊的；那是一种喘哮声，十分像俗语所谓之"猫咒天"，古罗马人用一个谐声字"独楞散"[1]表示出来。听着那种音调，就觉得它仿佛是在恫吓，或是在愤怒；古人之能描写出那些和鸣锵锵的天鹅，使它们那么受人赞美，显然不是拿一些像我们驯养的这种几乎喑哑的天鹅做模型的。我们觉得野天鹅曾较好地保持着它的天赋美质，它有充分自由的感觉，同时也就有充分自由的音调。可不是么，我们在它的鸣叫里，或者宁可说在它的嘹唳里，可以听得出一种有节奏、有曲折的歌声，有如军号的响亮，不过这种尖锐的、少变换的音调远抵不上我们善鸣禽类那种温柔的和声与悠扬朗润的变化罢了。

此外，古人不仅把天鹅说成为一个神奇的歌手，他们还认为，在一切临终时知道感动的生物中，只有天鹅会在弥留时歌唱，用和谐的声音作为它最后叹息的前奏。据他们说，天鹅发出这样柔和、这样动人的声调，是在它将断气的时候，它是要对生命作一个哀痛而深情的告别，这种声调，如怨如诉，低沉地，悲伤地，凄黯地，构成它自己的丧歌[2]。他们又说，人们可以听到这种歌声，是在朝暾初上、风浪既平的时候，甚至于有人还看到许多天鹅唱着自己的挽词，在音乐声中气绝了。在自然史上没有一个杜撰的故事、在古代社会里没有一个寓言比这个传说更被人赞美、更被人重述、更被人相信的了。它控制了古希腊人的活泼而敏感的想象力：诗人也好，演说家也好，乃至哲学家[3]，都接受着这个传说，认为这事实实在太美，根本不愿意怀疑它。我们应该原谅他们这种杜撰寓言，这些寓言真正是

255

---

① Drensant，拉丁文，出自动词drensare，"天鹅的鸣声"。

② 据毕达哥拉斯（Pythagore，前6世纪）说，那是一个欢乐之歌，因为天鹅庆幸自己将转入一个更好的生命。——原注。

③ 在柏拉图的著作里，苏格拉底是相信这事的，连亚里士多德也是相信的，不过他们都是接受民间传说，并根据外国记载。——原注。

可爱的、动人的，其价值远在那些可悲的、枯燥的真实之上，对于敏感的心灵来说，这都是些美妙的象征。无疑地，天鹅并不歌唱自己的死亡，但是，每逢谈到一个大天才临终前所作的最后一次飞扬、最后一次辉煌表现的时候，人们总是无限感慨地想到这样一句动人的成语："这是天鹅之歌！"

马

人类所曾做到的最高贵的"征服"，就是征服了这豪迈而剽悍的动物——马。它和人同受战争的辛苦，同享战斗的光荣；它和它的主人一样具有无畏的精神，它眼看危急当前而慷慨以赴；它听惯了兵器搏击的声音，它喜爱它，追求它，受着同样热忱的鼓舞；它也和主人共欢乐：在射猎时，在演武时，在赛跑时，它精神抖擞，耀武扬威。但是它驯良不亚于勇毅，它不逞自己的烈性，它知道节制自己的动作：它不但屈从驾驭者的操纵，还仿佛窥视着驾驭者的颜色，它经常按照着主人的表情方面给予它的印象而奔腾，而缓步，而停止，它的一动一静都仅仅为了满足主人的要求；这是一个生来就为着舍己从人的动物，它甚至于会迎合人的心意，它用动作的敏捷和准确来表达着、执行着人的意旨，人希望它感觉到多少它就能感觉到多少，它所表现出来的总是在恰如人愿的程度上；因为它无保留地贡献出自己，所以它不拒绝任何使命，所以它尽一切力量来为人服务，它还要超越自己的力量，甚至于舍弃生命以求服从得更好。

以上所述，是才能已经获得发展的马，是天然品质已被人工改进过的马，是从小就被人保育、后来又经过训练、专为替人服务而培养出来的马；它所受的教育以丧失自由而开始，以接受束缚而终结；这种动物的被奴役或驯养已太普遍、太悠久了，以至我们看到它们时，它们很少是在自然状态中；它们在劳动中经常是披着鞍鞯；人们永远不解除它们的羁绊，纵然是在休息的时候；如果有时人们让它们在牧场上自由地闲游，它们也还永远带着被奴役的标志，并且还时常带着劳动与痛楚的残酷的痕迹：嘴，由于铁嚼子勒出了皱纹而变形了；腰，有了疮痍或被马刺刮出一条条的伤疤了；趾甲，也钉上许多钉子了。由于惯受羁绊而存留下来的迹象，它们的浑身姿态都显得不自然；你现在就是把它们的羁绊解脱掉也是枉然，它们也不会因此而显得更自由活泼些。就是那些被奴役状况比较轻微的马，那些只为主人摆阔绰、壮观瞻而喂养、而供奉着的马，那些不是为装饰它们本身却是为满足主人的虚荣而戴着镀金链条的马，对它们说来额上覆着的那一撮妍丽的毛，项鬣编成的那些细辫，满身盖着的丝和黄金，其侮辱性也并不亚于脚下的铁掌。

自然要比人工更美丽些；在一个动物身上，动作的自由就构成美丽的自然。你们试看看那些繁殖在南美各地自由自在生活着的马匹吧：它们行走着，奔驰着，腾跃着，既无拘束，又无节制；它们因不受羁勒而感觉自豪，它们避免和人打照面；它们不屑于受人照顾，它们寻找着，并且自己就能找到适合于它们的食粮；它们在那无边的草原里自由地闲游着、蹦跳着，在那里它们采食着一种四季皆春的气候所经常供给的新鲜产品；它们既无一定的住所，除了晴明的天空外又无任何其他的庇荫，因此它们呼吸着清新的空气；这种空气，比把它们关闭在那些圆顶宫殿里，又把它们应占的空间加以压缩以后的空气要纯洁得多；所以那些野马特别强壮，特别轻捷，特别遒劲，远超过大部分的家养马；它们有大自然赋予的美质，有充沛的精力和高贵的精神，而所有的家养马都只有人工所能赋予的东西，即技巧与妍媚而已。

这种动物的天性绝不凶猛，它们只是豪迈而生野。虽然力量在大多数动物之上，它们却从来不攻击其他动物；如果它们遭到其他动物的攻击，它们并不屑于和它们搏斗，只是赶开它们或者踏死它们。它们也是成群来往的，不过它们之所以团结成群，纯粹是为着群居之乐；因为，它们一无所畏，原不需要团结御侮，但是它们彼此依恋之情却太深了。由于草木足够作它们的食粮，由于它们有充分的东西来满足自己的欲望，又由于对动物的肉毫无兴趣，所以它们绝不向其他动物挑战，也绝不互相作战，更不互相争夺生存资料；它们从来不做追捕一个小兽或向同类抢劫之类的事情，而这种追捕和抢劫正是其他肉食兽类互争互斗的根源；所以马总是和平生活着的，其原因就是它们的欲望简单，又有足够的生活资料，无需互相贪嫉。

这一切，我们只要看看人家放在一处饲养，并且成群放牧着的那些小马，就可以观察得很清楚：它们有温和的习性和合群的品质；它们的力量和锐气通常只是在竞赛的表现中流露出来；它们跑起来都要努力占先，它们争着过一条河，跳一条沟，练习着冒险，甚至于见着危险便更加起劲；而在这些自发的练习当中，凡是肯做榜样的马，凡是自动领头的马，都是最勇敢、最优良的，并且，一经驯服，常常又是最温和、最柔顺的……

在所有的动物中间，马是身材高大而身体各部分又都配合得最匀称、最优美的。如果我们拿它和比它高一级或低一级的动物相比，就发现驴子长得太丑，狮子头太大，牛腿太细太短，与它的粗大身躯不相称；骆驼是畸形的，而最大的动物，如犀，如象，都可以说只是些未定型的肉团。颚骨前伸本是兽类头颅不同于人类头颅的主要原因，也是所有动物的最卑贱的标志，然而，马的颚骨虽然也大大地向前伸着，它却没有如驴的那副蠢相，如牛的那副呆相。相反地，由于它的头部的比例整齐，它却有一种轻捷的神情，而这种神情又恰好被颈部的美烘托着。马一抬头，就仿佛想要超出它那四足兽的地位。在这样的高贵姿态中，它和人面对面地相觑着：它的眼睛闪闪有光，并且形状很美；它的耳朵也长得好，并且不大不小，不像牛耳太短，驴耳太长；它的鬣毛正好和它的头相称，装饰着它的颈部，给予它一种强劲而豪迈的模样；它那下垂而丰盛的尾巴覆盖着，并且适宜地结束着它的身躯的末端；马的尾和鹿、象等兽的短尾，驴、骆驼、犀牛等兽的秃尾都大不相同，它是由密而长的鬃毛构成的，仿佛这些鬃毛是直接从臀部生长出来，因为长出鬃毛的那个小肉桩子很短。它不能和狮子一样翘起尾巴，但是它的尾巴虽然是垂着的，却于它很适合。因为它能使尾巴向两边摆动，所以它就有效地利用着尾巴来驱赶苍蝇，这些苍蝇很使它苦恼，因为它的皮虽然很坚实，又满生着厚密的短毛，却还是十分敏感的。

【俄国】安德列耶夫

戴骢 译

毒蛇的自白①

安德列耶夫（1871~1919），俄国作家。有小说《红笑》、戏剧《问星星》等。作品构思奇特，多具象征风格，气氛阴森恐怖。鲁迅对他的评价："其文神秘幽深，自成一家。"《毒蛇的自白》就是这样一篇奇构佳作，毒蛇之吻是如此含情脉脉，曾经诱惑得人类始祖丢了伊甸园，现在，它温柔入骨地对你说："我爱你——你死吧。"让你忍不住茫然回顾，看看身后有没有这样的美妙伪装的恶人。

"轻点，轻点，轻点。再走近些。大胆地看着我的眼睛。"

我从来就是迷人的，温柔，多情，知恩报德，而且聪明，高尚。我的匀称的身子曲曲弯弯地游动时，是那么绰约多姿，你准会乐于观赏我静悄悄的舞蹈。瞧，我盘成了一圈，暗淡地闪耀着我的鳞，温存地自我拥抱，通过这一次次温存而又冰冷的拥抱，我的如钢铁一般坚韧的身子日益壮大。天地间，独有我是出类拔萃的! 出类拔萃!

轻点，轻点，大胆地看着我的眼睛。

你不喜欢我这样微微晃动着身子吗? 你不喜欢我笔直、坦诚的目光吗? 唉，我的头颅太沉，因而我总是微微晃动身子，笔直地望着前方。再走近些，稍许给我点温暖，用你的手指抚摸一下我充满睿智的前额，你就会在我前额漂亮的轮廓中看到樽姐的形象，注入这樽姐的是智慧和夜晚花朵上的露水。当我用身子的扭曲来描绘空气的时候，在我的前额内就会留下痕迹，留下纤细的蛛丝般的纹路，留下错综复杂地交织在一起的魔力，留下悄无声息地行动的魅力，留下游动的路线上的无声的啸声。我沉默着，摇晃着身子; 我谛视着，摇晃着身子——我的颈项上支撑着的重物怎么会沉得这么出奇?

我爱你。

我从来就是迷人的，缱绻缠绵地爱一切我所爱的人。再走近些，你看到我洁

---

① 选自乔继堂主编《外国散文全库·阅世卷》，中国广播电视出版社，1993年版。

白、尖利、迷人的牙齿了吗？——我一边亲吻，一边就咬一口。不疼的，不，稍微有点儿疼。我在和人轻怜蜜爱的时候，出于柔情蜜意，总爱悄悄地咬一口，只咬到流出几滴亮晃晃的鲜血，只咬到发出被人挠痒痒时的那种叫声，就适可而止了。这是非常愉快的，你不要犹豫了，不然那些被我吻过的人怎么会又回到我身边来，要我再吻他们呢？可惜如今我只能吻一次了——多伤心呀！只能一次。给每个求爱者一个吻……这对于热恋着的、多情的、渴望两情交融的心灵来说，委实太少了。不过，只有我这个柔肠寸断的，才可以在吻过一次之后，去寻觅新的爱情，而他是无法再另结新欢的了，对他来说，我那缔结良缘的、含情脉脉的、唯一的一次吻，是不可解约的，必须矢志不渝。我信赖你，才跟你谈这些，待我讲完我的故事后……我将要亲吻你。

我爱你。

大胆地看着我的眼睛。不是吗，我的目光，是多么神采奕奕，多么威严？而且坚定、率直、专注，好似钢铁一般，刺透心灵……我一边谛视，一边晃动；一边谛视，一边作法，把你的恐怖，把你那爱恋的、疲惫的、顺从的惆怅摄入我碧绿的眼睛中。再走近些。如今我是女王了，你必须来瞻仰我的美色，可是曾经有过一段荒谬的日子……嘎，多么荒谬的日子啊！我一想起这事就怒从中起——嘎，多么荒谬的日子！那时竟然不爱我。不尊重我。竟然残忍地捕捉我，在污泥中践踏我，侮弄我——嘎，多么荒谬的日子！天地间，独有我是受尽苦难的！受尽苦难！

我跟你说：再走近些。

为什么不爱我呢？我那时不也是迷人的吗？总是和蔼可亲，含情脉脉，而且舞姿美妙。可是那时却虐待我，用火来烧我。笨重的野兽用它们笨重得可怕的巨掌践踏我，用血盆大口中的獠牙撕咬我柔软的身子，我敌不过它们，只得含恨啃食黄沙和烂泥充饥，在绝望中奄奄待毙。每天我都被踩得死去活来，每天我都在绝望中奄奄待毙。唉，那是一段多么卑鄙的日子呀！如今人们已忘却了愚昧的森林，再也没有人记得那段日子了，可你应当怜恤我。再走近些。你应当怜恤我，因为我遭到过凌辱。因为我命途多舛，因为我广施爱情，因为我舞跳得非常好。

我爱你。

那时我有什么能力自卫呢？我有的不过是几只洁白、漂亮、尖利的牙齿，只能用于接接吻而已。试问，我那时有什么能力自卫？只是到了今天，我的颈项才支撑着这个沉重得出奇的头颅，我的目光才凛然不可违逆，才笔直地向前谛视，而当初我的头是轻的，眼神是温和的，那时我还未拥有毒液。嘎，我现在的脑袋可真沉，要支撑住它真不容易！唉，我的目光使我疲惫不堪，我的额上有两块石头，这就是我的眼睛。尽管这两块熠熠闪光的石头是价值连城的宝石，然而较之温和的眼睛，它们重得可怕，压迫着脑髓……我的头颅真沉呀！我谛视着，晃动着，在一片绿雾中，我看到了你——你离我那么远。再走近些。

你看到了吗？即使我在悲痛欲绝的时候，也是美丽动人的，爱情使我的目光满含着忧思。来，看着我的瞳仁，我可以使其缩小，也可以使其扩大，还可以赋予它们以奇光异彩，使它们宛若夜幕中明灭闪烁的星辰，宛若璀璨生光的各种各样宝石：钻石、翡翠、黄玉、红宝石。大胆地看着我的眼睛：这是我，女王，在戴上我的王冠，至于那在闪烁、燃烧、坠落，令你失去智慧、意志、生命的，则是毒液，是我的一小滴毒液。

怎么会发生这样的事？我不知道。我本人是决无害人之心的。

过去，我曾受尽苦难，可我默不做声，我潜伏起来。我匆匆躲避，只要能够躲避，我就迅速游走。但是谁也没见到我哭过，我不会哭；我只是越来越急速、越来越漂亮地跳我的静悄悄的舞。我独自在死寂之中，独自在榛莽之中，怀着一颗忧伤的心跳舞，可是他们却憎恶我动作急速的舞蹈，宁愿把舞姿婀娜的我活活打死。可突然间，我的头颅变沉了——真是咄咄怪事！——突然之间就变沉了。那头颅仍然那么小巧而漂亮，仍然那么睿智而漂亮，可是突然变沉了，沉得可怕，把颈子都压弯到了地上，使我痛彻心扉。如今我多少已习惯了，可当初我却无法行动自如，只觉得一阵阵剧痛，我以为我病了。

可是突然……再走近些，大胆地看着我的眼睛。轻点，轻点，轻点。

可是突然，我的目光也沉重起来，变得专注，古怪……我吓坏了！我想斜睨人家一眼，我想回眸一视，可是办不到，我只能笔直地朝前看，我的目光越来越具有刺透的力量，好比利石一般。大胆地看着我的眼睛，它们就像利石一般，而且一切东西，经我一看，无不化为冷冰冰的石头，大胆地看着我的眼睛。

我爱你。你不要嘲笑我出于对你的信赖而作的自述，我再讲下去。我每一个小时都要把我多情的心扉开启一次，然而我总是枉费心机，我是孤独的。我的唯一的也是最后的亲吻是那么缠绵悱恻，经此一吻，就和我的所爱永诀了，于是我又得去另觅爱情。然而不管我怎样倾吐情愫，听者却不为所动，我又无法把心掏出来，而毒液却折腾得我精疲力竭，头颅又沉重得可以。不是吗，我即使陷于绝境时也是楚楚动人的。再走近些。

我爱你。

有一回，我在林中腐烂的沼泽里沐浴——我喜欢清洁，这是出身高贵的标志，我是经常洗澡的。那回，我一边洗澡，一边在水中婆娑起舞，看到了我映在水中的身姿，于是就像历来那样，深情地爱上了我自己。我是那么地喜爱美丽和聪颖的东西！猛然间，我发现在我前额上那些与生俱来的花纹中，多了一个古怪的新标记……会不会就是因为这个标记，我的目光才变得沉重，变得如石头一般冷酷，我嘴里才会有这种甜津津的味道？就在我前额的这个地方多了一个黑糊糊的十字架，就在这里——你看呀！再走近些。多奇怪呀，不是吗？可当时我对此并不理解；只是觉得高兴：多一些花纹来妆饰我有什么不好。可是就在那一天，就在出现十字架的那个最可怖的一天内，我的第一次亲吻也成了最后一次亲吻——我的吻成了致人于死命的吻。天地间，独有我的吻是致人死命的！致人死命！

唉！

你喜爱贵重的宝石，但是，我的情人，你不妨想想，我的一滴毒液有多贵重。这一滴毒液是那么微小，你过去可曾看见过？从来不曾看见过，从来不曾。不过你会尝到它的滋味的，我的情人，你不妨想象一下，我要经受多少苦难、屈辱、徒然的愤懑（这愤懑使我心如刀割），才能孕育出这一滴毒液。我是女王！我是女王！我用我所孕育的这一滴毒液，把死亡带给天地间所有的生物，我的王国是没有涯际的，既然苦难没有涯际，死亡也没有涯际的话。我是女王！我的目光是百折不挠的，我的舞蹈是可怖的，我是美丽的！天地间，独有我是出类拔萃的！出类拔萃！

唉！

别倒下来，我还没讲完呢。再走近些，大胆地看着我的眼睛。

于是那时我游回愚昧的森林，游回我那绿色的王国。那时的我已非昔日的我了，我是可怖的！然而贵为女王，我的态度自然和蔼平易；贵为女王，我的气度自然宽宏大量，我向左右两旁点头致意。可是他们却……纷纷逃跑了。我作为女王，仪态优美地向左右两旁点头致意，可是他们，这些可笑的家伙，却逃跑了。依你看，他们为什么要逃跑？为什么？大胆地看着我的眼睛。你看到我眼睛里那种明灭闪烁的亮光了吗？这是我王冠的光华耀花了你的眼睛，使你失明，你要变成石头了，你要死了。你先别倒下来，我这就跳完我最后的舞蹈。瞧，我盘成了一圈，暗淡地闪耀着我的鳞，温存地自我拥抱，通过这一次次温存而又冰冷的拥抱，我的如钢铁一般坚韧的身子日益壮大。天地间，独有我是出类拔萃的！出类拔萃！这就是我！接受我这缔结良缘的唯一的吻吧——其中包含着一切被生活所压迫的人的致命的忧伤！天地间唯独我是出类拔萃的！出类拔萃！

向我俯下身来，我爱你。

你死吧。

【美国】诺里斯

吴劳 译

小 麦①

诺里斯(1870~1902),美国现实主义作家。代表作《小麦史诗》,本文是该小说中的一节。写被开垦的处女地和初生的小麦,以男女之情来比喻农人与土地的亲情,充满原始的野性,文字大气磅礴,虎虎生风。

在这辽阔广大的圣华基恩河流域每一处地方,在看不见、听不到的地方,还有成千累万台联犁在翻地,上万片犁铧深深地刺进那暖烘烘、湿漉漉的土壤。

大地仿佛正在气喘吁吁地盼望着这久久的爱抚,那是多么强健有力、富有男性风味啊。无数铁手像巨人似的把大地搂在怀里,紧揪住大地那暖烘烘的棕色肌肤,这种毛手毛脚的追求方式,粗暴得简直像强奸,剧烈得近乎粗野,叫大地起了狂鸣,热情如火,浑身哆嗦。那里,在阳光下,在万里无云、光辉灿烂的天空下,这场追求那巨人的好戏开场了。这是势不可当的原始的情欲,这两股世界性的力量,是原始的男性和女性,像两个巨人似的搂在一起,怀着一股无限大的欲望,又可怕又神圣,无法无天,狂放不羁,又野蛮,又自然,又崇高,他们给这欲望折磨得痛苦万分,彼此揪住了不肯放手。

这回差不多是白天了。东方泛着乳白色。安尼斯特望望四下,只见大地上布满了亮光。可是这光景变了样啦,一夜工夫,发生了什么事。他心情很激动,起先觉得这变化很难以捉摸,简直是真幻莫辨,虚无缥缈。可是,这时越来越亮了,他就再朝眼前那片像一卷羊皮纸似的、从天边伸展到天边的田地望望。这变化实在并不真幻莫辨。这变化是货真价实的。大地不再是光秃秃的啦,地里不再是一片荒芜景象——不再是空荡荡的,不再是一片暗沉沉的棕色了。安尼斯特一下子叫出声来。

小麦啊,小麦啊,就在这里啦!那颗小小的种子早给播下了。在黑洞洞的土壤深处抽苗发芽,拼命蠢动、膨胀,一夜工夫,一下子冒出头来,到了亮光里。麦子露头啦。它就在他的面前、他的四周,什么地方都是,一眼望不到头,多得不可胜

① 选自杨奔编《外国小品精选》,广东人民出版社,1984年版。

数。冬天的褐土上铺上了一层闪着微光的绿茵。播种的工作有了指望。大地是个忠心耿耿的母亲，她从来不失信，从来不叫人失望，这回又履行了她的诺言啦。世界各国的元气又恢复了。天下万方的力量又新生了。那个慈悲为怀、泰然自若的巨人动了一下，又醒过来了。于是，这晨光陡地光辉灿烂地燃烧起来，照耀着这个给一个女人的爱情弄得心花怒放的农人，和一片喜气洋洋的大地。这大地，因为履行了一个神圣不可侵犯的诺言，闪着不可一世、气象万千的光芒。

【法国】让·齐奥诺

罗国林 译

特利埃夫之秋①

让·齐奥诺（1895~1970），法国作家。作品有"畜牧神三部曲"等。一生写作田园小说，以牧歌式的笔调，抒写亲密乡情。在作者诗意的语调中，"秋"具有灵性和神性。在城里人眼中单调乏味的乡间生活，顿时焕然一新。世界上没有单调的风景，只有单调的人。

秋自高山之巅向我们腾跃而至。几天来，空气动荡不安。人们望着婆娑的树影，心里多半感到惆怅。不过，人们预料之中的是通常岁暮的景象，而没有预料到今年发生的情况。

我们居住的这个地区地势颇高，山丘起伏，沟壑纵横。湍急的山水冲刷着片状的岩石，形成百来米深的峡谷，两边壁立着几乎垂直的山障，蔚蓝蔚蓝的，海浪似的。倘若有人顺着悬岩攀缘而上，可以攀登到半腰间狭小的平台上。到了那里，就休想再往上爬了，不得不回到谷底。站在岩壁半腰的平台上俯瞰，收进眼底的是片片草地和田畴。肥美、繁茂的草地，似可吸收一切声音，一匹匹马儿驰骋其间，全部无声无息的，仅闻马鬃瑟瑟之声。还有掩映着清泉的杨树林子，翻耕过的红壤坡地，浓密的灌木丛，野营的炊烟袅袅的森林。此外还看得见五座大村庄：两座匍匐在浇灌得湿漉漉的草地里；一座横卧在一座山丘上，左侧有一片铁线莲，宛如碧波荡漾；另外两座略显得荒僻，隐藏在森林里。

秋像一只火狐似的向我们腾跃而至。一天夜里，人们仿佛听见它轻柔地腾跃落地的声音。第二天，眼前便呈现了秋色。秋起初在草地上打滚，擦着杨树林带，而把它火红色的毛蹭在所有树木上。它在与一株枫树搏斗时，抓了那株枫树一下，枫树便流血了。将近中午，草地上开始水汽缭绕。那水汽雪也似的白，犹如风把一大堆灰烬扬散在空中。马群停止了奔跑，凄切地互相呼唤，然后挪动沉重的步子，返归四周围着的牧场里，低着头躲在杨树下，浑身的皮毛战栗不止。那笼罩着草地的水汽，我把手掌握在空中，捏拢来抓了一把。手掌里清凉清凉的，略带黏

① 选自李文俊主编《外国散文名篇欣赏》，中国青年出版社，1993年版。

滑之感，伸开一看，满手掌纤细的白色星状物。那是花！猪殃殃花，绣线菊花瓣，大戟的绒毛，肥皂草的细丝，全都是死了的东西，已经干枯，呈粉末状，像洒了一手月光。这些东西的气味，一直渗透到人的身体里，一直渗透到那潜伏着人类万般恐惧的幽暗的一隅，把周身的血液染成了黑色。截至此时，天空尚无变化，仍把一束束强烈的、金灿灿的阳光，投射到地面上。起初，隐隐约约有一股风从高空吹过，微弱的，然而十分冷峭。站在高山之上，可以听到它的声音。这风声和那气味煞是奇特，它们在你心里播下忧烦和委顿的种子，或者更确切地说，它们把你心底里的旧愁翻了出来，使你感到活在这人世间，就像陷在无际无涯的泥沼里。"我这一辈子活着有什么意思？"人们不禁问自己。"我在与庄稼和树木打交道时，在参加村子里笑语喧天、载歌载舞的节日活动时，曾经得到过快乐。可是现在，我又陷入了愁苦之中。老是愁苦，与以前一样的愁苦！"人们一个个木然地呆着，不知干什么好，心里想，既然已走了下坡路，就听其自然吧。从高山之巅，夕阳之中，飘过来三朵瑰丽的云彩。三朵云彩镶着璀璨夺目的金边，但是渐渐地，它们沉重地跌到了黛青的寒云底下。于是，飞燕呢喃地互相呼唤起来；铁匠撂下手中的铁锤，捻着胡子，走进了咖啡店。站在门槛边的人，探头向外张望一眼，连忙缩进了屋里。家家户户掌上了灯，村子里变得寂然无声。只有在村头栖息惯了的鸟儿喊喊喳喳，它们正在集合，准备飞往他乡。

使那株枫树鲜血淋漓的伤口，日渐蔓延开来。每条村道的两旁，逶迤着两排血红的树木。蕴蓄在地层里的热气渐渐释出，使土地膨胀起来，杨树闪烁着寒冷的、然而比阳光更耀眼的火焰。一股股火苗在树篱中蜿蜒扩展。山溪旁挨了霜冻的草地，渐渐变成蓝色。枯萎的秋水仙散发出有硫黄气味的水汽，使草地窒息而死。只有森林还在反抗，它的松杉依然是那样稠密、挺拔。我们都羡慕山林里的人，因为我们的草地边这些柔弱的树木和灌木丛，这些生长在泉水边的白杨，统统变成了火炭，而且这些火炭般的树木颜色日渐暗淡，越来越焦黄，越来越凋零，令人感到一切都行将死亡。村民们纷纷把牧场上的马赶回家，马儿疯狂地摇晃着头，打着响鼻，似乎要撞死在栅栏上！夜幕一降临，雨便渐渐沥沥地下个不停，斜斜的雨点飘进树篱里，钻到树脚下，溅落在枯枝败叶中。雨点扑打着窗户，径直从窗玻璃的缝隙间溜进了屋里。人们躺在被窝里回忆着往事，抵御秋寒的侵袭，第二天早晨一起来，发现床前积了一大摊水。

隐蔽在树林里的那两座村庄，一座叫圣保迪尔，一座叫弗雷米埃。在这秋雨愁人的日子里，我们只好成天守着火炉，那两座村庄便成了我们向往的地方。在那里，一切都没有变，松树像岗岩一样坚毅。我们遥望着那一派生意盎然、永不凋谢的绿色，心里得到了一点慰藉。一天傍晚，从圣保迪尔来了一位骑马的汉子。马儿蹚着大摊的积水，不紧不慢地走着。这汉子是来请医生的。请过医生，他坐下来喝朗姆酒和咖啡，说山上的两座村庄被蘑菇包围了，那些蘑菇像潮水般涌出来，发出汩汩声。一个个像脓疮一样难看，孢子囊里的粉末四处弥漫，使所有的人家都中了毒。"那种东西，"汉子介绍说，"使女人们莫名其妙地异常兴奋，使男人们对一切厌恶至极。"他还说，大家不得不把科隆贝·卡特兰绑在床上，他呻吟着，口吐白沫，绞着双手，两只眼睛骨碌碌乱转，一个劲地胡言乱语。"连上帝都不敢靠拢他的身。"汉子说完，跨上他那匹耕地的高头大马，无精打采地走了。

其后几天里，蘑菇的气味一直飘到了我们这里。其他就没啥好说的了，因为什么也没有发生。什么也没有发生。而我们都渴望看到发生点意外的事情。

【日本】东山魁夷

陈德文 译

听 泉①

东山魁夷（1908～1999），日本当代风景画家。画品美得让人迷醉。川端康成的评价仿佛高山流水之音："他一方面把旅行当作人生，当作艺术，把流转无常看成人类的命运；另一方面又将孤独与忧愁埋在心底，对万物抱着肯定的意志，并努力加以贯彻，经常从自然中获取新鲜的感受，始终生活在谦虚诚实的情爱之中。"旅行、绘画、写散文，是东山魁夷"一生的三大要素"，他的散文也常常把三项内容合而为一，聚作一条自顾自任意流淌的小溪，别具怀抱。鸟儿飞着飞着就把自己飞没了，人儿走着走着就把自己走没了。心如清泉，时时自照。舍弃自我，才能超越自我。"美，正在于此。"

鸟儿飞过旷野。一批又一批，成群的鸟儿接连不断地飞了过去。

有时候四五只联翩飞翔，有时候排成一字长蛇阵。看，多么壮阔的鸟群啊！

鸟儿鸣叫着，它们和睦相处，互相激励；有时又彼此憎恶，格斗，伤残。有的鸟儿因疾病、疲惫或衰老而失群。

今天，鸟群又飞过旷野。它们时而飞过碧绿的田原，看到小河在太阳照耀下流泻；时而飞过丛林，窥见鲜红的果实在树荫下闪烁。想从前，这样的地方有的是。可如今，到处都是望不到边的漠漠荒原。任凭大地改换了模样，鸟儿一刻也不停歇，昨天、今天、明天，它们继续打这里经过。

不要认为鸟儿都是按照自己的意志飞翔的。它们为什么飞？它们飞向何方？谁都弄不清楚，就连那些领头的鸟儿也无从知晓。

为什么必须飞得这样快？为什么就不能慢一点儿呢？

鸟儿只觉得光阴在匆匆忙忙中逝去了。然而，它们不知道时间是无限的、永恒的，逝去的只是鸟儿自己。它们像着了迷似的那样剧烈，那样急速地振翅翱翔。它们没有想到，这会招来不幸，会使鸟儿更快地从这块土地上消失。

鸟儿依然呼喇喇拍着翅膀，更急速、更剧烈地飞过去……

---

① 选自陈德文译《东山魁夷散文选》，百花文艺出版社，1989年版。

森林中有一泓清澈的泉水,发出叮叮咚咚的响声,悄然流淌。这里是鸟群休息的地方,尽管是短暂的,但对于飞越荒原的鸟群来说,这小憩何等珍贵!地球上的一切生物,都是这样,一天过去了,又去迎接明天的新生。

鸟儿在清泉旁歇歇翅膀,养养精神,倾听泉水的絮语。鸣泉啊,你是否指点了鸟儿要去的方向?

泉水从地层深处涌出来,不间断地奔流着,从古到今,阅尽地面上一切生物的生死,荣枯。因此,泉水一定知道鸟儿应该飞去的方向。

鸟儿站在清澄的水边,让泉水映照着身影,它们想必看到了自己疲倦的模样。它们终于明白了鸟儿作为天之骄子的时代已经一去不复返了。

鸟儿想随处都能看到泉水,这是困难的。因为,它们只顾尽快飞翔。

不过,它们似乎有所觉悟,这样连续飞翔下去,到头来,鸟群本身就会泯灭的,但愿鸟儿尽早懂得这个道理。

我也是群鸟中的一只,所有的人们都是在荒凉的不毛之地上飞翔不息的鸟儿。

人人心中都有一股泉水,日常的烦乱生活,掩蔽了它的声音。当你夜半突然醒来,你会从心灵的深处,听到悠然的鸣声,那正是潺潺的泉水啊!

回想走过的道路,多少次在这旷野上迷失了方向,每逢这个时候,当我听到心灵深处的鸣泉,我就重新找到了前进的标志。

泉水常常问我:你对别人、对自己,是诚实的吗?我总是深感内疚,答不出话来。只好默默低着头。

我从事绘画,是出自内心的祈望:我想诚实地生活。心灵的泉水告诫我:要谦虚,要朴素,要舍弃清高和偏执。

心灵的泉水教育我:只有舍弃自我,才能看得真实。

舍弃自我是困难的,甚至是不可能的,我想。然而,絮絮低语的泉水明明白白对我说:美,正在于此。

【瑞士】居·鲁

陈玮 译

向一条死亡的大路告别①

一条大路两边的白杨树被砍伐，这条大路就变成"一具尸体"。走着和爱着这条大路的人们，感觉到另一种死亡——有关这条大路的记忆将随之死亡了，是被钢锯和铁斧谋杀的。铁斧劫掠了生活在这里的人们的一部分生命，因为记忆被迫剥离了实体，而记忆，是"时间赋予我们的一切……是我们唯一的财富"。那条长着两列庄严辉煌的白杨树的大路，只能残存在有心人的记忆里，而记忆，必将随着人的消失而消失。不过，居·鲁有一点没提到：那条大路，在他的文字里复活了。文字，正是人类的集体记忆。虽然，此情此景在居·鲁笔下，是无可奈何的悲凉记忆。

居·鲁（1897~1976），瑞士散文家。长年居留乡间，文字不多，却很有分量。

泰沃，你也知道：那一长列庄严辉煌的白杨树，那两排引导旅人向你的村子和房子走去的高得令人眩晕的活生生的队伍，他们把它们砍倒了，他们用钢锯、铁斧把它们切成了碎片，还用大铁锤把那些金属尖刺砸进树身深处。在绿草如茵的侧坡之间只剩下一条荒凉的大路，烈日的暴晒使它苍白、干硬，就像一条冻结的河流——一条死亡之路。

我们能否救出我们的回忆？

我一直相信记忆有着可靠无误的间接传导的能力，借助于这种能力，我们内心深处那封闭的、对我们的呼唤无动于衷的黑夜会突然照亮，并在金色的魔光点亮湮没于黑暗中的灿烂往事或仅仅是在瞬间燃起遥远的童年之火的时候"召唤我们"。（甚至，假如往事的阴影依旧像阴影般虚无缥缈，一缕看不见的芳香、一个无声的声音也会在那里缭绕，并升腾到我们的面前。）"时间"所赋予我们的一切，我想，都无法再从我们这里取走。那是我们唯一的财富。

这些财富是否也会一点点地被取走，就像所有剩下的东西？

---

① 选自《世界文学》杂志1999年第五期。

然而，一个人的记忆是某种"唯一"的东西！这件只属于我的东西，保证了我最深层的身份！那是时间的长浪慢慢冲积出的纯粹的盐……假如它开始丧失滋味，又该向谁求救呢？

我害怕，泰沃，那些在密西和圣奥班之间砍倒那座悄声细语的高大树墙的铁斧，我感到它们正在我身上继续秘密地劫掠。路边那些合上的伤口（草坪上几乎到处可见的模糊不清的创伤）现在在我身上又开始绽开。那条一直沉睡在我身上的大路已不再安全。它像另一条路一样裸露无遗。树干也不例外地遭到破坏，摇摇欲坠。这可不是从前对着夏天那棕色、粉色的彩云单纯地摇着树梢的风了。树叶无休无止呻吟战栗变得狂热起来，成了遭禁之物致命的寒战，"时间"要收回它的馈赠了。

啊！我为什么要在晚秋从一座叫布鲁瓦的幽暗的山上一里里走下来，直到这条残缺不全的大路上！可是如何才能打断萦绕心头的呼唤呢？每天我都感到这呼唤充满整个身心，既迫切又朦胧，渐渐变成一种不断遭死亡威胁的痛苦祈求。这些将死的树木也许还记得从前那个少年，他爱过它们，总要抚摸一会儿那亲如手足的树干后才靠着凉快一个钟头？我总是暗笑这出"没有表情的戏"：不，大自然能感受到我们的热爱，它呼唤，它也渴望交流；而且，它以此为生。这些树记得我们的友谊；它们记得我在夏夜走近它们的脚步，在低矮的客栈外，远离酒兴勃发把盏独饮的酒杯，我举目望去，只见一条细长的星河在隐隐约约的树堤间闪烁、飞逝。它们即将死去，它们呼唤着我。

另外一些微不足道的死亡（但死亡是否也有一种等级制？）不知不觉地使我做好准备面对大屠杀的场景。出发前夕，在燃着三堆篝火的田野上，那只发疯的老鼠突然跳出犁沟，旋即被鞭柄打昏。老鼠还在挣扎，仰面朝天，两条后腿伸直，抽搐，伸直……大路上，刚一抬脚，就踩到一只还温乎乎的鼬，嘴对地，浸在一摊石竹色的血泊里。

我走在北风劲吹、死气沉沉的山谷里，天上阴云密布，铜绿中泛着淡淡的紫色，经过一个又一个村子，它们那灰白色的坟墓斑斑点点，非常刺眼，就像一口难咽的苦酒，一种霜冻前喝的黑刺李酒。趁两次狂风间歇的当口，我借一垄荏角，咬几口冻硬的面包，接着又匆匆上路。不时向采集种子的姑娘们打招呼，她们在风中瑟瑟而立，冻青的手放在烟草重开的美丽的粉红花里。没有止境的跋涉，我朝着那边一种不知其名的东西走去，它等待着我，呼唤着我，迟迟不肯从天际离去！天越来越暗，但我不再需要它的光线了。科尔塞勒、东皮埃尔、东迪迪埃……大路突然斜弯转向原野的另一边。大路越走越昏暗。有什么关系，我可以沿着它一直走下去而不再睁开眼睛，让100个从我记忆中迸射出的太阳把它照得眼花缭乱！它擦过一片树丛，越过一条死水，顺着一桶桶的甜菜和卷心菜向前延伸。枯叶纷飞。椋鸟飞舞。右方出现了第一座农庄。第一道大丽花树篱。圣奥班出现在眼前，它尖顶的教堂，环绕着两棵火红的樱桃树。

圣奥班，矗立在小墓地碑林外的老教堂，主教头戴教冠，一袭黄紫相间的教袍，站在八面石坛之上，到处盛开着悼念亡人的苦菊花……而今，所有这些重新找到的东西都无法使我安宁。"它们"是否会再次让我得到安宁，它们在路的那边等待着我；已经准备着把它们的长荫落在我的肩上，用它们所有的树叶装点成一片清凉的细雨做我睡梦的挂帘！我转过头：大路空旷。对它们的呼唤我回答得太晚了。大路像一具尸体，在一角凄凉的苍天下躺在它的草沟里。

泰沃，你现在住在大城市中一幢高楼里，日夜围困于噪音、气味和烟雾中。而我依旧住在若拉这个老地方，春天总是姗姗来迟。这是3月的一个星期天。花园里落了点零星小雪。猫在花坛边上打着瞌睡。我很想念你。我在写信。我们俩离你出生的村庄、你的房子、你的花园（夏天，一棵柽柳在大路上垂下一小片粉绿交映的彩云）都是那么遥远。远离我心爱的那条大路，我知道你也曾爱着它。应该像对一个死者那样向它告别，既然我们再也不会走上去。再也不会……可是在我们的心底深处，不是有一个声音，一丝微弱的气息，它像记忆的废墟上流出的一股执拗而羞怯的源泉，向我们宣告"时间"的结束，宣告所有那些为我们所钟爱、被死亡的幻觉须臾消除的东西，"我们"终将重新睁开的眼睛会在"来日"——在不再有日子的时候，看见它们完好如初地——复活吗？

【美国】梭罗

徐迟 译

我生活的地方；我为何生活①

梭罗在瓦尔登湖畔隐居的象征意义相当于陶渊明归隐田园，其基本用意虽相隔千年，但东西呼应，旗鼓相当。陶渊明曰："少无适俗韵，性本爱丘山。"梭罗说："我到树林中去，因为我希望从容不迫地生活，仅仅面对生活中的最基本的事实，看看我是否能掌握生活的教诲，不至于在临终时才发现自己不曾生活过。"两者的名气在中美各方都一样响亮，都给予汲汲于世俗的人类神经一个松弛的理由。虽然梭罗只隐居了两年，而陶夫子用了半生；陶渊明用诗句三言两语说过的意思，梭罗用散文添加得更为明白。就像《陶渊明集》成为古中国隐士的经典一般，《瓦尔登湖》则几乎成了自然主义隐逸者的"圣经"。

到达我们生命的某个时期，我们就习惯于把可以安家落户的地方，一个个地加以考察了。正是这样我把住所周围一二十英里内的田园统统考察到了。我在想象中已经接二连三地买下了那儿的所有田园，因为所有的田园都得要买下来，而且我都已经知道它们的价格了。我步行到各个农民的田地上，尝尝他的野苹果，和他谈谈稼穑，再又请他随便开出什么价钱，就照他开的价钱把它买下来，心里却想再以任何价钱把它押给他；甚至付给他一个更高的价钱——把什么都买下来，只不过没有立契约——而是把他的闲谈当做他的契约，我这个人原来就很爱闲谈——我耕耘了那片田地，而且在某种程度上，我想，耕耘了他的心田，如是尝够了乐趣以后，我就扬长而去，好让他继续耕耘下去。这种经营，竟使我的朋友们当我是一个地产掮客。其实我是无论坐在哪里，都能够生活的，哪里的风景都能相应地为我而发光。家宅者，不过是一个座位——如果这个座位是在乡间就更好些。我发现许多家宅的位置，似乎都是不容易很快加以改进的，有人会觉得它离村镇太远，但我觉得倒是村镇离它太远了点。我总说，很好，我可以在这里住下；我就在那里过一小时夏天的和冬天的生活；我看到那些岁月如何地奔驰，挨过了

① 选自梭罗《瓦尔登湖》，徐迟译，上海译文出版社，1982年版。

冬季，便迎来了新春。这一区域的未来居民，不管他们将要把房子造在哪里，都可以肯定过去就有人住过那儿了。只要一个下午就足够把田地化为果园、树林和牧场，并且决定门前应该留着哪些优美的橡树或松树，甚至于砍伐了的树也都派定了最好的用场；然后，我就由它去啦，好比休耕了一样，一个人越是有许多事情能够放得下，他越是富有。

我的想象却跑得太远了些，我甚至想到有几处田园会拒绝我，不肯出售给我——被拒绝正合我的心愿呢——我从来不肯让实际的占有这类事情灼伤过我的手指头。几乎已实际地占有田园那一次，是我购置霍乐威尔那个地方的时候，都已经开始选好种子，找出了木料来，打算造一架手推车，来推动这事，或载之而他往了；可是在原来的主人正要给我一纸契约之前，他的妻子——每一个男人都有一个妻子的——发生了变卦，她要保持她的田产了，他就提出赔我十元钱，解除约定。现在说句老实话，我在这个世界上只有一角钱，假设我真的有一角钱的话，或者又有田园，又有十元，或有了所有的这一切，那我这点数学知识可就无法计算清楚了。不管怎样，我退回了那十元钱，退还了那田园，因为这一次我已经做过头了；应该说，我是很慷慨的啰，我按照我买进的价格，按原价再卖了给他，更因为他并不见得富有，还送了他十元，但保留了我的一角钱和种子，以及备而未用的独轮车的木料。如此，我觉得我手面已很阔绰，而且这样做无损于我的贫困。至于那地方的风景，我却也保留住了，后来我每年都得到丰收，却不需要独轮车来载走。关于风景——

自然清音

> 我勘察一切，像一个皇帝，
> 谁也不能够否认我的权利。

我时常看到一个诗人，在欣赏了一片田园风景中的最珍贵部分之后，就扬长而去，那些固执的农夫还以为他拿走的仅只是几枚野苹果。诗人却把他的田园押上了韵脚，而且多少年之后，农夫还不知道这回事，这么一道最可羡慕的、肉眼不能见的篱笆已经把它圈了起来，还挤出了它的牛乳，去掉了奶油，把所有的奶油都拿走了，他只把去掉了奶油的奶水留给了农夫。

霍乐威尔田园的真正迷人之处，在我看是：它的遁隐之深，离开村子有两英里，离开最近的邻居有半英里，并且有一大片地把它和公路隔开了；它傍着河流，据它的主人说，由于这条河，而升起了雾，春天里就不会再下霜了，这却不在我心坎上；而且，它的田舍和棚屋带有灰暗而残败的神色，加上零落的篱笆，好似在我和先前的居民之间，隔开了多少岁月；还有那苹果树，树身已空，苔藓满布，兔子咬过，可见得我将会有什么样的一些邻舍了；但最主要的还是那一度回忆，我早年就曾经溯河而上，那时节，这些屋宇藏在密密的红色枫叶丛中，还记得我曾听到过一头家犬的吠声。我急于将它购买下来,等不及那产业主搬走那些岩石,砍伐掉那些树身已空的苹果树,铲除那些牧场中新近跃起的赤杨幼树,一句话,等不及它的任何收拾了。为了享受前述的那些优点,我决定干一下了;像那阿特拉斯①一样,把世界放在我肩膀上好啦——我从没听到过他得了哪样报酬——我愿意做一切事:简直没有别的动机或任何推托之辞,只等付清了款子,便占有这个田园,再不受他人侵犯就行了;因为我知道我只要让这片田园自生自展,它将要生展出我所企求的最丰美的收获。但后来的结果已见上述。

所以,我所说的关于大规模的农事(至今我一直在培育着一座园林),仅仅是我已经预备好了种子。许多人认为年代越久的种子越好。我不怀疑时间是能分别好和坏的,但到最后我真正播种了,我想我大约是不至于会失望的。可是我要告诉我的伙伴们,只说这一次,以后永远不再说了:你们要尽可能长久地生活得自由,生活得并不执著才好。执迷于一座田园,和关在县政府的监狱中,简直没有分别。

老卡托——他的《乡村篇》是我的"启蒙者",曾经说过——可惜我见到的那本唯一的译本把这一段话译得一塌糊涂——"当你想要买下一个田园的时候,你宁可在脑中多多地想着它,可决不要贪得无厌地买下它,更不要嫌麻烦而再不去看望它,也别以为绕着它兜了一个圈子就够了。如果这是一个好田园,你去的次数越多你就越喜欢它。"我想我是不会贪得无厌地购买它的,我活多久,就去兜多久的圈子,死了之后,首先要葬在那里。这样才能使我终于更加喜欢它。

目前要写的,是我的这一类实验中其次的一个,我打算更详细地描写描写;而为了便利起见,且把这两年的经验归并为一年。我已经说过,我不预备写一首沮丧的颂歌,可是我要像黎明时站在栖木上的金鸡一样,放声啼叫,即使我这样做只不过是为了唤醒我的邻人罢了。

我第一天住在森林里,就是说,白天在那里,而且也在那里过夜的那一天,凑巧得很,是1845年7月4日,独立日,我的房子没有盖好,过冬还不行,只能勉强避避风雨,没有灰泥墁,没有烟囱,墙壁用的是饱经风雨的粗木板,缝隙很大,所以到晚上很是凉爽。笔直的、砍伐得来的、白色的门柱,新近才刨得平坦的门户和窗框,使屋子具有清洁和通风的景象,特别在早晨,木料里饱和着露水的时候,总使我幻想到午间大约会有一些甜蜜的树胶从中渗出。这房间在我的想象中,一整天里还将多少保持这个早晨的情调,这使我想起上一年我曾游览过的一个山顶上的一所房屋。这是一所空气好的、不涂灰泥的房屋,适宜于旅行的神仙在途中居住,那里还适宜于仙女走动,曳裙而过。吹过我的屋脊的风,正如那扫荡山脊而过的风,唱出断断续续的调子来,也许是天上人间的音乐片段。晨风永

① 神话中负载了天体的巨人。

远在吹，创世记的诗篇至今还没有中断；可惜听得到它的耳朵太少了。灵山只在大地的外部，处处都是。

除掉了一条小船之外，从前我曾经拥有的唯一屋宇，不过是一顶帐篷，夏天里，我偶或带了它出去郊游，这顶帐篷现在已卷了起来，放在我的阁楼里；只是那条小船，辗转经过了几个人的手，已经消隐于时间的溪流里。如今我却有了这更实际的避风雨的房屋，看来我活在这世间，已大有进步。这座屋宇虽然很单薄，却是围绕我的一种结晶了的东西，这一点立刻在建筑者心上发生了作用。它富于暗示的作用，好像绘画中的一幅素描。我不必跑出门去换空气，因为屋子里面的气氛一点儿也没有失去新鲜。坐在一扇门背后，几乎和不坐在门里面一样，便是下大雨的天气，亦如此。哈利梵萨①说过："并无鸟雀巢居的房屋像未曾调味的烧肉。"寒舍却并不如此，因为我发现我自己突然跟鸟雀做起邻居来了；但不是我捕到了一只鸟把它关起来，而是我把我自己关进了它们的邻近一只笼子里。我不仅跟那些时常飞到花园和果树园里来的鸟雀弥形亲近，而且跟那些更野性、更逗人惊诧的森林中的鸟雀亲近了起来，它们从来没有，就有也很难得，向村镇上的人民唱出良宵的雅歌的——它们是画眉、东部鸫鸟、红色的碛鹟、野麻雀、怪鸥和许多别的鸣禽。

我坐在一个小湖的湖岸上，离开康科德村子南面约一英里半，较康科德高出些，就在市镇与林肯乡之间那片浩瀚的森林中央，也在我们的唯一著名地区，康科德战场之南的两英里地；但因为我是低伏在森林下面的，而其余的一切地区，都给森林掩盖了，所以半英里之外的湖的对岸便成了我最遥远的地平线。在第一个星期内，无论什么时候我凝望着湖水，湖给我的印象都好像山里的一泓龙潭，高高在山的一边，它的底还比别的湖沼的水平面高了不少，以至日出的时候，我看到它脱去了夜晚的雾衣，它轻柔的鳞波，或它波平如镜的湖面，都渐渐地在这里那里呈现了，这时的雾，像幽灵偷偷地从每一个方向，退隐入森林中，又好像是一个夜间的秘密宗教集会散会了一样。露水后来要悬挂在林梢，悬挂在山侧，到第二天还一直不肯消失。

8月里，在轻柔的斜风细雨暂停的时候，这小小的湖做我的邻居，最为珍贵，那时水和空气都完全平静了，天空中却密布着乌云，下午才过了一半却已具备了一切黄昏的肃穆，而画眉在四周唱歌，隔岸相闻。这样的湖，再没有比这时候更平静的了；湖上的明净的空气自然很稀薄，而且给乌云映得很黯淡了，湖水却充满了光明和倒影，成为一个下界的天空，更加值得珍视。从最近被伐木的附近一个峰顶上向南看，穿过小山间的巨大凹处，看得见隔湖的一幅愉快的图景，那凹处正好形成湖岸，那儿两座小山坡相倾斜而下，使人感觉到似有一条溪涧从山林谷中

---

① 印度古代梵文叙事诗《摩诃婆罗多》的附录。

流下，但是，却没有溪涧。我是这样地从近处的绿色山峰之间和之上，远望一些蔚蓝的地平线上的远山或更高的山峰的。真的，踮起了足尖来，我可以望见西北角上更远、更蓝的山脉，这种蓝颜色是天空的染料制造厂中最真实的出品，我还可以望见村镇的一角。但是要换一个方向看的话，虽然我站得如此高，却给郁茂的树木围住，什么也看不透，看不到了。在邻近，有一些流水真好，水有浮力，地就浮在上面了。便是最小的井也有这一点值得推荐，当你窥望井底的时候，你发现大地并不是连绵的大陆，而是隔绝的孤岛。这是很重要的，正如井水之能冷藏牛油。当我的目光从这一个山顶越过湖向萨德伯里草原望过去的时候，在发大水的季节里，我觉得草原升高了，大约是蒸腾的山谷中显示出海市蜃楼的效果，它好像沉在水盆底下的一个天然铸成的铜币，湖之外的大地都好像薄薄的表皮，成了孤岛，给小小一片横亘的水波浮载着，我才被提醒，我居住的地方只不过是干燥的土地。

虽然从我的门口望出去，风景范围更狭隘，我却一点不觉得它拥挤，更无被囚禁的感觉。尽够我的想象力在那里游牧的了。矮橡树丛生的高原升起在对岸，一直向西去的大平原和鞑靼式的草原伸展开去，给所有的流浪人家一个广阔的天地。当达摩达拉的牛羊群需要更大的新牧场时，他说过，"再没有比自由地欣赏广阔的地平线的人更快活的人了"。

时间和地点都已变换，我生活在更靠近了宇宙中的这些部分，更挨紧了历史中最吸引我的那些时代。我生活的地方遥远得跟天文家每晚观察的太空一样。我们惯于幻想，在天体的更远更僻的一角，有着更稀罕、更愉快的地方，在仙后星座的椅子形状的后面，远远地离了嚣闹和骚扰。我发现我的房屋位置正是这样一个遁隐之处，它是终古常新的没有受到污染的宇宙一部分。如果说，居住在这些部分，更靠近昴星团或毕星团，牵牛星座或天鹰星座更加值得的话，那么，我真正是住在那些地方的，至少是，就跟那些星座一样远离我抛在后面的人世，那些闪闪的小光，那些柔美的光线，传给我最近的邻居，只有在没有月亮的夜间才能够看得到。我所居住的便是创造物中那部分——

> 曾有个牧羊人活在世上，
> > 他的思想有高山那样
> 崇高，在那里他的羊群
> > 每小时都给予他营养。

如果牧羊人的羊群老是走到比他的思想还要高的牧场上，我们会觉得他的生活是怎样的呢？

每一个早晨都是一个愉快的邀请，使得我的生活跟大自然自己同样地简单，也许我可以说，同样地纯洁无瑕。我向曙光顶礼，忠诚如同希腊人。我起身很早，在湖中洗澡；这是个宗教意味的运动，我所做到的最好的一件事。据说在成汤王的浴盆上就刻着这样的字："苟日新，日日新，又日新。①"我懂得这个道理。黎明带回来了英雄时代。在最早的黎明中，我坐着，门窗大开，一只看不到也想象不到的蚊虫在我的房中飞，它那微弱的吟声都能感动我，就像我听到了宣扬美名的金属喇叭声一样。这是荷马②的一首安魂曲；空中的《伊利亚特》和《奥德赛》，歌唱着它的愤怒与漂泊。此中大有宇宙本体之感；宣告着世界的无穷精力与生生不息，直到它被禁。黎明啊，一天之中最值得纪念的时节，是觉醒的时辰。那时候，我们的昏沉欲睡的感觉是最少的了；至少可有一小时之久，整日夜昏昏沉沉的官能大都要清醒起来。但是，如果我们并不是给我们自己的禀赋所唤醒，而是给什么仆人机械地用肘子推醒的；如果并不是由我们内心的新生力量和内心的要求来唤醒我们，既没有那空中的芬香，也没有回荡的天籁的音乐，而是工厂的汽笛唤醒了我们的——如果我们醒时，并没有比睡前有了更崇高的生命，那么这样的白天，即便能称之为白天，也不会有什么希望可言；要知道，黑暗可以产生这样的好果子，黑暗是可以证明它自己的功能并不下于白昼的。一个人如果不能相信每一天都有一个比他亵渎过的更早、更神圣的曙光时辰，他一定是已经对于生命失望的了，正在摸索着一条降入黑暗去的道路。感官的生活在休息了一夜之后，人的灵魂，或者就说是人的官能吧，每天都重新精力弥漫一次，而他的禀赋又可以去试探他能完成何等崇高的生活了。可以纪念的一切事，我敢说，都在黎明时间的氛围中发生。《吠陀经》③说："一切知，俱于黎明中醒。"诗歌与艺术，人类行为中最美丽最值得纪念的事都出发于这一个时刻。所有的诗人和英雄都像曼侬，那曙光之神的儿子，在日出时他播送竖琴音乐。以富于弹性的和精力充沛的思想追随着太阳步伐的人，白昼对于他便是一个永恒的黎明。这和时钟的鸣声不相干，也不用管人们是什么态度，在从事什么劳动。早晨是我醒来时内心有黎明感觉的一个时候。改良德性就是为了把昏沉的睡眠抛弃。人们如果不是在浑浑噩噩地睡觉，那为什么他们回顾每一天的时候要说得这么可怜呢？他们都是精明人嘛。如果他们没有给昏睡所征服，他们是可以干成一些事的。几百万人清醒得足以从事体力劳动；但是100万人中，只有一个人才清醒得足以有效地服役于智慧；一亿人中，才能有一个人，生活得诗意而神圣。清醒就是生活。我还没有遇到过一个非常清醒的人。要是见到了他，我怎敢凝视他呢？

---

① 引自《汤之盘铭》。

② 荷马（Homer，约公元前9至前8世纪）：古希腊著名诗人，相传著名史诗《伊利亚特》和《奥德赛》是他所唱的唱本。

③ 印度婆罗门教的古代经典，共四卷。

我们必须学会再苏醒，更须学会保持清醒而不再昏睡，但不能用机械的方法，而应寄托无穷的期望于黎明，就在最沉的沉睡中，黎明也不会抛弃我们的。我没有看到过更使人振奋的事实了，人类无疑是有能力来有意识地提高他自己的生命的。能画出某一张画，雕塑出某一个肖像，美化某几个对象，是很了不起的；但更加荣耀的事是能够塑造或画出那种氛围与媒介来，从中能使我们发现，而且能使我们正当地有所为。能影响当代的本质的，是最高的艺术。每人都应该把最崇高的和紧急时刻内他所考虑到的做到，使他的生命配得上他所想的，甚至小节上也配得上。如果我们拒绝了，或者说虚耗了我们得到的这一点微不足道的思想，神示自会清清楚楚地把如何做到这一点告诉我们的。

我到林中去，因为我希望谨慎地生活，只面对生活的基本事实，看看我是否学得到生活要教育我的东西，免得到了临死的时候，才发现我根本就没有生活过。我不希望度过非生活的生活，生活是这样的可爱；我却也不愿意去修行过隐逸的生活，除非是万不得已。我要生活得深深地把生命的精髓都吸到，要生活得稳稳当当，生活得斯巴达式的①，以便根除一切非生活的东西，划出一块刈割的面积来，细细地刈割或修剪，把生活压缩到一个角隅里去，把它缩小到最低的条件中，如果它被证明是卑微的，那么就把那真正的卑微全部认识到，并把它的卑微之处公布于世界；或者，如果它是崇高的，就用切身的经历来体会它，在我下一次远游时，也可以作出一个真实的报道。因为，我看，大多数人还确定不了他们的生活是属于魔鬼的，还是属于上帝的呢，然而又多少有点轻率地下了判断，认为人生的主要目标是"归荣耀于神，并永远从神那里得到喜悦"。

然而我们依然生活得卑微，像蚂蚁；虽然神话告诉我们说，我们早已经变成人了；像小人国里的人，我们和长脖子仙鹤作战；这真是错误之上加错误，脏抹布之上更抹脏：我们最优美的德性在这里成了多余的本可避免的劫数。我们的生活在琐碎之中消耗掉了。一个老实的人除十指之外，便用不着更大的数字了，在特殊情况下也顶多加上十个足趾，其余不妨笼而统之。简单，简单，简单啊！我说，最好你的事只两件或三件，不要100件或1000件；不必计算100万，半打不是够计算了吗，总之，账目可以记在大拇指甲上就好了。在这浪涛滔天的文明生活的海洋中，一个人要生活，得经历这样的风暴和流沙和1001种事变，除非他纵身一跃，直下海底，不要作船位推算去安抵目的港了，那些事业成功的人，真是伟大的计算家啊。简单化，简单化！不必一天三餐，如果必要，一顿也够了；不要百道菜，五道够多了；至于别的，就在同样的比例下来减少好了。我们的生活像德意志联邦，全是小邦组成的。联邦的边界永在变动，甚至一个德国人也不能在任何时候把边界告诉你。国家是有所谓内政的改进的，实际上它全是些外表的，甚至肤浅的事

---

① 刻苦耐劳，简单而严格。

务，它是这样一种不易运用的生长得臃肿庞大的机构，壅塞着家具，掉进自己设置的陷阱，给奢侈和挥霍毁坏完了，因为它没有计算，也没有崇高的目标，好比地面上的100万户人家一样；对于这种情况，和对于他们一样，唯一的医疗办法是一种严峻的经济学，一种严峻得更甚于斯巴达人的简单的生活，并提高生活的目标。生活现在是太放荡了。人们以为国家必须有商业，必须把冰块出口，还要用电报来说话，还要一小时驰奔30英里，毫不怀疑它们有没有用处；但是我们应该生活得像狒狒呢，还是像人，这一点倒又确定不了。如果我们不做出枕木来，不轧制钢轨，不日夜工作，而只是笨手笨脚地对付我们的生活，来改善它们，那么谁还想修筑铁路呢？如果不造铁路，我们如何能准时赶到天堂去哪？可是，我们只要住在家里，管我们的私事，谁还需要铁路呢？我们没有乘坐铁路，铁路倒乘坐了我们。你难道没有想过，铁路底下躺着的枕木是什么？每一根都是一个人，爱尔兰人，或北方佬。铁轨就铺在他们身上，他们身上又铺起了黄沙，而列车平滑地驰过他们。我告诉你，他们真是睡得熟啊。每隔几年，就换上了一批新的枕木，车辆还在上面奔驰着；如果一批人能在铁轨之上愉快地乘车经过，必然有另一批不幸的人是在下面被乘坐被压过去的。当我们奔驰过了一个梦中行路的人，一根出轨的多余的枕木，他们只得唤醒他，突然停下车子，吼叫不已，好像这是一个例外。我听到了真觉得有趣，他们每5英里路派定了一队人，要那些枕木长眠不起，并保持应有的高低，由此可见，他们有时候还是要站起来的。

为什么我们应该生活得这样匆忙，这样浪费生命呢？我们下了决心，要在饥饿以前就饿死。人们时常说，及时缝一针，可以将来少缝九针，所以现在他缝了1000针，只是为了明天少缝9000针。说到工作，任何结果也没有，我们患了跳舞病，连脑袋都无法保住静止。如果在寺院的钟楼下，我刚拉了几下绳子，使钟声发出火警的信号来，钟声还没大响起来，在康科德附近的田园里的人，尽管今天早晨说了多少次他如何如何地忙，没有一个男人，或孩子，或女人，我敢说是会不放下工作而朝着那声音跑来的，主要不是要从火里救出财产来，如果我们说老实话，更多的还是来看火烧的，因为已经烧着了，而且这火，要知道，不是我们放的；或者是来看这场火是怎么被救灭的，要是不费什么劲，也还可以帮忙救救火；就是这样，即使教堂本身着了火也是这样。一个人吃了午饭，还只睡了半个小时的午觉，一醒来就抬起了头，问"有什么新闻？"，好像全人类在为他放哨。有人还下命令，每隔半小时唤醒他一次，无疑地是并不为什么特别的原因；然后，为报答人家起见，他谈了谈他的梦。睡了一夜之后，新闻之不可缺少，正如早饭一样的重要。"请告诉我发生在这个星球之上的任何地方的任何人的新闻"——于是他一边喝咖啡，吃面包卷，一边读报纸，知道了这天早晨的瓦奇多河上，有一个人的眼睛被挖掉了，一点不在乎他自己就生活在这个世界的深不可测的大黑洞里，自己的眼睛里早就是没有瞳仁的了。

拿我来说,我觉得有没有邮局都无所谓。我想,只有很少的重要消息是需要邮递的。我一生之中,确切地说,至多只收到过一两封信是值得花费那邮资的——这还是我几年之前写过的一句话。通常,一便士邮资的制度,其目的是给一个人花一便士,你就可以得到他的思想了,但结果你得到的常常只是一个玩笑。我也敢说,我从来没有从报纸上读到什么值得纪念的新闻。如果我们读到某某人被抢了,或被谋杀或者死于非命了,或一幢房子烧了,或一只船沉了,或一只轮船炸了,或一条母牛在西部铁路上给撞死了,或一只疯狗死了,或冬天有了一大群蚱蜢——我们不用再读别的了。有这么一条新闻就够了。如果你掌握了原则,何必去关心那亿万的例证及其应用呢?对于一个哲学家,这些被称为新闻的,不过是瞎扯,编辑的人和读者就只不过是在喝茶的长舌妇。然而不少人都贪婪地听着这种瞎扯。我听说那一天,大家这样抢啊夺啊,要到报馆去听一个最近的国际新闻,那报馆里的好几面大玻璃窗都在这样一个压力之下破碎了——那条新闻,我严肃地想过,其实是一个有点头脑的人在12个月之前,甚至在12年之前,就已经可以相当准确地写好的。比如,说西班牙吧,如果你知道如何把唐卡洛斯和公主、唐彼得罗、塞维利亚和格拉纳达这些字眼时时地放进一些,放得比例适合——这些字眼,自从我读报至今,或许有了一点变化了吧——然后,在没有什么有趣的消息时,就说说斗牛好啦,这就是真实的新闻,把西班牙的现状以及变迁都给我们详详细细地报道了,完全跟现在报纸上这个标题下的那些最简明的新闻一个样;再说英国吧,来自那个地区的最后的一条重要新闻几乎总是1649年的革命;如果你已经知道她的谷物每年的平均产量的历史,你也不必再去注意那些事了,除非你是要拿它来做投机生意,要赚几个钱的话。如果你能判断,谁是难得看报纸的,那么在国外实在没有发生什么新的事件,即使一场法国大革命,也不例外。

什么新闻!要知道永不衰老的事件,那才是更重要得多!蘧伯玉(卫大夫)派人到孔子那里去。孔子与之坐而问焉。曰:夫子何为?对曰:夫子欲寡其过而未能也[1]。使者出。子曰:使乎,使乎[2]。在一个星期过去了之后,疲倦得直瞌睡的农夫们休息的日子里——这个星期日,真是过得糟透的一星期的适当的结尾,但绝不是又一个星期的新鲜而勇敢的开始啊——偏偏那位牧师不用这种或那种拖泥带水的冗长的宣讲来麻烦农民的耳朵;却雷霆一般地叫喊着:"停!停下!为什么看起来很快,但事实上你们却慢得要命呢?"

谎骗和谬见已被高估为最健全的真理,现实倒是荒诞不经的。如果世人只是

---

[1] 主人要减少他的错误而办不到。

[2] 何等有价值的一位使者,何等有价值的一位使者!

稳健地观察现实，不允许他们自己受欺被骗，那么，用我们所知道的来譬喻，生活将好像是一篇童话，仿佛是一部《天方夜谭》了。如果我们只尊敬一切不可避免的，并有存在权利的事物，音乐和诗歌便将响彻街头。如果我们不慌不忙而且聪明，我们会认识唯有伟大而优美的事物才有永久的绝对的存在——琐琐的恐惧与碎碎的欢喜不过是现实的阴影。现实常常是活泼而崇高的。由于闭上了眼睛，神魂颠倒，任凭自己受影子的欺骗，人类才建立了他们日常生活的轨道和习惯，到处遵守它们，其实它们是建筑在纯粹幻想的基础之上的。嬉戏地生活着的儿童，反而更能发现生活的规律和真正的关系，胜过了大人，大人不能有价值地生活，还以为他们是更聪明的，因为他们有经验，这就是说，他们时常失败。我在一部印度的书中读到，"有一个王子，从小给逐出故土之城，由一个樵夫抚养成长，一直以为自己属于他生活其中的贱民阶级。他父亲手下的官员后来发现了他，把他的出身告诉了他，对他的性格的错误观念于是被消除了，他知道自己是一个王子。所以，"那印度哲学家接下来说，"由于所处环境的缘故，灵魂误解了他自己的性格，非得由神圣的教师把真相显示给他。然后，他才知道他是婆罗门。"我看到，我们新英格兰的居民之所以过着这样低贱的生活，是因为我们的视力看不透事物表面。我们把似乎是当作了是。如果一个人能够走过这一个城镇，只看见现实，你想，"贮水池"就该是如何的下场？如果他给我们一个他所目击的现实的描写，我们都不会知道他是在描写什么地方。看看会议厅，或法庭，或监狱，或店铺，或住宅，你说，在一个真正的目光底下，这些东西到底是什么啊，在你的描绘中，它们都纷纷倒下来了。人们尊崇迢遥疏远的真理，那在制度之外的，那在最远一颗星后面的，那在亚当以前的，那在末代以后的。自然，在永恒中是有着真理和崇高的。可是，所有这些时代，这些地方和这些场合，都是此时此地的啊！上帝之伟大就在于现在伟大，时光尽管过去，他绝不会更加神圣一点。只有永远渗透现实，发掘围绕我们的现实，我们才能明白什么是崇高。宇宙经常顺从地适应我们的观念；不论我们走得快或慢，路轨已给我们铺好。让我们穷毕生之精力来意识它们。诗人和艺术家从未得到这样美丽而崇高的设计，然而至少他的一些后代是能完成它的。

我们如大自然一般谨慎地过一天吧，不要因硬壳果或掉在轨道上的蚊虫的一只翅膀而出了轨。让我们黎明即起，用或不用早餐，平静得并无不安之感；让人去人来，让钟去敲，孩子去哭——下个决心，好好地过一天。为什么我们要投降，何至于随波逐流呢？让我们不要卷入在子午线浅滩上的所谓午宴之类的可怕急流与旋涡，而惊惶失措。熬过了这种危险，你就平安了，以后是下山的路了。神经不要松弛，利用那黎明似的魄力，向另一个方向航行，像尤利西斯①那样拴在桅杆上过

自然清音

---

① 罗马神话中的英雄，即希腊神话中的奥德修斯。他机智勇敢，在特洛伊战争后回国途中历尽艰险。

活。如果汽笛啸叫了，让它叫得沙哑吧。如果钟打响了，为什么我们要奔跑呢？我们还要研究它算什么音乐？让我们定下心来工作，并用我们的脚跋涉在那些污泥似的意见、偏见、传统、谬见与表面中间，这蒙蔽全地球的淤土啊，让我们越过巴黎、伦敦、纽约、波士顿、康科德，教会与国家，诗歌，哲学与宗教，直到我们达到一个坚硬的底层，在那里的岩盘上，我们称之为现实，然后说，这就是了，不错的了，然后你可以在这个point d'appui①之上，在洪水、冰霜和火焰下面，开始在这地方建立一道城墙或一个国土，也许能安全地立起一个灯柱，或一个测量仪器，不是尼罗河水测量器了，而是测量现实的仪器，让未来的时代能知道，谎骗与虚有其表曾洪水似的积了又积，积得多么深哪。如果你直立而面对着事实，你就会看到太阳闪耀在它的两面，它好像一柄东方的短弯刀，你能感到它的甘美的锋镝正剖开你的心和骨髓，你也欢乐地愿意结束你的人间事业了。生也好，死也好，我们仅仅追求现实。如果我们真要死了，让我们听到我们喉咙中的咯咯声，感到四肢上的寒冷好了；如果我们活着，让我们干我们的事务。

时间只是我垂钓的溪。我喝着它；喝水时候我看到，那河的底层多么浅啊。它的汩汩的流水逝去了，可是永恒留了下来。我愿饮得更深，在天空中打鱼，天空的底层里有着石子似的星星。我不能数出"一"来。我不知道字母表上的第一个字母。我常常后悔，我不像初生时聪明了。智力是一把刀子；它看准了，就一路切开事物的秘密。我不希望我的手比所必需的忙得更多些。我的头脑是手和足。我觉得我最好的官能都集中在那里。我的本能告诉我，我的头可以挖洞，像一些动物，有的用鼻子，有的用前爪，我要用它挖掘我的洞，在这些山峰中挖掘出我的道路来。我想那最富有的矿脉就在这里的什么地方；用探寻藏金的魔杖，根据那升腾的薄雾，我要判断；在这里我要起始开矿。

① 法语：支点。

【美国】梭罗

徐迟 译

寂 寞①

寂寞也有多种，无所事事的"枯寂"令人难受；心如止水的"禅寂"难以企及；无缘交流的"死寂"叫人绝望。像梭罗那样，避开人群，独自隐居，然而坐拥自然，这种寂寞是丰富得近于奢侈的。然而，只有丰富的心灵才得以享受这种奢侈的寂寞，像老庄、像寒山子。对于一个内心平庸的人，丰富的寂寞轻易就变为枯寂和死寂，他的灵魂不会在寂寞中成长，他没有这样的胸怀："我爱孤独。我没有碰到比寂寞更好的同伴了。"他对"黎明的空气"也没有这样的审美感觉："无论她走到哪里，那里便成了春天。"

这是一个愉快的傍晚，全身只有一个感觉，每一个毛孔中都浸润着喜悦。我在大自然里以奇异的自由姿态来去，成了她自己的一部分。我只穿衬衫，沿着硬石的湖岸走，天气虽然寒冷，多云又多风，也没有特别分心的事，那时天气对我异常地合适。牛蛙鸣叫，邀来黑夜，夜莺的乐音乘着吹起涟漪的风从湖上传来。摇曳的赤杨和白杨，激起我的情感使我几乎不能呼吸了；然而像湖水一样，我的宁静只有涟漪而没有激荡。和如镜的湖面一样，晚风吹起来的微波是谈不上什么风暴的。虽然天色黑了，风还在森林中吹着，咆哮着，波浪还在拍岸，某一些动物还在用它们的乐音催眠着另外的那些，宁静不可能是绝对的。最凶狠的野兽并没有宁静，现在正找寻它们的牺牲品；狐狸、臭鼬、兔子，也正漫游在原野上，在森林中，它们却没有恐惧，它们是大自然的看守者——是连接一个个生气勃勃的白昼的链环。

等我回到家里，发现已有访客来过，他们还留下了名片呢，不是一束花，便是一个常春树的花环，或用铅笔写在黄色的胡桃叶或者木片上的一个名字。不常进入森林的人常把森林中的小玩意儿一路上拿在手里玩，有时故意，有时偶然，把它们留下了。有一位剥下了柳树皮，做成一个戒指，丢在我桌上。在我出门时有没有客人来过，我总能知道，不是树枝或青草弯了，便是有了鞋印，一般说，从他

① 选自梭罗《瓦尔登湖》，徐迟译，上海译文出版社，1982年版。

们留下的微小痕迹里我还可以猜出他们的年龄、性别和性格；有的掉下了花朵，有的抓来一把草，又扔掉，甚至还有一直带到半英里外的铁路边才扔下的呢；有时，雪茄烟或烟斗味道还残留不散。常常我还能从烟斗的香味注意到60杆之外公路上行经的一个旅行者。

我们周围的空间该说是很大的了。我们不能一探手就触及地平线。蓊郁的森林或湖沼并不就在我的门口，中间总还有着一块我们熟悉而且由我们使用的空地，多少整理过了，还围了点篱笆，它仿佛是从大自然的手里被夺取得来的。为了什么理由，我要有这么大的范围和规模，好多平方英里的没有人迹的森林，遭人类遗弃而为我所私有了呢？最接近我的邻居在一英里外，看不到什么房子，除非登上那半里之外的小山山顶去瞭望，才能望见一点儿房屋。我的地平线全给森林包围起来，专供我自个享受，极目远望只能望见那在湖的一端经过的铁路和在湖的另一端沿着山林的公路边上的篱笆。大体说来，我居住的地方，寂寞得跟生活在大草原上一样。在这里离新英格兰也像离亚洲和非洲一样遥远。可以说，我有我自己的太阳、月亮和星星，我有一个完全属于我自己的小世界。从没有一个人在晚上经过我的屋子，或叩我的门，我仿佛是人类中的第一个人或最后一个人，除非在春天里，隔了很长久的时候，有人从村里来钓鳘鱼——在瓦尔登湖中，很显然他们能钓到的只是他们自己的多种多样的性格，而钩子只能钓到黑夜而已——他们立刻都撤走了，常常是鱼篓很轻地撤退的，又把"世界留给黑夜和我"，而黑夜的核心是从没有被任何人类的邻舍污染过的。我相信，人们通常还都有点儿害怕黑暗，虽然妖巫都给吊死了，基督教和蜡烛火也都已经介绍过来。

然而我有时经历到，在大自然的任何事物中，都能找到最甜蜜温柔、最天真和鼓舞人的伴侣，即使是对于愤世嫉俗的可怜人和最最忧悒的人也一样。只要生活在大自然之间而还有五官的话，便不可能有很阴郁的忧虑。对于健全而无邪的耳朵，暴风雨还只是伊奥勒斯[①]的音乐呢。什么也不能正当地迫使单纯而勇敢的人产生庸俗的伤感。当我享受着四季的友爱时，我相信，任什么也不能使生活成为我沉重的负担。今天佳雨洒在我的豆子上，使我在屋里待了一整天，这雨既不使我沮丧，也不使我抑郁，对于我可还是好的呢。虽然它使我不能够锄地，但比我锄地更有价值。如果雨下得太久，使地里的种子，低地的土豆烂掉，它对高地的草还是有好处的，既然它对高地的草很好，它对我也是很好。有时，我把自己和别人作比较，好像我比别人更得诸神的爱，比我应得的似乎还多呢；好像我有一张证书和保单在他们手上，别人却没有，因此我受到了特别的引导和保护。我并没有自称自赞，可是如果可能的话，倒是他们称赞了我。我从不觉得寂寞，也一点不受寂寞之感的压迫，只有一次，在我进了森林数星期后，我怀疑了一个小时，不知

自然清音

285

————————
① 希腊神话中的风神。

宁静而健康的生活是否应当有些近邻，独处似乎不很愉快。同时，我却觉得我的情绪有些失常了，但我似乎也预知我会恢复到正常的。当这些思想占据我的时候，温和的雨丝飘洒下来，我突然感觉到能跟大自然做伴是如此甜蜜如此受惠。就在这滴答滴答的雨声中，我屋子周围的每一个声音和景象都有着无穷尽无边际的友爱，一下子这个支持我的气氛把我想象中的有邻居方便一点的思潮压下去了，从此之后，我就没有再想到过邻居这回事。每一枝小小松针都富于同情心地胀大起来，成了我的朋友。我明显地感到这里存在着我的同类，虽然我是在一般所谓凄惨荒凉的处境中，然则那最接近于我的血统，并最富于人性的却并不是一个人或一个村民，从今后再也不会有什么地方会使我觉得陌生的了。

> "不合宜的哀恸销蚀悲哀；
> 在生者的大地上，他们的日子很短，
> 托斯卡尔的美丽的女儿啊。"

我的最愉快的若干时光在于春秋两季长时间的暴风雨当中，这弄得我上午下午都被禁闭在室内，只有不停止的大雨和咆哮安慰着我；我从微明的早起就进入了漫长的黄昏，其间有许多思想扎下了根，并发展了它们自己。在那种来自东北的倾盆大雨中，村中那些房屋都受到了考验，女佣人都已经拎了水桶和拖把，在大门口阻止洪水侵入。我坐在我小屋子的门后，只有这一道门，却很欣赏它给予我的保护。在一次雷阵雨中，曾有一道闪电击中湖对岸的一株苍松，从上到下，划出一个一英寸，或者不止一英寸深，四五英寸宽，很明显的螺旋形的深槽，就好像你在一根手杖上刻的槽一样。那天我又经过了它，一抬头看到这一个痕迹，真是惊叹不已，那是8年以前，一个可怕的、不可抗拒的雷霆留下的痕迹，现在却比以前更为清晰。人们常常对我说："我想你在那儿住着，一定很寂寞，总是想要跟人们接近一下的吧，特别在下雨下雪的日子和夜晚。"我喉咙痒痒的直想这样回答——我们居住的整个地球，在宇宙之中不过是一个小点。那边一颗星星，我们的天文仪器还无法测量出它有多么大呢，你想想它上面的两个相距最远的居民又能有多远的距离呢？我怎会觉得寂寞？我们的地球难道不在银河之中？在我看来，你提出的似乎是最不重要的问题。怎样一种空间才能把人和人群隔开而使人感到寂寞呢？我已经发现了，两条腿无论怎样努力也不能使两颗心灵更加接近。我们最愿意和谁紧邻而居呢？人并不是都喜欢车站哪，邮局哪，酒吧间哪，会场哪，学校哪，杂货店哪，烽火山哪，五点山哪，虽然在那里人们常常相聚，人们倒是更愿意接近那生命的不竭之源泉的大自然，在我们的经验中，我们时常感到有这么个需要，好像水边的杨柳，一定向着有水的方向伸展它的根。人的性格不同，所以需要也很不相同，可是一个聪明人必须在不竭之源泉的大自然那里挖掘他的地窖……有一个晚上在走向瓦尔登湖的路上，我赶上了一个市民同胞，他已经积蓄了所谓的"一笔很可观的产业"，虽然我从没有好好地看到过它，那晚上他赶着一对牛上市场去。他问我，我是怎么想出来的，宁肯抛弃这么多人生的乐趣。我回答说，我确信我很喜欢我这样的生活；我不是开玩笑。便这样，我回家，上床睡了，让他在黑夜泥泞之中走路走到布赖顿去——或者说，走到光亮城①里去——大概要到天亮的时候才能走到那里。

对一个死者说来，任何觉醒的，或者复活的景象，都使一切时间与地点变得无足轻重。可能发生这种情形的地方都是一样的，对我们的感官是有不可言喻的欢乐的。可是我们大部分人只让外表上的、很短暂的事情成为我们所从事的工作。事实上，这些是使我们分心的原因。最接近万物的乃是创造一切的一股力量。其次靠近我们的宇宙法则在不停地发生作用。再次，靠近我们的，不是我们雇用的匠人，虽然我们欢喜和他们谈谈说说，而是那个大匠，我们自己就是他创造的作品。

"神鬼之为德，其盛矣乎。"

"视之而弗见，听之而弗闻，体物而不可遗。"

"使天下之人，斋明盛服，以承祭祀，洋洋乎，如在其上，如在其左右。"

我们是一个实验的材料，但我对这个实验很感兴趣。在这样的情况下，难道我们不能够有一会儿离开我们的充满了是非的社会——只让我们自己的思想来鼓舞我们？孔子说得好，"德不孤，必有邻。"

有了思想，我们可以在清醒的状态下，欢喜若狂。只要我们的心灵有意识地努力，我们就可以高高地超乎任何行为及其后果之上；一切好事坏事，就像奔流一样，从我们身边经过。我们并不完全是纠缠不清在大自然之内的。我可以是急流中一片浮木，也可以是从空中望着下面的因陀罗②。看戏很可能感动了我；而另一方面，和我生命更加攸关的事件却可能不感动我。我只知道我自己是作为一个人而存在的；可以说我是反映我思想感情的一个舞台面，我多少有着双重人格，因此我能够远远地看自己犹如看别人一样。不论我有如何强烈的经验，我总能意识到我的一部分在从旁批评我，好像它不是我的一部分，只是一个旁观者，并不分担我的经验，而是注意到它：正如他并不是你，他也不能是我。等到人生的戏演完，很可能是出悲剧，观众就各自走了。关于这第二重人格，这自然是虚构的，只是想象力的创造。但有时这双重人格很容易使别人难于和我们作邻居，交朋友了。

大部分时间内，我觉得寂寞是有益于健康的。有了伴儿，即使是最好的伴儿，不久也要厌倦，弄得很糟糕。我爱孤独。我没有碰到比寂寞更好的同伴了。到

① 布赖顿原文为Brighton，bright意思是"光亮"，所以这里说"光亮城"。

② 吠陀神话中的天神，用雷电和雨战胜敌人。

国外去厕身于人群之中，大概比独处室内，格外寂寞。一个在思想着在工作着的人总是单独的，让他爱在哪儿就在哪儿吧，寂寞不能以一个人离开他的同伴的里数来计算。真正勤学的学生，在剑桥学院最拥挤的蜂房内，寂寞得像沙漠上的一个托钵僧一样。农夫可以一整天，独个儿地在田地上，在森林中工作，耕地或砍伐，却不觉得寂寞，因为他有工作；可是到晚上，他回到家里，却不能独自在室内沉思，而必须到"看得见他的家里人"的地方去消遣一下，照他的想法，是用以补偿他一天的寂寞；因此他很奇怪，为什么学生们能整日整夜坐在室内不觉得无聊与"忧郁"；可是他不明白虽然学生在室内，却与在他的田地上工作，在他的森林中采伐，像农夫在田地或森林中一样，过后学生也要找消遣，也要社交，尽管那形式可能更加凝练些。

社交往往廉价。相聚的时间之短促，来不及使彼此获得任何新的有价值的东西。我们在每日三餐的时间里相见，大家重新尝尝我们这种陈腐乳酪的味道。我们都必须同意若干条规则，那就是所谓的礼节和礼貌，使得这种经常的聚首能相安无事，避免公开争吵，以至面红耳赤。我们相会于邮局，于社交场所，每晚在炉火边；我们生活得太拥挤，互相干扰，彼此牵绊，因此我想，彼此已缺乏敬意了。当然，所有重要而热忱的聚会，次数少一点也够了。试想工厂中的女工——永远不能独自生活，甚至做梦也难于孤独。如果一英里只住一个人，像我这儿，那要好得多。人的价值并不在他的皮肤上，所以我们不必要去碰皮肤。

我曾听说过，有人迷路在森林里，倒在一棵树下，饿得慌，又累得要命，由于体力不济，病态的想象力让他看到了周围有许多奇怪的幻象，他以为它们都是真的。同样，在身体和灵魂都很健康有力的时候，我们可以不断地从类似的，但更正常、更自然的社会得到鼓舞，从而发现我们是不寂寞的。

我在我的房屋中有许多伴侣，特别在早上还没有人来访问我的时候。让我来举几个比喻，或能传达出我的某些状况。我并不比湖中高声大笑的潜水鸟更孤独，我并不比瓦尔登湖更寂寞。我倒要问问这孤独的湖有谁做伴，然而在它的蔚蓝的水波上，却有着不是蓝色的魔鬼，而是蓝色的天使呢。太阳是寂寞的，除非乌云满天，有时候就好像有两个太阳，但那一个是假的。上帝是孤独的——可是魔鬼就绝不孤独；他看到许多伙伴；他是要结成帮的。我并不比一朵毛蕊花或牧场上的一朵蒲公英寂寞，我不比一张豆叶，一枝酢浆草，或一只马蝇，或一只大黄蜂更孤独。我不比密尔溪，或一只风信鸡，或北极星，或南风更寂寞，我不比4月的雨或正月的融雪，或新屋中的第一只蜘蛛更孤独。

在冬天的长夜里，雪狂飘，风在森林中号叫的时候，一个老年的移民，原先的主人，不时来拜访我，据说瓦尔登湖还是他挖了出来，铺了石子，沿湖种了松树的，他告诉我旧时的和新近的永恒的故事；我们俩这样过了一个愉快的夜晚，充满了交际的喜悦，交换了对事物的惬意的意见，虽然没有苹果或苹果酒——这个最聪明而幽默的朋友啊，我真喜欢他，他比谷菲或华莱知道更多的秘密；虽然人们说他已经死了，却没有人指出过他的坟墓在哪里。还有一个老太太，也住在我的附近，大部分人根本看不见她，我却有时候很高兴到她的芳香的百草园中去散步，采集药草，又倾听她的寓言；因为她有无比丰富的创造力，她的记忆一直追溯到神话以前的时代，她可以把每一个寓言的起源告诉我，哪一个寓言是根据了哪一个事实而来的，因为这些事都发生在她年轻的时候。一个红润的、精壮的老太太，不论什么天气什么季节她都兴致勃勃，看样子要比她的孩子活得还长久。

太阳，风雨，夏天，冬天——大自然的不可描写的纯洁和恩惠，他们永远提供这么多的康健，这么多的欢乐！对我们人类这样地同情，如果有人为了正当的原因悲痛，那大自然也会受到感动，太阳黯淡了，风像活人一样悲叹，云端里落下泪雨，树木到仲夏脱下叶子，披上丧服。难道我不该与土地息息相通吗？我自己不也是一部分绿叶与青菜的泥土吗？

是什么药使我们健全、宁静、满足的呢？不是你我的曾祖父的，而是我们的大自然曾祖母的，全宇宙的蔬菜和植物的补品，她自己也靠它而永远年轻，活得比许多的老伴儿们更长久，用他们的衰败的肥胖更增添了她的康健。不是那种江湖医生配方的用冥河水和死海海水混合的药水，装在有时我们看到过装瓶子用的那种浅长形黑色船状车子上的药瓶子里，那不是我的万灵妙药；还是让我来喝一口纯净的黎明空气。黎明的空气啊！如果人们不愿意在每日之源喝这泉水，那么，啊，我们必须把它们装在瓶子内，放在店里，卖给世上那些失去黎明预订券的人们。可是记着，它能冷藏在地窖下，一直保持到正午，但要在那以前很久就打开瓶塞，跟随曙光的脚步西行。我并不崇拜那司健康之女神，她是爱斯库拉彼斯①这古老的草药医师的女儿，在纪念碑上，她一手拿了一条蛇，另一只手拿了一个杯子，而蛇时常喝杯中的水；我宁可崇拜古希腊神话中的天神朱庇特的执杯者希勃，这青春的女神，为诸神司酒行觞，她是朱诺②和野生莴苣的女儿，能使神仙和人返老还童。她也许是地球上出现过的最健康、最强壮、身体最好的少女，无论她到哪里，那里便成了春天。

289

---

① 罗马神话中的医神。

② 罗马神话中的天后，主神朱庇特的妻子。

【英国】斯蒂文森

朱建迅 译

夜宿松林①

斯蒂文森（1850～1894），英国作家。作品有《金银岛》《化身博士》《一个孩子的诗园》《驴背旅行记》等。一生萍踪不定，从爱丁堡到美国再到南太平洋萨摩亚岛，常孤身苦旅，留下的文字无论小说、游记、儿童诗，都独树一帜。《夜宿松林》这样的文字光靠阅读是出不来味道的，想象力充沛的好点，更好的阅读法是亲自到山顶上的松林里去躺一夜。

在布列马德吃过晚饭，我不顾天色已晚，开始攀登洛泽尔峰。一条时隐时现的石子路指引我向前。途中，我遇到四五辆来自山上松林的牛车，每辆车上都载着一整棵冬天御寒用的松树。松林长在坡势平缓、凉风飕飕的山脊。我登上松林最高处，沿林间小径左行片刻，便来到一个芳草萋萋的幽谷，溪水潺潺流过石堆，漾起一股碧波，"在这未曾有仙女光临、牛羊徜徉的清幽圣洁之境"。这些松树并不显得古朴苍劲，然其蓊郁茂密的枝叶，却遮蔽了林间空地。欲见林外天地，只有北眺远处的山巅，仰望浩渺的苍穹。于此过夜，既安全，又似居家独处，不受打扰。我安顿好住处，喂罢莫代斯丁，暮色已经笼罩了山谷。我用皮带缚住双膝，钻入睡袋，饱餐一顿。太阳刚落山，我便摘下帽子，遮住双眼，沉沉睡去。

室内的夜晚何等单调乏闷，而在含芳凝露、繁星满天的旷野，黑夜轻盈地流逝，大自然的面貌时时都在变化。寓居室内者，在四壁包围的帏帐中憋闷至极，觉得夜似乎是短暂的死亡，露宿野外者，则弛然而卧，进入轻松恬适、充满生机的梦境。他能彻夜听见大自然深沉酣畅的呼吸。大自然即便在休憩之际，也会回首绽开笑靥。更有那家居者未曾经历的忙碌的时刻，大地从睡梦中苏醒，所有的生灵都直起身。雄鸡最先啼鸣，不是为了报晓，而是像一个快活的更夫，催促黑夜离去。牧场上的牛群闻声醒来，羊儿在露珠晶莹的山坡上吃完早餐，迁入掩映在蕨类植物丛中的新居。与禽鸟共眠的流浪汉，睁开惺忪的睡眼，恣情饱览这美丽的夜色。

① 选自李然编《外国文化名人自画像》，中央编译出版社，1996年版。

这些眠者同时醒来，是应了某种无声的召唤，还是由于大自然轻柔的抚摸？是星星向大地施展了法术，还是由于分享了大地母亲体内蕴蓄的激情？牧羊人和年迈的庄稼汉，在这一知识领域虽堪称博学，也无法猜出上天催醒万物生灵的目的。只是声称，这样的时刻在两点以前到来。他们不明白，也不想弄明白。不过，这实在是一件赏心乐事。因为我们只是在梦境里稍受搅扰，诚如那位阔绰气派的蒙田所言："如此，我们反而更能充分领略睡眠的美妙滋味。"尤其是想起我们已和近处生灵息息相通，远遁喧嚣的尘世，此刻只是听任上天驱策的一只温驯的羔羊，心里便贮满快慰。

我于此刻醒来时，觉得口干舌燥，便一气饮干身边的半罐水，沁人心脾的凉意使我神清气爽。我坐起身，点燃一根烟。头顶上的星斗熠熠生辉。宛如一颗颗璀璨的宝石镶嵌在天幕上，却又没有那种傲睨人世的高贵气质。浩瀚的银河，浮着一匹云烟氤氲的白练；在我周围，黑黝黝的冷杉树梢笔直挺立，纹丝不动。就着白色的驴鞍，我看见拴着绳子的莫代斯丁一圈圈地踱步，听到它缓缓嚼草的声音，除此之外，耳边仅闻石上清溪隐隐传来的流淙，似在喁喁倾吐一种无法言传的情愫。我懒洋洋地躺在床上，一边吸烟，一边观赏这清虚深邃的夜空的色彩，从松林上方微微泛红的暗灰，直到映衬着颗颗星星的深蓝。我平时戴着一枚银戒指，仿佛是为了使自己外形气质更接近商贩。此刻，随着挟在指间的香烟上下抖动，只见戒指周围闪着一圈朦胧的光晕。每吸一口烟，烟火与银光相映生辉，照亮掌心。一时间，它在黑暗笼罩的景物中显得格外耀眼醒目。

阵阵清风不时掠过林间空地，与其说风，毋宁说是荡涤心胸的爽洌气息。我在这宽敞的住处，能整晚享用这源源不绝的清风。我不无悚悸地想起沙斯拉代的旅馆和人头攒簇的夜总会，想起那些夜游在外、无所顾忌的牧师和学生，想起热浪蒸腾的戏院和空气污浊的旅馆。我难得享受如此恬静旷达、超然于物欲之外的心境。我们从野外弯腰钻入狭小的居室，而屋外世界似乎本来就是一个温馨舒适的栖身之地。每天晚上，在这上天安排的露营地，都有一张铺好的床榻迎候你就寝。我自觉已重新发现了一个虽为村夫莽汉悟及但仍为政治经济学家懵懂不明的真理，或者至少说我已为自己觅得一种新的乐趣。我陶醉在独处的乐趣中，却又生出一种前所未有的缺憾：但愿在这灿烂的星光下，能有一位伴侣躺在身边，寂无声息，一动不动，就躺在伸手可及之处。世上有一种情谊，比起幽居独处，更能保持心神的宁静。倘能正确领会，便可升华孤淡的心境，使之臻于完美。和一位自己挚爱的女子同宿于露天，实乃最纯真、最自由的生活。

我这样躺着，心中交织着满足与憧憬。这时，一个声音隐隐约约地飘忽而至，我起初以为是远处农场传来的鸡鸣犬吠，可它不绝于耳，逐渐变得清晰可闻，原来是一位过路客沿着谷底小径边走边唱。他的歌算不得优雅动听，但却融入了美好的心声。他亮开嗓门，歌声在山坡上飘荡，震得林中的茂密枝叶飒飒作响。我曾在夜间沉睡的城市里听见行人走过身边，有的边行边唱，记得还有一位大声吹奏管风琴；我也曾听见街上骤然响起辘辘的车声，打破了持续数小时的静谧。当时我醒在床上，车声久久萦绕于耳际。但凡夜游客，无不具有一种浪漫的气质，令我们饶有兴致地猜测他们的行止。眼下，歌者听者同时浸润于浪漫的氛围。一方面，这位夜行客酒意醺然，引吭高歌；另一方面，我躺在睡袋里，在这五六千英尺见方的松林，独自吸着烟斗，仰望星空。

再次醒来时，天上的星星多已消失，唯有坚定护卫黑夜的几颗依然闪烁。远望东方地平线上现出一抹淡淡的晨曦，就像我夜间醒来时看到的银河。白昼将至。我点燃灯，就着微弱的光芒，套上皮靴，系好绑腿，掰碎面包喂了莫代斯丁，水壶灌满溪水，点上酒精灯，煮了些巧克力。黑暗长时间地笼罩着我香甜入梦的林间空地。然而顷刻间，维瓦赖峰顶上空一大片橙色镀上了粼粼金辉。看着妩媚可爱的白昼翩然而至，我心头涌动着庄严与欣喜的思绪。我兴致勃勃地谛听汩汩水声，纵目环顾四周，实指望有什么美丽的景物突然出现在眼前。可是没有。纹丝不动的黑松，宽敞的林中空地，嚼草的驴，一切仍是原样。只有光由晦转明，给万物注入了生机，注入了和畅的气息，也使我感到一种从未有过的欢畅。

我喝下味虽寡淡，但却温热适口的巧克力汁，在林中来回踱步。就在信步闲逛的时候，一阵劲风呼啸而至，恰似早晨大自然的一声长叹。风过之处，附近的树垂下黑色的枝叶，我看见远处崖畔稀稀立着几株松树，树梢沐浴着金色的朝晖，随风起伏荡漾。十分钟后，阳光迅速洒满山坡，驱散斑驳的阴影。天色大亮了。

我连忙收拾行装，准备攀登矗立在眼前的险峰。可脑中冒出的一个念头却令我踟蹰难行。其实它不过是个幻觉，可幻觉有时也会萦心系怀，难以摆脱。我依稀觉得，我在绿野仙境受到了慷慨、及时的款待。空气鲜澄，溪水清冽，黎明召唤我驻足片刻，欣赏美景，且不说斑斓绚丽的夜空，秀色可餐的幽谷。受到如此盛情的款待，我觉得自己欠下了谁的一笔人情债。于是，我一边走，一边喜滋滋地、同时又有些忍俊不禁地往路边草地上抛撒钱币，直至留足住宿费。我相信这笔钱绝不至于落到哪个家境富裕、脾气乖戾的牲口贩子手里。

【英国】兰姆

王佐良 译

我对山林没有一点热情①
——致华兹华斯函

　　很多人或真或假地嚷嚷着向往乡间田园，嚷过后依然穴居在城里；其实从来离不开城市的人，却从不敢承认自己喜欢城市，所以很多人活得别扭。像兰姆坦陈自己"对山林没有一点热情"，而是强烈地爱着喧闹的伦敦，这需要自信和智慧。还是老实承认吧——对于终生在城市转悠的人，自然美景不过是床头的一幅风景画，只可悦目，但已点燃不了热情。因为城里人失去了自然美景的记忆，而且，已经很多代了。

　　兰姆（1775～1834），英国小品文大家。一生都被锁在写字台的朽木上做小职员工作，与疯癫的姐姐相依为命。姐弟俩都情趣高雅，出手皆为精品。兰姆的代表作是《伊利亚随笔集》，在我国极受周作人、林语堂等"闲适派"文人推崇。

　　我的日子是全在伦敦过的，爱上了许多本地东西，爱得强烈，恐非你们这些山人同死的大自然的关系可比。河滨路和舰队街上铺子的灯火，各行各业的从业者和顾客，载客和运货的大小马车，戏园子，考文特花园一带的忙乱和邪恶，城中的风尘女；更夫，醉汉，怪声的拉拉蛄叫；你如不睡，就会发现城市也没睡，不管在夜晚什么时刻；舰队街不会让你感到片刻沉闷；那人群，那尘土、泥浆，那照在屋子和人行道上的阳光，图片店，旧书店，在书摊上讨价还价的牧师，咖啡店，厨房里飘出来的汤味，演哑剧的人——伦敦本身是一大哑剧，一大化装舞会——所有这一切都深入我心，滋养了我，怎样也不会叫我厌腻。这些景物给我一种神奇感，使我夜行于拥挤的街道，站在河滨的人群里，由于感到有这样丰富的生活而流下泪来。这种感情可能会使你们感到奇怪，正同你们对乡野的感情使我觉得奇

---

　　① 选自王佐良主编《并非舞文弄墨——英国散文名篇新选》，三联书店，1996年版。原为书信，标题为编者所拟。

怪。你可以想一想，如果我不是把我的心一本万利地借给这些城市景物，那我这一生又在干什么呢？

我的相好都是本地的，纯粹是本地的。我对山林没有一点热情（也可以说自从一度爱好之后就没有热情了，而那爱好也是由于诗歌和书本而产生的虚假情感）。我诞生的房间，一生都在我眼前的器具，一个随我到处移动的书架（跟随我像一条忠实的狗，不过更有学问），旧椅子，旧桌子，街道，广场，我晒过太阳的地方，我的老学校——这些是我的情妇。没有你的山，这些不就已经够了吗？我不羡慕你。要不是我知道你有一颗能同什么都交朋友的心灵，我还要怜悯你呢！你的太阳、月亮、天空、山、湖对我不起作用，它们不过像一间金漆的房间里的挂毯、长烛之类，住在里面看起来悦目，此外就没有更高的品德了。我把我头上的云看做屋顶，它漆得很美，却不满足我的心；也可比作一个鉴赏家房里的藏画，后来不给他任何乐趣了。被狭隘地称为大自然之美的景象对我也是这样，由于长久不接触，早就从我心上消退了；而这个伟大城市里的人的创造和人的聚合却对我永远是新鲜的、绿莹莹的、温暖的。

1801年1月30日

【古罗马】小普林尼

王焕生 译

维苏威火山爆发①

公元79年8月24日,维苏威火山爆发,在众人的恐慌与绝望中,古罗马著名学者、作家老普林尼(即信中的舅父,作者小普林尼的养父,77卷《博物志》的作者),以学者的本能沉着勇敢地深入现场观察火山,不幸被烟雾窒息,以身殉职。小普林尼写给历史学家塔西佗的这两封书信,以现场亲历者的身份描绘了一个学者的感人形象,也为这场火山爆发的奇观留下了目击见证。在大自然的狂暴面前,人是渺小的,但也可以是极具尊严的。

小普林尼(约61~约133),古罗马作家、行政官。以十卷内容丰富的书信闻名后世。

1

盖·普林尼向亲爱的塔西佗致意。

你要我告诉你我舅父遇难的情形,以便更准确地传告后代。我感谢你,因为我知道,如果由你来记述,这等于给我舅父的死以不朽的荣誉。尽管他是在那场毁灭了整个无比秀丽的地区——包括那里的居民和城市——的灾难中遭到不幸的②,事件本身便会使他永世留名,况且他本人还写过不少著作,那些著作必将留传后世,然而你的不朽的著述将会使他的英名流传得更加久远。我认为,受神明赏赐能建立名垂史册的业绩,或撰写令人爱不释手的著作的人是幸福的,而受神明赏赐能兼备这两种才能的人则是最幸福的。我的舅父将会因他自己的著作和你的著述而跻于这种人的行列。这使我更加乐于满足你的要求,甚至你不要求我,我也要主动请求你让我做这件事。

---

① 选自罗念生编《希腊罗马散文选》,湖南人民出版社,1985年版。原为书信,标题为编者所拟。

② 指维苏威火山的一次爆发。

　　我的舅父当时在弥塞努姆，受命指挥舰队①。8月24日7点左右②，我母亲告诉他，说天空出现了一块云彩，面积和形状都非同寻常。当时舅父已经行过日光浴，冲过凉水澡，用过午餐，正躺在卧榻上读书。他随即要了鞋，登上一个高处，那里最便于观看那一奇景。那块云是从哪座山升起来的，远处观看的人分辨不清——它是从维苏威山升起的，那是后来才知道的——论形状，与松树的树冠最相像。它像是被一株无比高大的树干举向天空，无数的枝条向四方伸展，我想那是因为它被新聚集的气流托起，在空气力乏之后无所依赖，或者甚至是因为被自身的重量所制服，因而向四面消散，有时呈白色，有时乌黑混浊，好像是把泥土和尘埃一起裹挟而上。

　　我舅父是位博学之士，觉得这一现象很重要，有必要就近观察。他于是命令准备快船，并说我如果想去，可以一同前往。我答称想留下读书，而且他恰巧已经给了我写作任务。他正准备从家里出发时，接到巴苏斯的妻子雷克提娜的信，猝然出现的危险使巴苏斯惊恐万分（因为他的庄园就坐落在那山脚下，除了乘船而外，别无他路可逃），雷克提娜请求舅父救援脱离险境。舅父改变了主意，原先准备以学者身份开始的事情，最后以大无畏的精神结束。他命令有四层桨的舰队起锚，他亲自登上舰艇，此行不仅是为了去帮助雷克提娜，而且是为了去援救更多的人，因为那是一处气候宜人、居民稠密的海滨。舅父急切地前往别人仓皇逃离的地方。他对准方位，拨正航向，径直驶往险境而毫无畏惧，甚至口授和记录着他亲眼看到的这一可怕灾难的各种变化和景象。

　　舰上已经开始掉落灰烬，愈向前航行，掉下的灰烬愈热、愈稠密。浮石也开始掉下了，还夹杂着乌黑、灼热、被烧得发了酥的熔岩。前面突然出现了浅滩，崩塌的山岩使人无法接近海岸。舵手建议返航，舅父踌躇了一下，回答道："命运护佑勇敢者，驶往蓬波尼阿努斯③那里！"蓬波尼阿努斯驻扎在斯塔比埃④，在海湾的另一边（因为海水在那里伸入陆地，海岸作半圆形，缓缓弯曲延伸）。虽然灾难尚未直接降临到海湾的那一边，但是已经可以感觉到，而且随着灾情的增长，越来越迫在眉睫；蓬波尼阿努斯已经把行李装船，准备撤离，只等风向转变。当时对我舅父来说却正是理想的风向，他顺风驶到那里，抱住惊慌失措的蓬波尼阿努斯，安慰他，鼓励他。舅父为了用自己的镇定减轻蓬波尼阿努斯的恐惧，便吩咐人抬他进浴室。他洗完澡，躺在卧榻上用餐，兴致勃勃，或者是装作兴致勃勃，不过

---

　　① 弥塞努姆是意大利西海岸库麦海湾北部一海岬，在维苏威火山西边，罗马帝国时期建成要塞，在那里设了一支舰队，归皇帝直接指挥，日常指挥事务委托骑士代理。老普林尼任舰队指挥，领受的是维斯帕西安皇帝的命令。

　　② 即午后一时左右。

　　③ 可能是老普林尼的副将。

　　④ 该城在维苏威火山的东南方，后来也被火山灰湮没。

不管怎么样，反正是一样的令人钦佩。

与此同时，维苏威山到处大火熊熊，光照天际，在漆黑的夜空显得格外明亮。舅父为了减轻人们的惊慌，说那是农人在仓皇之中留下的火种，使被遗弃的空荡庄园着了火。舅父若无其事地去休息，甚至还沉沉地入睡了。从他房间旁边经过的人都听见他因身体肥胖而发出的深沉、响亮的鼾声。然而，通卧室的院子里降落的灰烬和浮石已经越积越多，如果再继续逗留在卧室里，就有可能被堵在里面出不来。舅父被叫醒了，他和蓬波尼阿努斯以及另外一些紧张得合不了眼的人聚在一起，商量是继续留在屋里，还是搬到屋外。连续不断的强烈地震使房屋不停地摇晃，好像已经离开地基，在忽左忽右地来回移动；在户外，浮石虽然质地轻松多孔，但大量大量地往下掉落也使人胆战心惊。经过对各种危险进行权衡，大家决定到露天去。对舅父来说，作出这一决定是理智的想法胜过了别的考虑；而对其他人来说，则是一种恐惧战胜了另一种恐惧。大家把枕头顶在头上，用毛巾捆住，以防被石雨砸伤。

在其他地方，白天已经来临，而在那里，仍是一片昏黑，而且比最昏黑的黑夜还要昏黑，尽管有无数的火炬和各种火堆在照耀。他们决定到海边去，实地观察是否可以起航，然而海上依旧是波涛翻滚。在海边，舅父躺在一块船帆上，不断地要人递给他凉水喝。最后，火焰和预示大火将临的硫黄气味终于迫使大家赶紧逃离那里，舅父也不得不从船帆上起来。他扶着两个奴隶站了起来，但随即又倒了下去，我想那是浓密的火山气体阻碍了他的呼吸，堵住了他的气管。他的气管天生软弱、狭窄，常常犯病。当白天再次来临的时候——那是他最后一次见到白天后的第三天①——人们找到了他的遗体，完整无损，穿着原先的衣服，更像睡着，而不是已经死去。

当时我和母亲在弥塞努姆。这与事情没有关系，因为你想知道的只是有关我舅父遇难的情形。我将就此搁笔。此外还想补充一点，即我所叙述的都是我亲眼所见或是事后人们记忆犹新时述说的。你从中选择最重要的吧。写信是一回事，写历史是另一回事，给朋友叙述是一回事，给人们叙述是另一回事。

再见！

自然清音

2

盖·普林尼向亲爱的科尔奈利乌斯·塔西佗致意。

你说接到我那封应你的要求而写的叙述我舅父遇难情形的信后，很想知道我当时留在弥塞努姆感受到的恐惧和经历的灾难，关于这一点我在那封信中确

---

① 指8月26日，罗马人计算日子习惯于把首尾两日计算在内。

实只是一笔带过了。

尽管一想起当时的情景便不寒而栗，不过我还是开始追忆。①

舅父离开之后，我把余下的时间用来学习，因为我正是为此而留下的，然后洗澡，进餐，迷迷糊糊地小睡了一会儿。许多天来一直地震，但不太强烈，也不甚可怕，因为在坎佩尼亚地震是常有的事。然而那天夜里地震却是如此强烈，使人觉得不仅一切都在晃动，甚至都要翻个个儿了。母亲突然跑进我的卧室，其实我当时已经起来，正想去叫醒她，要是她还在睡的话。我们坐到宅外狭长的空地上，空地面积不大，在住宅和海岸之间。我现在不知道该怎样形容我当时的心境，是镇静呢，还是漫不经心，因为当时我已经18岁了。我让人拿来提图斯·李维的著作②，安闲地读了起来，并且继续做着笔记。这时我舅父的一位朋友（他不久前刚从西班牙来），看见我和母亲坐在那里，我还读着书，便责怪母亲太有耐性，而我则太掉以轻心。然而我仍然继续专心读我的书。

已经是一点钟了③，光线还是那样暗淡，好像十分困倦。房屋前后左右地晃动着。我们虽然是在空地上，但因距离房屋不远，仍然担心它会朝我们倒塌下来。最后，我们决定到城外去。我们后面跟着惊慌的人群，正如人们陷入恐惧时常有的那样，他们听信任何别人的意见胜过相信自己的想法。一路上人如潮涌，把我们推着、挤着，出了城，我们停了下来。在那里我们遇见了许多奇怪的事情，经历了许多可怕的场面。我们吩咐大车前行，它们尽管停在非常平坦的地方，但却向不同的方向滚动，即使塞住轮子，也不能使它们在原地停住。我们还看到，大海在向后退缩，好像是被大地的震动推了回去；海岸则明显地向前延伸，许多海生动物搁浅在沙滩上。在海岸的那一面，浓云密布，乌黑可怕，蜿蜒的火舌不停地晃动着，火的热浪冲击着云层，把云层撕裂，状如火焰本身，缝隙处亮如闪电，又远非闪电可比。

这时，我舅父的那位从西班牙来的朋友更为急切而坚决地对我们说："倘若你的兄弟、你的舅父现在还活着，他会希望你们能脱离险境；倘若他已经遭到不幸，他也会希望你们能安然无恙。你们为什么还不赶紧逃跑？"我们回答说，在没有得到舅父的消息之前，我们无论如何是不会考虑自己的安危的。他没有再多作停留，立即转身跑了，以求脱离危险。没过一会儿，云翳降到地上，盖住了海面，卡普雷埃岛④被包起来了，弥塞努姆很快从视野里消失了。这时母亲哀求我，劝告

---

① 维吉尔《埃涅队阿斯纪》第2卷，第12～13行，原是埃涅阿斯应邀叙述特洛伊毁灭的惨状。

② 指李维的《历史》。

③ 指8月27日晨六七点钟。

④ 在弥塞努姆南方。

我，命令我，要我赶快离开，说我年轻，逃得了，而她已年迈体衰，只要不连累我，她死了也甘心。我说倘若不和她一起得救，我也不想活着。最后，我拉着她的手，催促她加快步伐，她勉强地跟着我，一面责备自己耽误我快跑。天上降下灰烬，不过还不算稠密。我回头望去，身后雾气滚滚，席卷而来，追袭着我们。我对母亲说："趁现在还看得见，我们赶快避到路边去，以防万一跌倒了，在昏暗中被人踩着。"我们刚坐下，黑暗便立即降临了，黑得远不像往常没有月亮时或阴天时的黑夜那样，而是有如熄了灯的紧闭的房间一般。只听见妇女在嚎哭，孩童在尖叫，男人在呼号，人们凭声音，有的在寻找、识别自己的父母，有的在寻找、识别自己的孩子，有的在寻找、识别自己的妻子。一些人在悲叹自己的厄运，另一些人在悲叹亲人的不幸，还有一些人，他们因害怕死亡而祈求死亡。许多人举起双手求神保佑，而更多的人则认为，哪儿也没有神明了，世界最后的、永久的黑夜降临了[①]。

当时有一些人，他们用臆测和想象给真实的危险增加新的恐惧。还有一些人，他们则宣称弥塞努姆哪儿塌陷了，什么地方起火了，实际上并没有那些事，然而人们却信以为真。天空变亮了些，但不是阳光在照射，而是临近的火光在映照。火光一淡下去，重又一片黑暗，灰烬也重新开始降落，又密又重。我们不得不时时站起来抖一抖，要不便可能被埋没，窒闷而死。我可以自夸的是，虽然陷于这样的危险，我却没有叹息，没有叫苦，想的只是我将和大家一起不幸地死去，一切将和我一起毁灭，而这是对死亡的最大慰藉。

浓雾终于减退，消散，像烟，又像云。真正的白天出现了，还有太阳照射，不过光线是那样的昏黄，像日食时常见的那样。人们用惊恐的眼神扫视着面前的一切，一切都变了，全都覆盖着一层灰，厚厚的，灰白如雪。我们回到弥塞努姆，稍作盥洗，在希望和恐惧之中度过了一个疑虑不安的夜晚。地震继续着，许多人吓得神智失常，说着可怕的预言，嘲笑自己和他人的不幸，人们继续处在恐惧之中。我们尽管经受了这样的危险，等待着新的危险的降临，但在没有得到舅父的消息之前，我们一直没有想到离开。

这些都算不上历史，你大概也不会把它们写进你的史书；倘若它们连信都算不上，那就只好责备你自己了，因为是你要我写的。

再见！

自然清音

299

---

①斯多葛派哲学认为，世界毁灭于火，神也同时消失，混沌重现。

【美国】艾萨克·阿西莫夫

夏国佐 译

新洞穴①

艾萨克·阿西莫夫（1920～1992），美国科幻小说大师。代表作有"基地三部曲"、《我是机器人》等。科学加想象，是科幻小说家的看家本领。人类的未来或许会回到穴居时代，全人类生活在新洞穴。作者说得太诱人了，就不像是痴人说梦，而仿佛是一个可能的前景。

在冰河时代，人类当时面临较为寒冷的气候，常常在洞穴里安家。他们发现在洞里生活要比在野外更舒适，更安全。

我们现今仍然住在被称作房子的洞穴里，目的还是为了舒适和安全。事实上，没有人愿意露宿在星空下的野地里。会不会有朝一日为了更加舒适和安全起见，我们把房屋建造在地下——建造在新的人造洞穴里呢？

乍一想来，这一建议似乎并不可取。说起地下，我们会产生许许多多不愉快的联想。在神话和传说里，地下是魔鬼和亡灵的世界，它常常是人们死后遭受折磨的地方（这可能因为尸体总是埋在地下的缘故，而火山爆发又给人们一种印象，似乎地下充满着火与毒气，如同地狱一般）。

然而生活在地下也有其有利之处，设想将整座城市，乃至全人类搬入地下是有一定的道理的。如果将地壳最表层一英里厚的地方筑满通道和建筑物，就像一个巨大的坟冢，这会给人类带来各种好处。

首先，气候将变得无关紧要，因为它主要是大气层的一种现象。雨、雪、霜、雾将不会给地下世界带来麻烦。甚至气温的变化也局限于露天地表，而在地下则不存在这种变化。不论白天黑夜，炎夏寒冬，地下世界的温度将保持平稳，近乎恒温。如今，当我们的地表环境太冷时，则需要取暖，而太暖时，又需降温，耗费大量的能量。若搬到地下生活，则统统可以省去。天气对人造的建筑物以及人类本身的损害将不复存在。地区性的交通问题也将大为简化（当然，地震将依然是个危险）。

① 选自李荫华、张介眉主编《当代世界名家随笔》，上海教育出版社，1998年版。

其次，地方时间将无关紧要。地球表面昼夜分明，谁也无法避免，一处是早晨，另一处是中午，再一处是黄昏，又一处是午夜。所以人类生活的节奏因地而异。在地下，没有外界生成的白天，而只有永恒的黑暗，人工照明形成白昼，这就可以根据人的需要加以调整。

整个世界都可以实行8小时轮班制，各地都可以做到同时上班，同时下班，至少公务活动和社会活动可以如此。这对于一个自由流动的社会来说极为重要。乘飞机长途旅行将不会再引起"时差反应"。抵达另一处海岸或大陆的人会发现他们所到的那个社会与自己家乡一样，都是按照同一时间运行的。

再次，生态结构将会稳定下来。在一定程度上，人类妨碍了地球。这不仅仅是指众多的人口占据了地球的空间，更多的是指人类为住家和安装机器构筑的房子，为交通运输、为休息娱乐而建造的各种设施。这一切使荒野面目全非，剥夺了许多种动植物栖息、生长的天然场所——有时候，无意中还促进了诸如老鼠和蟑螂之类的某些生物的繁衍。

如果人类的建筑物都搬到地下——请注意，要搬到穴居动物生活的地层以下——人类仍将占据地球表面，种地、植林、造瞭望台和航空站等等，但占有的程度将大大减小。的确，如同你想象地下世界会变得越来越精致复杂一样，你可以设想大部分食物将最终来自地下人工照明地区的水栽生物。地球表面有可能越来越多地让位于公园和荒野，从而得以维持生态平衡稳定。

最后，人们与自然界的距离将会缩短。退到地下，看起来似乎是远离了自然界，但果真如此吗？现今，这么多人在城市的建筑物内工作，那里常常没有窗户，而靠人工调节一切。即便有窗户，你又能看到什么呢（如果你肯费心看一看的话）？无非是太阳，天空，以及一直伸展到天边的建筑物——外加一点有限的绿色草木而已。搬到地下以后，与自然界隔绝的情况还会胜过于此吗？

现在你想离开城市吗？到真正的乡村去吗？你必须旅行数英里，先得走过城市的街道，然后还得走过郊区杂乱无章的建筑群。

在地下世界文化中，乡村就在城市上面几百码远的地方——不管你在哪里都是这样。地表当然必须得到保护，不允许过分频繁地、过分集中地或过分随便地参观访问，但不管对向上的旅行作出多么认真的限制，新洞穴里的居民们将有可能比今天地面上的居民在更为健康的生态环境下生活，并见到更多的青枝绿叶。

尽管地下生活乍想起来多么的奇怪和不那么令人喜欢，它的好处可以举出好多——而我在这里只不过是略说一二。